星城高等学校

〈収録内容〉

2024年度 …………………… 一般（数・英・理・社・国）

2023年度 …………………… 一般（数・英・理・社・国）

2022年度 …………………… 一般（数・英・理・社・国）

2021年度 …………………… 一般（数・英・理・社・国）

2020年度 …………………… 一般（数・英・理・社・国）

※国語の大問一は、問題に使用された作品の著作権者が二次使用の許可を出していないため、問題を掲載しておりません。

DL 2019年度 …………………… 一般（数・英・理・社）

DL 平成30年度 …………………… 一般（数・英・理・社）

便利なDLコンテンツは右のQRコードから

解答用紙　過去年度　リスニング ⇒

※データのダウンロードは2025年3月末日まで。
※データへのアクセスには、右記のパスワードの入力が必要となります。 ⇒ 137129

〈合格最低点〉

※学校からの合格最低点の発表はありません。

本書の特長

実戦力がつく入試過去問題集

- ▶ 問題 …………… 実際の入試問題を見やすく再編集。
- ▶ 解答用紙 …… 実戦対応仕様で収録。
- ▶ 解答解説 …… 詳しくわかりやすい解説には、難易度の目安がわかる「基本・重要・やや難」の分類マーク つき（下記参照）。各科末尾には合格へと導く「ワンポイントアドバイス」を配置。採点に便利な配点つき。

入試に役立つ分類マーク

基本 確実な得点源！
受験生の 90%以上が正解できるような基礎的、かつ平易な問題。
何度もくり返して学習し、ケアレスミスも防げるようにしておこう。

重要 受験生なら何としても正解したい！
入試では典型的な問題で、長年にわたり、多くの学校でよく出題される問題。
各単元の内容理解を深めるのにも役立てよう。

やや難 これが解ければ合格に近づく！
受験生にとっては、かなり手ごたえのある問題。
合格者の正解率が低い場合もあるので、あきらめずにじっくりと取り組んでみよう。

合格への対策、実力錬成のための内容が充実

- ▶ 各科目の出題傾向の分析、合否を分けた問題の確認で、入試対策を強化！
- ▶ その他、学校紹介、過去問の効果的な使い方など、学習意欲を高める要素が満載！

解答用紙ダウンロード	解答用紙はプリントアウトしてご利用いただけます。弊社ＨＰの商品詳細ページよりダウンロードしてください。トビラのＱＲコードからアクセス可。
リスニング音声ダウンロード	英語のリスニング問題については、弊社オリジナル作成により音声を再現。弊社ＨＰの商品詳細ページで配信対応しております。トビラのＱＲコードからアクセス可。
UD FONT	見やすく読みまちがえにくいユニバーサルデザインフォントを採用しています。

星城高等学校

▶交通　名鉄名古屋本線「前後」駅下車，南へ800m

〒470-1161　愛知県豊明市栄町新左山20
☎0562-97-3111

沿　革

1963年に星城高等学校を設立。翌年，普通科男女共学が開始。1979年８月，仰星館を新設した。1993年，星城中学校開校。仰星コースに直結。2002年，星城大学が創設された。2013年，アスリート特進コースが新設。2019年度文部科学省からＳＧＨ(スーパー・グローバル・ハイスクール)の後継事業である「地域との協働による高等学校教育改革推進事業」グローバル型の指定を受け，「持続可能なアジアの発展に，寄与できる，実践力に富んだグローバルな人材の育成」を目標とする取り組みを仰星・特進を中心に行う。これまでのＳＧＨの取り組みは提言に留ったが，今回の推進事業では，提案を実践するに至る活動を行っている。

第２グラウンドを人工芝にし外の教育環境を向上。１・２年生に対しＩＣＴ教育を実現するためにタブレット端末を全員に持たせている。Ｗｉ-Ｆｉ環境もプロジェクター，スピーカーを全教室に整備，黒板からホワイトボードにすべて取り換えた。

建学の精神

彼我一体
「報謝の至誠」「文化の創造」「世界観の確立」

教育目標

“感謝のできる”実践力に富んだ逞しい人間の育成

教育課程

●普通科

仰星コース

国公立大学・難関私立大学合格に完全対応している。充実した個別指導で，学習状況や理解度をきめ細やかに把握し，将来の夢を見据えて学習に取り組めるようにサポートしている。生徒一人ひとりの個性を大切にすることによる，人間力の育成を第一の目標としている。

特進コース

国公立大学・私立大学の現役合格に向けた進路指導を実施している。独自の多彩な学習プログラムで学力を高め，総合的な視野を広げるカリキュラムを実施している。コースの全員が志望校合格に向け，一つのチームとなって日々学習に励んでいる。

アスリート特進コース

国公立大学・難関私立大学の現役合格とスポーツでの全国大会出場を目指すコース。学校生活の軸足は部活動に置きつつ，学習にも意欲的に取り

組む。部活動での努力と，学習に対する意識の高さが良い相乗効果を生み出し，国内だけでなく世界でも活躍できる能力を育む。

明徳コース

自分自身で興味・関心を持つ分野を見つけ，積極的に学ぼうとする力を育成する。実践力ある人材を育成する「探究」，自ら学びに向かう姿勢を育成する「プログラム選択」を軸に様々な課題を分析，解決していく。

クラブ活動

●運動部

野球，サッカー，柔道，レスリング，空手道，剣道，バドミントン，ソフトテニス，バスケットボール，バレーボール，ハンドボール，ラグビー，弓道，陸上競技，ソフトボール，ゴルフ，ダンス

●文化部

メディア，ブラスバンド，ＪＲＣ，茶華道，美術，演劇，軽音楽，自然科学同好会，ＥＳＳ同好会，英語同好会

年間行事

５月／球技大会，プレキャンパスライフ（３年）
７月／カナダ短期留学
８月／ブルガリア交換留学，イングリッシュキャンプ
９月／学園祭（文化祭）
10月／学園祭（体育祭）
11月／修学旅行（２年）
12月／選抜大会
３月／オーストラリア短期留学，選抜大会

学園祭にて

進　路

●主な合格大学

〈国公立大学〉

北海道大，北見工業大，室蘭工業大，釧路公立大，岩手大，秋田県立大，筑波大，東京学芸大，お茶の水女子大，高崎経済大，長野県立看護大，長野大，信州大，公立諏訪東京理科大，金沢大，石川県立大，富山大，浜松医科大，名古屋大，名古屋工業大，名古屋市立大，愛知教育大，愛知県立大　など

〈私立大学〉

星城大，北里大，東京医科大，藤田医科大，愛知医科大，兵庫医科大，青山学院大，駒澤大，明治大，上智大，法政大，順天堂大，名古屋外国語大，名古屋学院大，愛知学院大，愛知工業大，東洋大，日本大，岐阜聖徳大，愛知淑徳大，金城学院大，中京大，南山大，名城大，京都産業大，同志社大，立命館大，関西大，近畿大，関西学院大　など

内観（アトリウム）

◎2024年度入試状況◎

学　　科	普通科全コース
募　集　数	608
応 募 者 数	4290
受 験 者 数	4272
合 格 者 数	非公表

※推薦はコース別で募集
※内部中学の人数は除く

過去問の効果的な使い方

① **はじめに**　入学試験対策に的を絞った学習をする場合に効果的に活用したいのが「過去問」です。なぜならば，志望校別の出題傾向や出題構成，出題数などを知ることによって学習計画が立てやすくなるからです。入学試験に合格するという目的を達成するためには，各教科ともに「何を」「いつまでに」やるかを決めて計画的に学習することが必要です。目標を定めて効率よく学習を進めるために過去問を大いに活用してください。また，塾に通われていたり，家庭教師のもとで学習されていたりする場合は，それぞれのカリキュラムによって，どの段階で，どのように過去問を活用するのかが異なるので，その先生方の指示にしたがって「過去問」を活用してください。

② **目的**　過去問学習の目的は，言うまでもなく，志望校に合格することです。どのような分野の問題が出題されているか，どのレベルか，出題の数は多めか，といった概要をまず把握し，それを基に学習計画を立ててください。また，近年の出題傾向を把握することによって，入学試験に対する自分なりの感触をつかむこともできます。

過去問に取り組むことで，実際の試験をイメージすることもできます。制限時間内にどの程度までできるか，今の段階でどのくらいの得点を得られるかということも確かめられます。それによって必要な学習量も見えてきますし，過去問に取り組む体験は試験当日の緊張を和らげることにも役立つでしょう。

③ **開始時期**　過去問への取り組みは，全分野の学習に目安のつく時期，つまり，9月以降に始めるのが一般的です。しかし，全体的な傾向をつかみたい場合や，学習進度が早くて，夏前におおよその学習を終えている場合には，7月，8月頃から始めてもかまいません。もちろん，受験間際に模擬テストのつもりでやってみるのもよいでしょう。ただ，どの時期に行うにせよ，取り組むときには，集中的に徹底して取り組むようにしましょう。

④ **活用法**　各年度の入試問題を全問マスターしようと思う必要はありません。できる限り多くの問題にあたって自信をつけることは必要ですが，重要なのは，志望校に合格するためには，どの問題が解けなければいけないのかを知ることです。問題を制限時間内にやってみる。解答で答え合わせをしてみる。間違えたりできなかったりしたところについては，解説をじっくり読んでみる。そうすることによって，本校の入試問題に取り組むことが今の自分にとって適当かどうかが，はっきりします。出題傾向を研究し，合否のポイントとなる重要な部分を見極めて，入学試験に必要な力を効率よく身につけてください。

数学

各都道府県の公立高校の入学試験問題は，中学数学のすべての分野から幅広く出題されます。内容的にも，基本的・典型的なものから思考力・応用力を必要とするものまでバランスよく構成されています。私立・国立高校では，中学数学のすべての分野から出題されることには変わりはありませんが，出題形式，難易度などに差があり，また，年度によっての出題分野の偏りもあります。公立高校を含め，ほとんどの学校で，前半は広い範囲からの基本的な小問群，後半はあるテーマに沿っての数問の小問を集めた大問という形での出題となっています。

まずは，単年度の問題を制限時間内にやってみてください。その後で，解答の答え合わせ，解説での研究に時間をかけて取り組んでください。前半の小問群，後半の大問の一部を合わせて50％以上の正解が得られそうなら多年度のものにも順次挑戦してみるとよいでしょう。

英語

英語の志望校対策としては，まず志望校の出題形式をしっかり把握しておくことが重要です。英語の問題は，大きく分けて，リスニング，発音・アクセント，文法，読解，英作文の5種類に分けられます。リスニング問題の有無(出題されるならば，どのような形式で出題されるか)，発音・アクセント問題の形式，文法問題の形式(語句補充，語句整序，正誤問題など)，英作文の有無(出題されるならば，和文英訳か，条件作文か，自由作文か）など，細かく具体的につかみましょう。読解問題では，物語文，エッセイ，論理的な文章，会話文などのジャンルのほかに，文章の長さも知っておきましょう。また，読解問題でも，文法を問う問題が多いか，内容を問う問題が多く出題されるか，といった傾向をおさえておくことも重要です。志望校で出題される問題の形式に慣れておけば，本番ですんなり問題に対応することができますし，読解問題で出題される文章の内容や量をつかんでおけば，読解問題対策の勉強として，どのような読解問題を多くこなせばよいかの指針になります。

最後に，英語の入試問題では，なんと言っても読解問題でどれだけ得点できるかが最大のポイントとなります。初めて見る長い文章をすらすらと読み解くのはたいへんなことですが，そのような力を身につけるには，リスニングも含めて，総合的に英語に慣れていくことが必要です。「急がば回れ」ということわざの通り，志望校対策を進める一方で，英語という言語の基本的な学習を地道に続けることも忘れないでください。

国語

国語は，出題文の種類，解答形式をまず確認しましょう。論理的な文章と文学的な文章のどちらが中心となっているか，あるいは，どちらも同じ比重で出題されているか，韻文(和歌・短歌・俳句・詩・漢詩)は出題されているか，独立問題として古文の出題はあるか，といった，文章の種類を確認し，学習の方向性を決めましょう。また，解答形式は，記号選択のみか，記述解答はどの程度あるか，記述は書き抜き程度か，要約や説明はあるか，といった点を確認し，記述力重視の傾向にある場合は，文章力に磨きをかけることを意識するとよいでしょう。さらに，知識問題はどの程度出題されているか，語句(ことわざ・慣用句など)，文法，文学史など，特に出題頻度の高い分野はないか，といったことを確認しましょう。出題頻度の高い分野については，集中的に学習することが必要です。読解問題の出題傾向については，脱語補充問題が多い，書き抜きで解答する言い換えの問題が多い，自分の言葉で説明する問題が多い，選択肢がよく練られている，といった傾向を把握したうえで，これらを意識して取り組むと解答力を高めることができます。「漢字」「語句・文法」「文学史」「現代文の読解問題」「古文」「韻文」と，出題ジャンルを分類して取り組むとよいでしょう。毎年出題されているジャンルがあるとわかった場合は，必ず正解できる力をつけられるよう意識して取り組み，得点力を高めましょう。

数学

出題傾向の分析と合格への対策

●出題傾向と内容

本年度の出題数は，大問で4題，小問で20題とほぼ例年並みである。

出題の形式と内容は，1は数・式の計算，平方根の計算，式の値，方程式の利用，場合の数，統計の独立した小問，2は確率，方程式の応用，3は動点問題，関数・グラフと図形の融合問題，4は平面図形分野，空間図形分野からの大問であった。

基本的，基礎的な知識や考え方が身についているかどうか，また，それらを応用する力があるかどうかを確かめるものとなっていて，問題数は多いものの全体的には取り組みやすくなっている。

学習のポイント

まずは，教科書や基礎的な問題集などで，基本を固めることに力を入れ，その後で，標準レベルの問題にあたるとよい。

●2025年度の予想と対策

来年度も，出題の量，形式，出題内容に大きな変化はないものと思われる。応用力や思考力を必要とするやや難しい問題も混じるが，重視されているのは基本的な知識や考え方が身についているかどうか，正確な計算ができるかどうかということである。まずは，教科書内容の徹底的な学習に力を入れよう。

因数分解，二次方程式，関数・グラフと図形の融合問題，図形の計量問題，確率問題，方程式の応用問題などでは，応用力や思考力を必要とするものが混じることがあるので，基礎を固めた上で，標準レベルの問題集などで数多くの問題にあたっておくとよいだろう。

▼年度別出題内容分類表……

出題内容			2020年	2021年	2022年	2023年	2024年
数と式		数の性質	○				
		数・式の計算	○	○	○	○	○
		因数分解	○	○		○	
		平方根	○	○	○	○	○
方程式・不等式		一次方程式	○	○	○	○	
		二次方程式	○	○			
		不等式			○		
		方程式・不等式の応用	○	○	○	○	○
関数		一次関数	○	○	○	○	○
		二乗に比例する関数	○	○	○	○	○
		比例関数	○				
		関数とグラフ	○	○	○	○	○
		グラフの作成					
図形	平面図形	角度	○	○	○	○	○
		合同・相似	○	○		○	○
		三平方の定理	○	○	○	○	○
		円の性質	○	○	○	○	○
	空間図形	合同・相似				○	
		三平方の定理	○	○	○	○	○
		切断				○	○
	計量	長さ		○	○	○	○
		面積	○	○		○	○
		体積	○	○	○		○
		証明					○
		作図					
		動点					○
統計		場合の数					○
		確率	○	○	○	○	○
		統計・標本調査				○	○
融合問題		図形と関数・グラフ	○	○	○	○	○
		図形と確率					
		関数・グラフと確率					
		その他					
その他							

星城高等学校

英語

出題傾向の分析と 合格への対策

●出題傾向と内容

本年度の出題は，聞き取りテスト1題，会話文問題が2題，長文読解問題2題という大問にして計5題の構成で，本年度は全てマークシート方式であった。

聞き取りテスト問題は，会話文と文章を聞き，その内容についての質問に答えさせる形式であった。

会話文問題は基本的な単語と文法，慣用表現の知識を問う問題が1題，総合問題が1題である。

読解問題・会話文問題は，量は標準的か少し長めで比較的読みやすい文章になっており，適語補充，適文選択，語句整序など，さまざまな形で文脈をつかむ力が試されている。

✔学習のポイント

長文読解対策として，会話の流れや代名詞の内容などをしっかり把握する練習をしておこう。

●2025年度の予想と対策

来年度も，読解力を試すための長文問題をはじめとして，語句の補充・選択を中心とした問題が出題されると考えられる。

長文読解問題・会話文問題への対策としては，長めの英文に慣れることであるが，本校の場合，特に文脈を把握し，文や会話を正しく成立させるような問題が出題される傾向がある。

文法問題については，基本的な語彙や，構文の理解を定着させておきたい。

放送問題の対策としては，CD，ラジオなどでナチュラルスピードの英語を聞き，慣れておくことが必要である。

▼年度別出題内容分類表 ……

	出題内容	2020年	2021年	2022年	2023年	2024年
話し方・聞き方	単語の発音					
	アクセント					
	くぎり・強勢・抑揚					
	聞き取り・書き取り	○	○	○	○	○
語い	単語・熟語・慣用句		○		○	○
	同意語・反意語					
	同音異義語					
読解	英文和訳(記述・選択)					
	内容吟味	○	○	○	○	○
	要旨把握					
	語句解釈	○				
	語句補充・選択	○	○	○	○	○
	段落・文整序					
	指示語	○	○	○	○	
	会話文		○	○	○	○
文法・作文	和文英訳					
	語句補充・選択	○			○	
	語句整序	○	○	○		○
	正誤問題					
	言い換え・書き換え	○	○	○		
	英問英答	○	○	○		
	自由・条件英作文					
文法事項	間接疑問文					
	進行形					
	助動詞	○				○
	付加疑問文					
	感嘆文					
	不定詞	○	○	○		○
	分詞・動名詞	○		○		
	比較	○		○	○	
	受動態	○	○	○	○	
	現在完了					○
	前置詞	○	○	○		
	接続詞		○			
	関係代名詞				○	○

星城高等学校

理科

出題傾向の分析と 合格への対策

●出題傾向と内容

今年の問題数は大問が5題で，地学分野からの出題が2題であった。理科の4分野から出題される。小問数は20題程度であり，試験時間は40分である。標準的なレベルの問題が多く，教科書のレベルを超える問題は見られない。

計算問題も出題されるが，一般的な内容の問題であり難問はない。

頻出分野は，化学変化と質量，溶液とその性質，力と圧力，ヒトの体のしくみ，天気の変化などである。

グラフを書かせたり，表からデータを読み取る問題もあるので，練習しておきたい。

✔学習のポイント

教科書の要点をしっかりと理解し，幅広い基礎的な知識を身につけよう。

●2025年度の予想と対策

教科書を中心とした学習をまず行うこと。頻出分野があるとはいえ，偏りのない学習をおこない，弱点をつくらないようにしたい。

問題レベルはほとんどが標準的なもので，教科書の内容をしっかり理解し，標準レベルの問題集で演習をしておくとよい。

問題集の演習時には，重要な科学用語などを確実に覚えることが大切である。また，物理・化学分野では計算問題も出題されるので，関係する原理や法則をしっかりと理解し，問題集でいろいろな問題に慣れ，計算力を養っておきたい。

▼年度別出題内容分類表 ……

	出題内容	2020年	2021年	2022年	2023年	2024年
第一分野	物質とその変化				○	
	気体の発生とその性質			○		
	光と音の性質					
	熱と温度					
	力・圧力				○	
	化学変化と質量				○	
	原子と分子					
	電流と電圧	○	○			
	電力と熱					
	溶液とその性質	○				
	電気分解とイオン		○			
	酸とアルカリ・中和					○
	仕事			○		
	磁界とその変化	○				○
	運動とエネルギー					
	その他					
第二分野	植物の種類とその生活		○			
	動物の種類とその生活				○	
	植物の体のしくみ			○		
	動物の体のしくみ					
	ヒトの体のしくみ	○				
	生殖と遺伝					○
	生物の類縁関係と進化					
	生物どうしのつながり					
	地球と太陽系	○			○	
	天気の変化		○			○
	地層と岩石					○
	大地の動き・地震			○		
	その他					

星城高等学校

社会

出題傾向の分析と合格への対策

●出題傾向と内容

本年度は大問数は昨年から1減り5題に，小問数は解答数で20問のまま。

本年度も地理，歴史，公民のバランスは地理と歴史がほぼ同じで，公民がそれより少なめであった。内容は3分野とも教科書の基本内容から出題されていて，解答形式はすべて4択の記号問題になっている。

地理は，日本地理では気候，伝統工芸品，東京都，愛知県に関連するもの，世界地理では鉱産資源の産出ランキング，アメリカ，中国に関連する内容が出題された。

歴史では，奈良時代から江戸時代，19世紀後半から21世紀初頭の歴史が出され，日本に関するものは基本的だが，やや世界史の内容が難しい。

公民では，三権，人権，消費者保護，国際経済に関する問題が出題された。

学習のポイント

地理：地図や統計資料をおさえよう！
歴史：歴史の流れや史料をおさえよう！
公民：政治・経済の仕組みや手順を理解しよう。

●2025年度の予想と対策

来年度も大問・小問の出題数や出題形式，出題内容・レベルは本年度と大差ないと予想される。

したがって，教科書に出てくる重要事項について，関心を高め，その意味・内容を理解しておくことが大切である。また，重要語句同士の関連などもおさえておきたい。

地理では，地図や統計資料などに基づき，各地域の特徴をとらえておこう。歴史では，年表や画像などを利用して，出来事の流れや関連をおさえておきたい。主要な日本史と世界史の出来事の関連も理解しておく。公民では，政治・経済の仕組みを中心に重要事項を説明できるようにしておきたい。

また日頃から，インターネットを検索して，国内外の主要な出来事の場所や内容をある程度は把握し現代社会の課題などへの関心を高めておくと，社会的思考力が向上し，学習が深まるであろう。同時に時事問題にも強くなれると考えてもよい。

▼年度別出題内容分類表 ……

出題内容			2020年	2021年	2022年	2023年	2024年
地理的分野	(日本)	地形図		○			
		地形・気候・人口	○			○	○
		諸地域の特色	○	○	○	○	○
		産業	○	○	○	○	○
		交通・貿易					
	(世界)	人々の生活と環境					
		地形・気候・人口	○	○	○	○	
		諸地域の特色	○	○	○	○	○
		産業	○	○	○	○	○
		交通・貿易					
	地理総合						
歴史的分野	(日本史)	各時代の特色	○	○	○	○	○
		政治・外交史	○	○	○	○	○
		社会・経済史	○	○	○	○	○
		文化史	○	○	○	○	○
		日本史総合					
	(世界史)	政治・社会・経済史	○	○	○	○	○
		文化史				○	
		世界史総合					
	日本史と世界史の関連		○	○	○	○	○
	歴史総合						
公民的分野	家族と社会生活						
	経済生活		○	○	○	○	○
	日本経済		○	○	○	○	
	憲法（日本）		○	○		○	○
	政治のしくみ		○	○	○	○	○
	国際経済			○			○
	国際政治						
	その他			○	○		
	公民総合						
各分野総合問題							

星城高等学校

国語

出題傾向の分析と 合格への対策

●出題傾向と内容

本年度は，現代文と古文が1題ずつ出題された。

㊀では，論説文が出題された。漢字に関する問題のほか，指示語，内容吟味の問題等が出された。言い換え表現の意味を問うことで，文章全体の大意を理解させる構成である。

㊁では，古文が出題された。『徒然草』からの出題である。文脈把握や内容吟味のほか，仮名遣い，品詞・用法，文学史，現代語訳など多様な問題が出された。

解答形式は，すべてマークシートによる記号選択である。

✓学習のポイント

漢字や文法，文学史など，知識問題の対策には練習量が必要。早めに着手し，日々の練習を積み重ねよう！

●2025年度の予想と対策

現代文の出題は確実と思われるが，古文や韻文の出題については，今後も変更の可能性がある。どのジャンルから出題されてもよいように，しっかり対策を立てておこう。

現代文は論説文・説明文の出題頻度が高いが，融合文や文学的文章の出題も考えられる。あらゆる種類の文章に備えておきたい。筆者の視点あるいは登場人物の目から内容を読み取る力，文脈に沿って筆者の主張・人物の心情をとらえる力を養っておこう。

和歌の出題が復活する可能性もある。表現技法などの基礎知識を身につけたうえで，様々な作品に読み慣れておきたい。古文については，古語の意味や係り結びなどの知識を確実におさえておこう。

漢字，語句，文法，文学史などについても，教科書程度の内容はマスターしておこう。

▼年度別出題内容分類表 ……

出題内容			2020年	2021年	2022年	2023年	2024年
内容の分類	読解	主題・表題		○			
		大意・要旨	○	○	○	○	○
		情景・心情					
		内容吟味	○	○	○	○	○
		文脈把握	○	○	○	○	○
		段落・文章構成					
		指示語の問題	○	○	○	○	
		接続語の問題	○	○		○	○
		脱文・脱語補充	○	○		○	○
	漢字・語句	漢字の読み書き	○		○	○	○
		筆順・画数・部首					
		語句の意味	○	○			
		同義語・対義語	○	○			
		熟語			○		
		ことわざ・慣用句		○	○		
	表現	短文作成					
		作文(自由・課題)					
		その他					
	文法	文と文節			○	○	○
		品詞・用法	○	○	○	○	○
		仮名遣い	○		○	○	○
		敬語・その他					
	古文の口語訳			○	○	○	○
	表現技法			○	○		
	文学史			○		○	○
問題文の種類	散文	論説文・説明文	○	○	○	○	○
		記録文・報告文					
		小説・物語・伝記					
		随筆・紀行・日記					
	韻文	詩					
		和歌(短歌)					
		俳句・川柳					
	古文		○	○	○	○	○
	漢文・漢詩						

星城高等学校

2024年度 合否の鍵はこの問題だ!!

数学 3，4 [3]，[4]

3 [1] (1)　点P，Qは毎秒1cmで進むから，△APQ∽△ABCに気づけるかがポイントである。AP＝AQ＝x(cm)であり，$0<x<4$のとき，点P，Qはそれぞれ辺AB上，辺AC上にある。△APQと△ABCにおいて，∠PAQ＝∠BAC，AP：AB＝AQ：AC＝x：4より，2組の辺の比とその間の角がそれぞれ等しいので，△APQ∽△ABC　$S=\frac{1}{9}T$となるとき，S：T＝1：9であるから，△APQと△ABCの面積比が△APQ：△ABC＝$1:9=1^2:3^2$となるので，相似比は1：3である。よって，AP：AB＝AQ：AC＝$x:4=1:3$より，$3x=4$　$x=\frac{4}{3}$(秒)となる。

(2)　$4<x<6$のとき，点P，Qはともに辺CB上にあり，AB＋BP＝AC＋CQ＝x(cm)である。△APQと△ABCは底辺をそれぞれ辺PQ，BCと見ると，高さが等しいので，面積比は底辺の比に等しくなることを使って解く。PQ＝(AB＋BC＋CA)－(AB＋BP)－(AC＋CQ)＝$4\times3-x-x=12-2x$(cm)であるから，△APQ：△ABC＝PQ：BC＝$(12-2x):4$である。$S=\frac{1}{4}T$より，S：T＝1：4であるから，$(12-2x):4=1:4$となるので，$4(12-2x)=4$　$12-2x=1$　$-2x=-11$　$x=\frac{11}{2}$(秒)である。

[2] (1)　点Bのx座標が2であるから，AB＝2である。△OAB＝2であるから，$\frac{1}{2}\times$OA$\times$AB＝2より，$\frac{1}{2}\times$OA$\times2=2$　OA＝2　よって，A(0，2)，B(2，2)である。$y=ax^2$にB(2，2)を代入して，$2=a\times2^2$　$2=4a$　$-4a=-2$　$a=\frac{1}{2}$となる。また，次のようにして解いてもよい。$y=ax^2$に$x=2$を代入して，$y=a\times2^2=4a$となるから，A(0，$4a$)，B(2，$4a$)と表せる。よって，OA＝$4a$，AB＝2であり，△OAB＝2となるから，$\frac{1}{2}\times4a\times2=2$　$4a=2$　$a=\frac{1}{2}$である。

(2)　△OAB＝△OCBとなるとき，等積変形の考え方を用いて，OB//ACとなる。直線OBの傾きは$\frac{2-0}{2-0}=\frac{2}{2}=1$であり，平行な直線の傾きは等しいので，直線ACの傾きも1である。A(0，2)であるから，直線ACの式は$y=x+2$である。$y=\frac{1}{2}x^2$と$y=x+2$を連立方程式として解くと，$\frac{1}{2}x^2=x+2$　$x^2=2x+4$　$x^2-2x-4=0$　$x=\frac{-(-2)\pm\sqrt{(-2)^2-4\times1\times(-4)}}{2\times1}=\frac{2\pm\sqrt{4+16}}{2}=\frac{2\pm\sqrt{20}}{2}=\frac{2\pm2\sqrt{5}}{2}=1\pm\sqrt{5}$　点Cのx座標は正であるから，$x>0$より，$x=1+\sqrt{5}$である。

4 [3]　△ACQ∽△BPA∽△BORであることに気づけるかがポイントであった。

(1)　四角形OACDは正方形であるから，∠ACD＝∠CAO＝∠AOD＝90°　△ACQにおいて，∠AQC＝180－(∠ACQ＋∠CAQ)＝180－(90＋∠CAQ)＝180－90－∠CAQ＝90°－∠CAQ　∠BAP＝∠CAO－∠CAQ＝90°－∠CAQ　円周角の定理より，直径に対する円周角は90°であるから，∠APB＝90°　△APBにおいて，∠ABP＝180－(∠BAP＋∠APB)＝180－(90－∠CAQ＋90)＝180－(180－∠CAQ)＝180－180＋∠CAQ＝∠CAQ　∠AOD＝90°であるから，∠BOR＝90°なので，△BORにおいて，∠ORB＝180－(∠BOR＋∠OBR)＝180－(90＋∠CAQ)＝180－90－∠CAQ＝90°－∠CAQ　以上のことから，∠ACQ＝∠BPA＝∠BOR＝90°，∠CAQ＝∠PBA＝∠OBR，∠AQC＝∠BAP＝∠BROであるから，△ACQ∽△BPA∽△BORである。AB＝8(cm)より，OA＝OB＝$\frac{1}{2}$AB＝$\frac{1}{2}\times8=4$(cm)，四角形OACDは正方形であるから，AC＝CD＝OA＝4(cm)，点Qは線分CDの中点であるから，CQ＝QD＝$\frac{1}{2}$CD＝$\frac{1}{2}\times4=2$(cm)である。△ACQにおいて，三平方の定理より，AQ＝$\sqrt{4^2+2^2}=\sqrt{16+4}=\sqrt{20}=2\sqrt{5}$(cm)であり，△ACQと△BORはAC＝BO＝4であるから，△ACQ≡△BORとなるので，BR＝AQ＝$2\sqrt{5}$(cm)である。

(2) △ACQ∽△BPAより，AC：BP＝AQ：BA　$4:BP=2\sqrt{5}:8$　$2\sqrt{5}BP=32$　$BP=\frac{32}{2\sqrt{5}}=\frac{16}{\sqrt{5}}=\frac{16\sqrt{5}}{5}$(cm)である。よって，$RP=BP-BR=\frac{16\sqrt{5}}{5}-2\sqrt{5}=\frac{16\sqrt{5}}{5}-\frac{10\sqrt{5}}{5}=\frac{6\sqrt{5}}{5}$(cm)となるので，$BR:RP=2\sqrt{5}:\frac{6\sqrt{5}}{5}=10\sqrt{5}:6\sqrt{5}=10:6=5:3$である。

[4] (1) 頂点Aから底面BCDEに下した垂線の足はOであることを使って解く。正四角すいA－BCDEは側面が一辺4cmの正三角形なので，底面は一辺4cmの正方形になる。△BCEにおいて，三平方の定理より，$BC:BE:CE=1:1:\sqrt{2}$となるから，$BC:CE=1:\sqrt{2}$より，$4:CE=1:\sqrt{2}$　$CE=4\sqrt{2}$(cm)　正方形の対角線はそれぞれの中点で交わるから，$OC=OE=\frac{1}{2}CE=\frac{1}{2}\times4\sqrt{2}=2\sqrt{2}$(cm)　AO⊥CEとなるので，△AOCにおいて，三平方の定理より，$AO=\sqrt{4^2-(2\sqrt{2})^2}=\sqrt{16-8}=\sqrt{8}=2\sqrt{2}$(cm)　よって，正四角すいA－BCDEの体積は$\frac{1}{3}\times4\times4\times2\sqrt{2}=\frac{32\sqrt{2}}{3}$($cm^3$)となる。

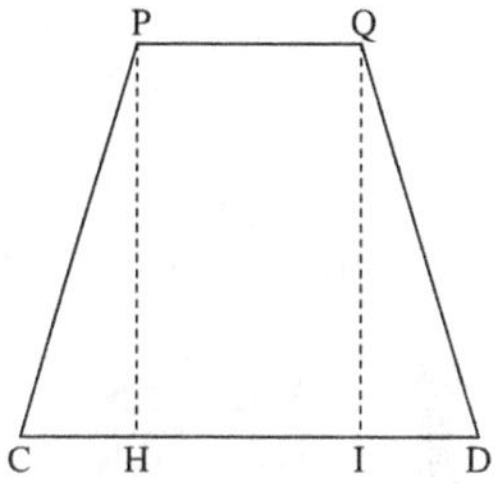

(2) 正四角すいを切断したときの切断面は四角形PCDQであり，等脚台形となる。点Pは辺ABの中点であり，△ABCは正三角形なので，AB⊥CP，∠CAP＝60°である。よって，△CAPにおいて，三平方の定理より，$AP:AC:CP=1:2:\sqrt{3}$となるから，$AC:CP=2:\sqrt{3}$より，$4:CP=2:\sqrt{3}$　$2CP=4\sqrt{3}$　$CP=2\sqrt{3}$(cm)である。同様に，$DQ=2\sqrt{3}$(cm)となる。また，△ABEと△APQにおいて，∠BAE＝∠PAQ，AB：AP＝AE：AQ＝4：2＝2：1より，2組の辺の比とその間の角がそれぞれ等しいので，△ABE∽△APQ　よって，△APQも正三角形となるから，PQ＝AP＝2(cm)である。頂点P，Qから辺CDに下した垂線の足をそれぞれH，Iとすると，HI＝PQ＝2(cm)，CH＝DI＝(4－2)÷2＝2÷2＝1(cm)である。△PCHにおいて，三平方の定理より，$PH=\sqrt{(2\sqrt{3})^2-1^2}=\sqrt{12-1}=\sqrt{11}$(cm)　よって，切断面の面積は四角形$PCDQ=\frac{1}{2}\times(2+4)\times\sqrt{11}=\frac{1}{2}\times6\times\sqrt{11}=3\sqrt{11}$($cm^2$)となる。

英語　4 (3)

4(3)は文法がしっかりと理解できていないと解けない，関係代名詞の問題である。
there‘s が問題の前提として与えられているので，この文は「(名詞)がある」の意味になる〈There ＋ be動詞＋名詞～〉の形をとるのであろうとわかる。there's に続くのはこの形に当てはまる名詞であることがわかるから，anything か nothing のどちらかである。空欄③の段落第3文から，nothing「何もない」であると判断できる。

there's nothing　…　①

次に，①に続ける I can do の部分である。①にも主語・述語の関係があったのに，I can do にも主語・述語の関係があることから，関係代名詞を用いた文になりそうだ，と推測できるだろう。ここでの do は他動詞だから，仮の目的語を it として do の後に置いておく。

I can do (it)　…　②

最後に①と②をつなげて1つの文にするのだが，ここで関係代名詞 which を使う。①と②で同じもの(人)を表わす語を探すと，nothing ＝(it)である。この仮に決めた方の目的語，it が関係代名詞 which になる。関係代名詞は②の文の先頭に置く。

which I can do　…　③

nothing ＝ which(it)だったのだから，which の先行詞は nothing とわかる。そこで先行詞 nothing の後ろに which を並べ，①の後に③が続く形の文にする。

there's nothing | which I can do
↓ 先行詞を含む①　↓ 関係代名詞を使った③
ここでは目的格の関係代名詞 which を省略している。

選択問題でも，語句整序問題や英作文と同じように，1つ1つ文法的に考えて解いていくことがカギである。

理科 5 (4), (5)

今年は大問が5題で地学分野から2題と各分野からの出題であった。問題レベルは全般的に標準的なレベルである。理科全般の幅広い知識が求められる問題である。

今回合否を分ける鍵となった問題として5を取り上げる。メンデルの法則の問題であった。

丸形のAAの親とaaの親をかけ合わせると，子供はすべてAaになる，これは丸形である。このとき現れる形質を顕性，現れない形質を潜性という。

(4) 遺伝子の組合わせがAaの子どうしをかけ合わせると，孫の遺伝子の組み合わせはAA：Aa：aa＝1：2：1になる。これは丸形：しわ型＝3：1となる。丸形が547個生じていたので，しわ型の数は，3：1＝547：x　x＝182.3となり，最も近い値が185個である。

(5) Aaの種子にしわ型をかけ合わせる。しわ型の遺伝子の組み合わせはaaなので，子の遺伝子の組み合わせはAa：aa＝1：1になる。これは，丸形：しわ型＝1：1になる。これを検定交雑という。丸形の親の遺伝子の組み合わせには，AAとAaの2種類が考えられる。そのどちらかを判断するには，これらにしわ型をかけ合わせればよい。もし丸形の親がAAであれば，子はすべて丸形の種子(Aa)になる。親がAaであれば，子の遺伝子の組み合わせはAa：aa＝1：1になる。これは丸型：しわ型＝1：1となる。

問題のレベルは基礎から標準レベルであり，基礎力をしっかり身につけているかが問われる良問である。出題される問題に難問はないので，教科書を中心とした学習をしっかりと行うようにしたい。また，出題は理科の4分野から偏りなく行われるので，苦手分野を作らないようにしたい。

社会 1，2

1，2は地理の問題で，1が世界の鉱産資源の分布，アメリカ，中国に関連する世界地理の内容，2が日本の各地の気候，東京，伝統工芸品，愛知県の農業に関する日本地理の問題。どちらもさほど難しくはないが，それぞれに一般的な中学生にとっては手薄になっていそうな分野の問題も含み，知っているかどうかでかなり差がついてきそうである。1の(1)の鉱産資源の産出国の順位では，選択肢の国々がいずれも上位の国であることはだいたいわかるが，資源ごとの順位は怪しいかもしれない。(2)はシリコンバレーは知っているが，その場所は怪しい人が多いであろう。(3)は該当地域の農産物はわからないかもしれないが経済特区で答えを絞るのはできる。2の(1)はグラフで見せられれば，すぐにわかる人も多いだろうが，表にされるとピンとこないかもしれない。(2)はア以外の選択肢が答えであろうことはすぐわかるが，絞り込むのは難しいかもしれない。(3)の伝統工芸品の問題も知っていれば即答できるが，知らないと厳しいか。(4)は愛知県の本校の受験生ならできてほしいもの。

国語 一 問六

★なぜこの問題が合否を分けたのか

本文を精読する力が試される設問である。解答の根拠をとらえてていねいに解答しよう！

★こう答えると「合格できない」！

「客観的」という言葉の印象から，「誰もが納得するような」とあるアを選ばないようにしよう。この後に示されている説明部分をしっかり読み，感覚的に解答しないよう注意しよう！

★これで「合格」！

「客観的で正しい答え」については，直後の段落に「……人間と世界の関係や人間同士の間の関係で，いわば共同作業によって『正しさ』というものが作られていくのだと思います。それゆえ，多様な他者と理解し合うということは，かれらとともに『正しさ』を作っていくということです」とあり，さらに「これは，『正しさは人それぞれ』とか『みんなちがってみんないい』といったお決まりの簡便な一言を吐けば済んでしまうような安イな道ではありません」「ともに『正しさ』を作っていくということは，そこで終了せずに踏みとどまり，とことん相手と付き合うというメン倒な作業です。相手の言い分を受け入れて自分の考えを変えなければならないこともあるでしょう」と述べられているので，この部分をしっかりとらえて，「多様な他者と話し合い，共同作業によって作られていく答え」とするイを選ぼう！

2024年度

★★★★★★★★★★★★★★★★★★★★★★★★

入　試　問　題

2024年度

星城高等学校入試問題

【数　学】（40分）　　＜満点：20点＞

[1]　次の問いについて，カナ符号で答えなさい。

(1)　$2\times5-4\div2^2$ を計算すると [①] となる。

ア　1　　イ　6　　ウ　9　　エ　$\frac{3}{2}$

(2)　$\frac{\sqrt{18}}{\sqrt{3}}+\frac{2\sqrt{3}}{\sqrt{2}}+\sqrt{24}$ を計算すると [②] となる。

ア　$2\sqrt{3}$　　イ　$4\sqrt{3}$　　ウ　$4\sqrt{6}$　　エ　$6\sqrt{6}$

(3)　$a=2+\frac{4}{\sqrt{3}}$，$b=2-\frac{2}{\sqrt{3}}$のとき，$a^2-2ab+b^2$ の値は [③] となる。

ア　2　　イ　6　　ウ　8　　エ　12

(4)　濃度が10％の食塩水が100 g ある。ここに水を加えたら，食塩水の濃度は８％になった。加えた水の量は，[④] gである。

ア　15　　イ　20　　ウ　25　　エ　40

(5)　０から３までの数字が書いてある４枚のカード[0][1][2][3]がある。この中から，３枚取り出して３けたの整数を作る。３けたの整数は全部で [⑤] 通りできる。

ア　18　　イ　21　　ウ　24　　エ　27

(6)　下の箱ひげ図は，Ａ組41人の国語のテストの点数を表したものです。

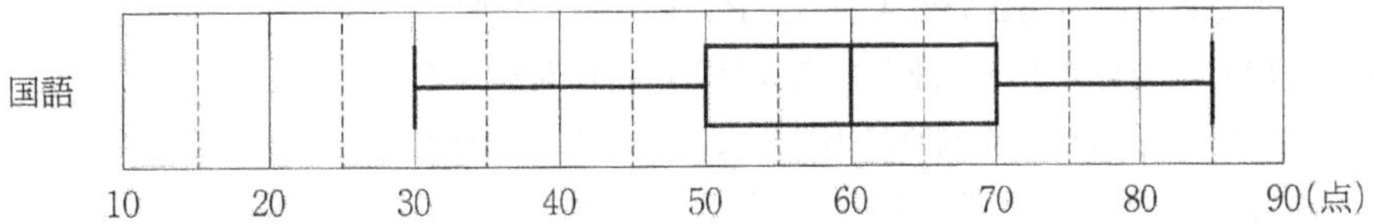

この箱ひげ図から分かることについて，正しく述べたものが，下記のＡからＤまでの中に２つある。その２つは [⑥] である。(アからカまでの中から選ぶ)

Ａ　平均点は60点である。

Ｂ　四分位範囲は20点である。

Ｃ　50点未満の人が必ず10人いる。

Ｄ　60点以上の人が全体の半数より多くいる。

ア　ＡとＢ　　イ　ＡとＣ　　ウ　ＡとＤ　　エ　ＢとＣ　　オ　ＢとＤ　　カ　ＣとＤ

[2]　次の問いについて，カナ符号で答えなさい。

〔１〕　100円，50円，10円，5円の硬貨が１枚ずつある。この４枚を同時に投げるとき，

(1)　４枚のうち，少なくとも１枚は表となる確率は [①]／[②] である。

ア　①　3　②　4　　　イ　①　1　②　4
ウ　①　15　②　16　　エ　①　1　②　16

(2)　表が出た硬貨の合計金額が110円以上になる確率は $\dfrac{\boxed{③}}{\boxed{④}}$ である。

ア　③　3　④　16　　イ　③　5　④　8
ウ　③　5　④　16　　エ　③　3　④　8

［2］　2辺の長さが4㎝，8㎝の長方形の画用紙から斜線部を切り取り，ふたつきの箱を作る。箱の高さAEの長さを x ㎝とする。

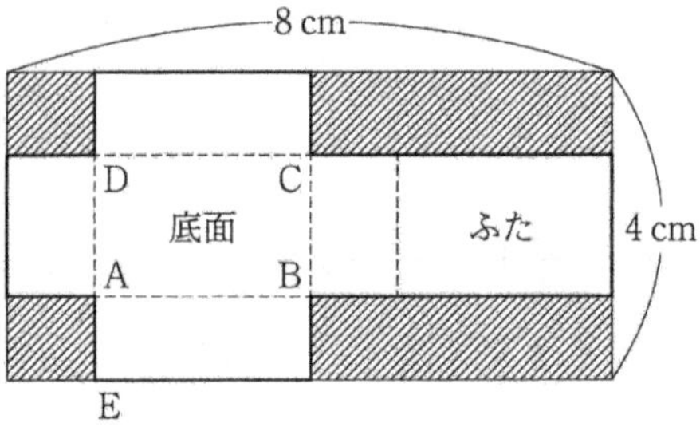

(1)　$x=1$ のとき，箱の体積は $\boxed{⑤}$ cm^3 である。

ア　4　　イ　6
ウ　8　　エ　12

(2)　箱の底面ABCDの面積が $10cm^2$ になるとき，x の値は $3-\sqrt{\boxed{⑥}}$ である。

ア　2　　イ　3
ウ　6　　エ　10

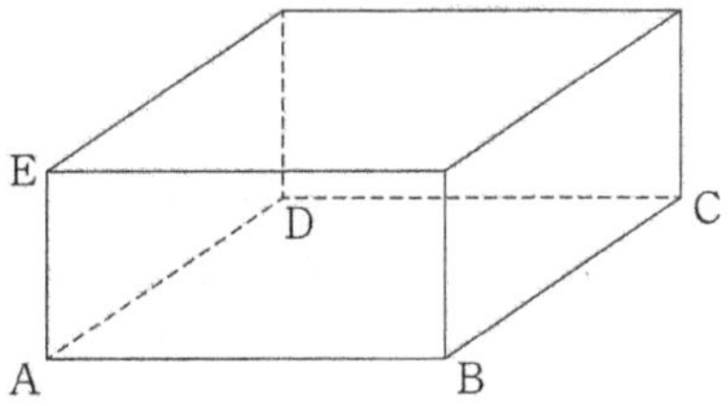

3　**次の問いについて，カナ符号に当てはまる数字を答えなさい。**

［1］　図①のように一辺の長さが4㎝の正三角形ABCがある。点Pは辺AB上を毎秒1㎝の速さで点Aから点Bに向かって移動する。点Qは辺AC上を毎秒1㎝の速さで点Aから点Cに向かって移動する。2点P，Qは点Aを同時に出発した。出発してから x 秒後の△APQの面積をSとする。また，△ABCの面積をTとする。

図①

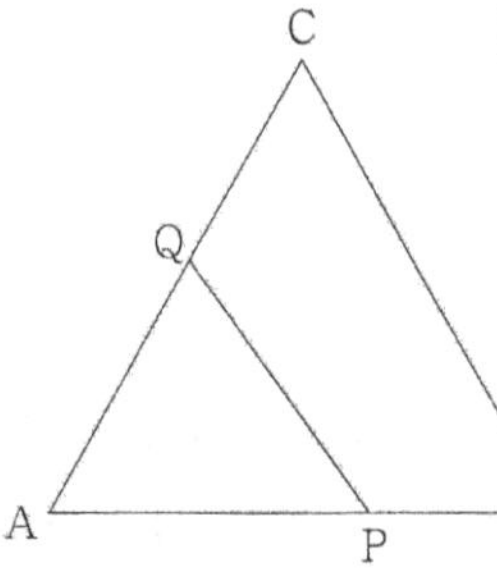

(1)　$S=\dfrac{1}{9}T$ となる x の値は $\dfrac{\boxed{ア}}{\boxed{イ}}$ である。ただし，$0<x<4$ とする。

(2)　図②のように点Pは点Bに達したのち，辺BC上を同じ速さで点Bから点Cに向かって移動する。また，点Qは点Cに達したのち，辺CB上を同じ速さで点Cから点Bに向かって移動する。このとき，$S=\dfrac{1}{4}T$ となる x の値は $\dfrac{\boxed{ウエ}}{\boxed{オ}}$ である。

ただし，$4<x<6$ とする。

図②

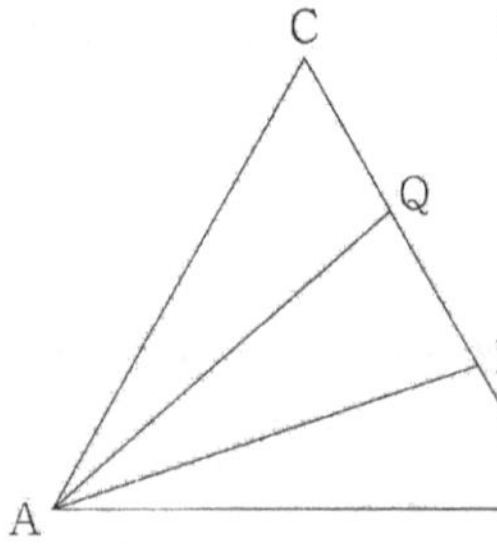

〔2〕 図のように，放物線 $y = ax^2$ があり，y 軸上の点Aを通り x 軸に平行な直線が放物線と交わる点を点Bとする。点Bの x 座標が2，△OABの面積が2であるとき，

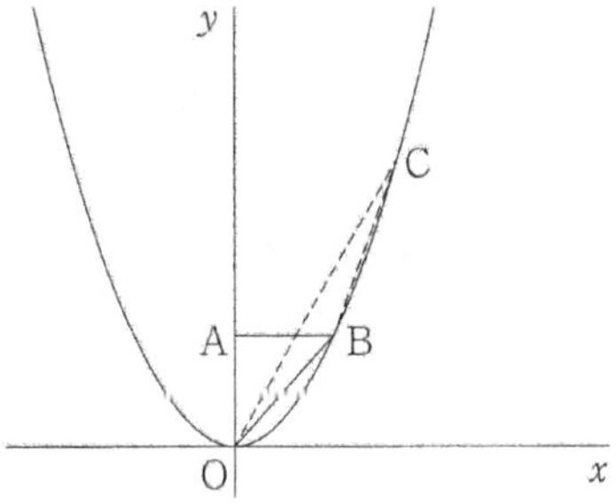

(1) 定数 a の値は $\dfrac{\boxed{\text{カ}}}{\boxed{\text{キ}}}$ である。

(2) 放物線上に点Cがあり，△OABの面積と△OCBの面積が等しいとき，点Cの x 座標は $\boxed{\text{ク}}+\sqrt{\boxed{\text{ケ}}}$ である。(ただし，点Cの x 座標は正とする。)

4 **次の問いについて，カナ符号に当てはまる数字を答えなさい。**

〔1〕 図のように，円Oの周上に4点A，B，C，Dがある。∠ABD＝50°，∠ACO＝30°のとき，∠CAD＝ $\boxed{\text{アイ}}$ °である。

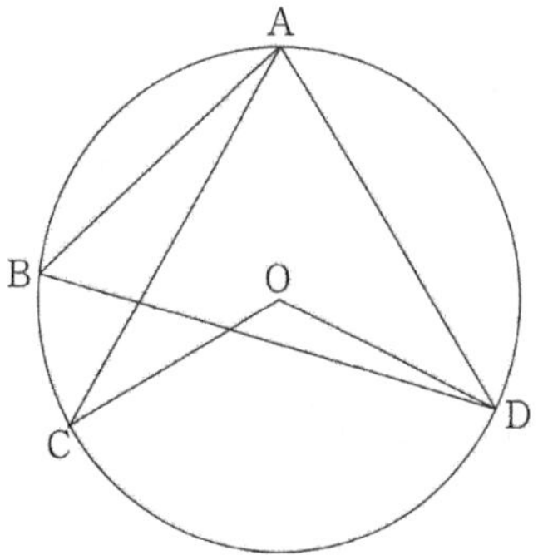

〔2〕 △ABCにおいて，∠Aの二等分線と辺BCとの交点をDとするとき，AB：AC＝BD：DCが成り立つことを，次のように証明した。

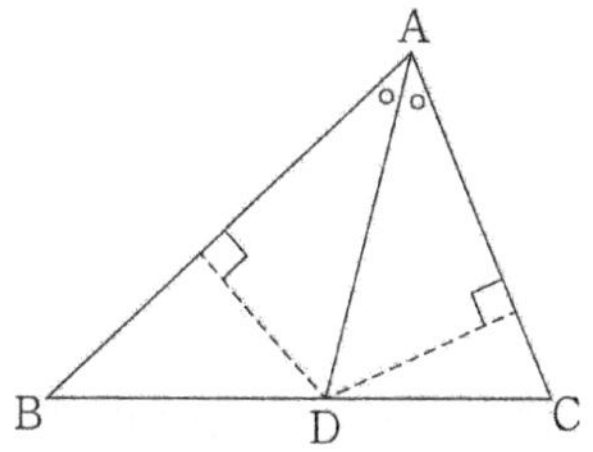

［証明］ 点Dから辺AB，ACにそれぞれ垂線DE，DFを下ろす。

△ADEと△ADFにおいて，

∠AED＝ $\boxed{\text{ウ}}$ ＝90° ……(1)

∠DAE＝∠DAF ……(2)

AD＝AD ……(3)

(1)，(2)，(3)より，直角三角形において，斜辺と1つの鋭角がそれぞれ等しいので，

△ADE≡△ADF

したがって，DE＝ $\boxed{\text{エ}}$ ……(4)

△ABDと△ACDの面積について，

△ABD＝$\dfrac{1}{2}$×AB×DE，△ACD＝$\dfrac{1}{2}$×AC×DFである。

したがって，(4)より△ABD：△ACD＝AB： $\boxed{\text{オ}}$ ……(5)

ここで，点Aから辺BCに垂線AHを下ろすと，

△ABD＝$\dfrac{1}{2}$×BD×AH，△ACD＝$\dfrac{1}{2}$×DC×AHであるから，

△ABD：△ACD＝BD：DC　　……(6)
したがって，(5)，(6)から，AB：AC＝BD：DCである。

$\boxed{ウ}$，$\boxed{エ}$，$\boxed{オ}$ にあてはまる最も適当なものを，下の①から⑨までの中から選び数字を答えなさい。

①　∠AFD　　②　∠BED　　③　∠CFD

④　AC　　⑤　AD　　⑥　AF　　⑦　CF　　⑧　DC　　⑨　DF

［3］　図において，円Oの直径ABの長さは8㎝である。線分OAを1辺とする正方形OACDの辺CDの中点を点Qとする。
線分AQと円Oの交点を点P，
線分BPと辺ODの交点を点Rとするとき，

(1)　線分BRの長さは $\boxed{カ}\sqrt{\boxed{キ}}$ である。

(2)　BR：RP＝$\boxed{ク}$：$\boxed{ケ}$ である。

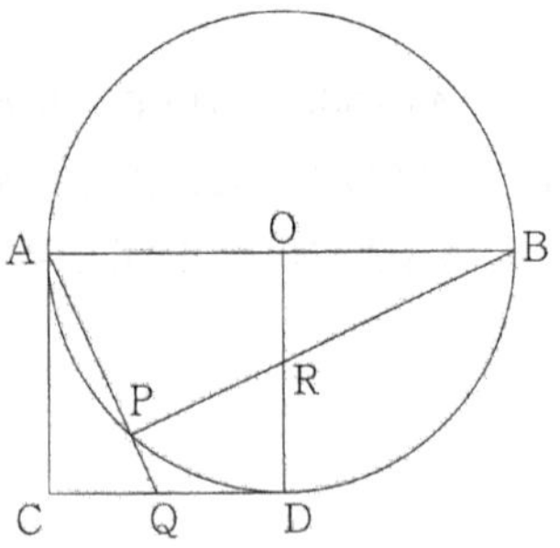

［4］　図のように，正四角すいA－BCDEがあり，側面は，一辺の長さが4㎝の正三角形であるとき，

(1)　正四角すいA－BCDEの体積は

$\dfrac{\boxed{コサ}\sqrt{\boxed{シ}}}{\boxed{ス}}$ cm^3である。

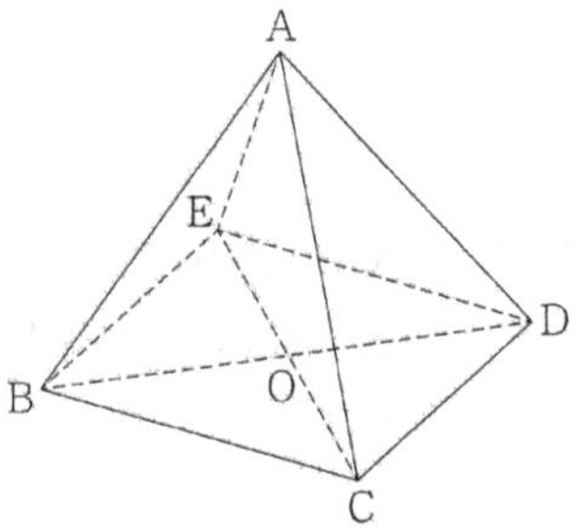

(2)　辺AB，辺AEの中点をそれぞれP，Qとし，3点P，Q，Cを通る平面で正四角すいを2つに切断する。
切断面の面積は $\boxed{セ}\sqrt{\boxed{ソタ}}$ cm^2である。

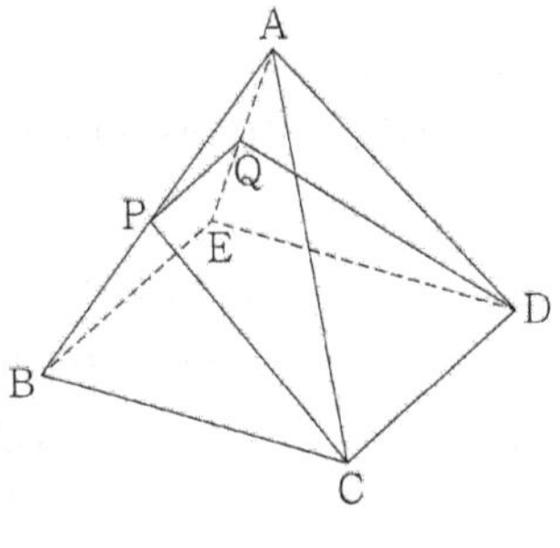

【英　語】（45分）　＜満点：20点＞　※リスニングテストの音声は弊社HPにアクセスの上，音声データをダウンロードしてご利用ください。

1　聞き取りテスト

これから聞き取りテストを行います。

それでは，聞き取りテストの説明をします。問題は第１問と第２問の２つに分かれています。

第１問は，１番から３番までの３つあります。それぞれについて，最初に対話を読み，続いて，対話についての問いと，問いに対する答え，ａ，ｂ，ｃ，ｄを読みます。そのあと，もう一度，その対話文，問い，問いに対する答えを読みます。必要があればメモをとってもよろしい。

問いの答えとして正しいものはマーク欄の「正」の文字を，誤っているものはマーク欄の「誤」の文字を，それぞれ塗りつぶしなさい。正しいものは，各問いについて１つしかありません。

第２問は，最初に英語の文章を読みます。続いて，文章についての問いと，問いに対する答え，ａ，ｂ，ｃ，ｄを読みます。問いは問１と問２の２つあります。そのあと，もう一度，文章，問い，問いに対する答えを読みます。必要があればメモをとってもよろしい。

問いの答えとして正しいものはマーク欄の「正」の文字を，誤っているものはマーク欄の「誤」の文字を，それぞれ塗りつぶしなさい。正しいものは，各問いについて１つしかありません。

メモ欄

2　次は訪問看護師（a home-visitor nurse）と訪問を受けているおじいさん（Tsuneo）の対話です。二人の対話が成り立つように，下線部(1)から(3)のそれぞれにあてはまる最も適当なものを後のアからエまでの中から選びなさい。

Nurse　: Good morning. ＿＿＿(1)＿＿＿ today?

Tsuneo : I'm not very well. When I woke up in the morning, I had a stomachache. I haven't had anything today.

Nurse　: You don't seem to have a fever. Do you still have a stomachache?

Tsuneo : ＿＿＿(2)＿＿＿.

Nurse　: Then, how about having breakfast now?

Tsuneo : Do you think it is all right to eat now? I am afraid I will have a stomachache again.

Nurse : I'm sure it is all right ＿＿(3)＿＿ .

(1) ア What can I do　イ What do you think
ウ How do you like　エ How do you feel
(2) ア No, not now　イ No, I won't
ウ Yes, I do　エ Yes, already
(3) ア if you have too much food to eat
イ if you don't eat too much
ウ if you can't eat anything
エ if you don't want anything to eat

3 次の英文を読んで，下の(1)(2)の問いに答えなさい。

On Monday, after dinner, I had a toothache. I wanted to go to the dentist's office at once, but I had to wait until (a). Early in the morning, I called the office because it was not open in the afternoon, and was told I could come at 9. I went to the dentist's office and felt no pain after the treatment. I was told I should come at 15:00 the next day. I ran to school, but I was two hours late. When I saw my homeroom teacher, I explained to her why I was late.

（注） toothache 歯痛　treatment 治療

（歯科医の診療予定）
Monday, Wednesday, Thursday, Friday Open from 9 to 16.
Tuesday Opens from 9 to 11 in the morning
Saturday and Sunday Closed

(1) （a）に入れるのに最も適当なものを次のアからエまでの中から選びなさい。
ア Monday　イ Tuesday　ウ Wednesday　エ Thursday
(2) 本文の内容と一致するものを次のアからエまでの中から一つ選びなさい。
ア I did not go to the dentist's office because I did not like going there.
イ I did not have to go to the dentist's office again because I felt no pain any more.
ウ I was in time for school though I went to the dentist's office.
エ I had to go to the dentist's office on Wednesday.

4 次のドイツ人パラグライダー（paraglider）の話を読んで(1)から(5)までの問いに答えなさい。

The German paraglider is in Australia to join the Paragliding World championships. She has only (A) paragliding for about four years but has already won many competitions because of her natural talent. A week before the championships, she joined a paragliding race as part of her training.

That day, the sky was [①]. She took off, and everything went well for a while. Then, far away in front of her, she saw a couple of storm clouds slowly coming together. This was [②] because they could join to become one very big and powerful storm cloud. She thought,

"I should get away from those storm clouds."

But it was [③]. The new big storm cloud pulled her in and took her up higher and higher. She tried to use an emergency technique to go down, but it didn't work. Two other paragliders were in the storm cloud with her. One of them was able to escape. The other, a man from China, wasn't. Sadly, he did not survive. Inside the cloud, the temperature was very low and small pieces of ice were flying past her. She could hear lightning all around her. She called her coach with her radio and said,

"I'm in the big storm cloud. There's [B]."

She was tired and the air was getting thinner and thinner.

（注） competitions 大会　took off 離陸した　storm clouds 雷雲
emergency technique 非常用配備　escape 難を逃れる　temperature 気温
thinner より薄い

(1) 文章中の（A）にあてはまる最も適当な語を，次のアからエまでの中から選びなさい。

ア be　イ been　ウ had　エ become

(2) 文章中の［①］から［③］のそれぞれに次のアからウの語句をあてはめて文章が成り立つようにするとき，［③］にあてはまる最も適当なものを次のアからウまでの中から選びなさい。

ア too late　イ mostly clear　ウ dangerous

(3) 文章中の［B］にあてはまる最も適当なものを次のアからエまでの中から選びなさい。

ア I can do nothing　イ I can do anything
ウ anything I can do　エ nothing I can do

(4) 次の質問の答えとして最も適している答えをアからエの中から選びなさい。

（質問） Why was she able to win many competitions?

ア Because she was very lucky.
イ Because her coach was the best in the world.
ウ Because she had natural talent.
エ Because she was trained at the best school in Germany.

(5) 文章の内容に一致するものを次のアからエまでの中から一つ選びなさい。

ア In the competition the weather was wonderful.
イ When they took off, there were storm clouds.
ウ She called her coach and enjoyed talking.
エ One of the three paragliders was killed.

5 おばあさんとKeijiの対話を読んで，下の(1)から(3)までの問いに答えなさい。

An old woman: Excuse me, but (A)to Restaurant Okamine?
Keiji : Sure. It is near my school. My family had dinner there just last night. Shall I show you there? I am going to school.
An old woman: Oh, that's very kind of you, but I __①__ why you are going to school on Sunday.
Keiji : I'm going there to play volleyball. I belong to the volleyball club.
An old woman: I am going to meet an old friend of mine in the restaurant. I haven't seen her for a long time.
Keiji : I hope you have a great time.
An old woman: Thank you, young man. I'm looking __②__ to it.
Keiji : We've arrived, This is Restaurant Okamine. It's a great place. I hope you enjoy it.
An old woman: Thank you very much for your help. You're very kind.
Keiji : My __③__. Have a wonderful time with your friend.
An old woman: I will. Thank you again. And good luck with your volleyball practice.

(1) （A）に入れるのに最も適当な語句を次のアからエまでの中から選びなさい。

ア can I ask you how I can　イ can you tell me how to get
ウ will you please help me　エ shall I show you where

(2) 対話文中の下線部①から③のそれぞれにあてはまる最も適当なものを次のアからエまでの中から選びなさい。

① ア think　イ know　ウ see　エ wonder
② ア forward　イ at　ウ for　エ into
③ ア restaurant　イ day　ウ pleasure　エ game

(3) 次の文章はバレーボールの練習が終わってからのことが書かれている。( )内に入れる語として最も適当なものを下のアからエまでの中から選びなさい。

After volleyball practice, Kenji went home and was surprised to find the old woman talking with his grandma. The old woman looked very surprised to see him. He heard from his grandma that the old woman was her classmate at high school. They met for the first time in forty years after they left high school. When Kenji's grandma heard from her friend about his help to her, she was ( ).

ア angry　イ encouraged　ウ shocked　エ pleased

【理　科】（40分）　＜満点：20点＞

1　**マグマが冷えて固まってできた，２種類の火成岩Ａと火成岩Ｂをルーペで観察した。図は，実体顕微鏡を使って２種類の火成岩を観察した結果をそれぞれスケッチしたものである。**
次の(1)から(4)までの問いに答えなさい。

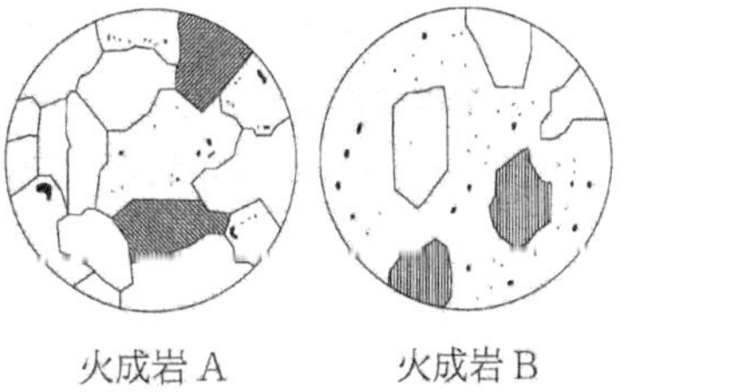

火成岩Ａ　　火成岩Ｂ

(1)　次の文章は火成岩Ａのつくりについて述べたものである。文章中の（Ⅰ），（Ⅱ）のそれぞれにあてはまる語の組み合わせとして最も適当なものを，下のアからカまでの中から選びなさい。

火成岩Ａは大きな（Ⅰ）が集まってできている。このようなつくりを（Ⅱ）組織という。

ア　Ⅰ　岩石　　Ⅱ　等粒状
イ　Ⅰ　岩石　　Ⅱ　斑状
ウ　Ⅰ　岩石　　Ⅱ　石基
エ　Ⅰ　鉱物　　Ⅱ　斑状
オ　Ⅰ　鉱物　　Ⅱ　等粒状
カ　Ⅰ　鉱物　　Ⅱ　石基

(2)　火成岩Ａは白っぽく見えた。この理由を説明している文として最も適当なものを，次のアからエまでの中から選びなさい。

ア　石英，角せん石などの無色鉱物が多いため
イ　輝石，カンラン石などの無色鉱物が多いため
ウ　石英，長石などの無色鉱物が多いため
エ　輝石，長石などの無色鉱物が多いため

(3)　火成岩Ｂと同様のつくりをもつ火成岩の種類としてはどんなものがあるか。最も適当な組み合わせを，次のアからエまでの中から選びなさい。

ア　安山岩　　石灰岩　　玄武岩
イ　斑れい岩　流紋岩　　チャート
ウ　玄武岩　　安山岩　　流紋岩
エ　斑れい岩　せん緑岩　花こう岩

(4)　火成岩Ａと火成岩Ｂのつくりの違いはマグマの冷え方が主な原因である。マグマの冷え方について述べた文として最も適当なものを，次のアからエまでの中から選びなさい。

ア　火成岩Ａはマグマが地下深くでゆっくり冷え，火成岩Ｂはマグマが地表近くで急に冷えてできた。
イ　火成岩Ａはマグマが地下深くで急に冷え，火成岩Ｂはマグマが地表近くでゆっくり冷えてできた。
ウ　火成岩Ａはマグマが地表近くでゆっくり冷え，火成岩Ｂはマグマが地下深くで急に冷えてできた。
エ　火成岩Ａはマグマが地表近くで急に冷え，火成岩Ｂはマグマが地下深くでゆっくり冷えてできた。

2　**塩酸と水酸化ナトリウム水溶液を混ぜたとき，液の性質がどのように変化するかを調べることとした。そのために次のような〈手順Ａ〉から〈手順Ｃ〉を通した実験に取り組んだ。**

次の(1)から(3)までの問いに答えなさい。

図１

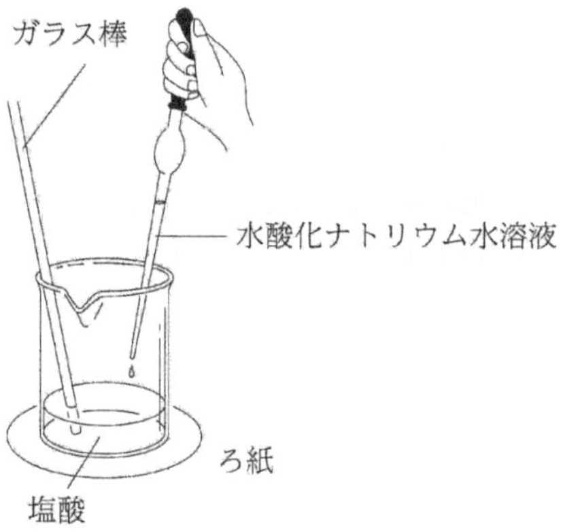

〈手順Ａ〉　図１のようにビーカーにうすい塩酸を30cm^{3}とり，これにBTB液を数滴加えた。

〈手順Ｂ〉　こまごめピペットを用いてうすい水酸化ナトリウム水溶液を少しずつ加えたところ，20cm^{3}加えたときにビーカー内の水溶液はちょうど中性になった。

〈手順Ｃ〉　さらに，水酸化ナトリウム水溶液を10cm^{3}を加えて実験を終わった。

なお，各手順ではガラス棒でよくかき混ぜて変化のようすを観察した。

(1)　〈手順Ａ〉から〈手順Ｃ〉を通した実験で，ビーカー内の水溶液の色は３色にわたって変化した。変化の順として最も適当なものを，次のアからカまでの中から選びなさい。

ア　緑色 → 青色 → 黄色　　イ　緑色 → 黄色 → 青色

ウ　青色 → 緑色 → 黄色　　エ　青色 → 黄色 → 緑色

オ　黄色 → 緑色 → 青色　　カ　黄色 → 青色 → 緑色

(2)　図２は手順Ｂで，ビーカー内の水溶液がちょうど中性となったときのようすを粒子のモデルで表している。なお，(H_2O)は塩酸と水酸化ナトリウムの化学反応で生じた水の分子を表し，［　　］の中には何らかのイオンが存在している。

図２

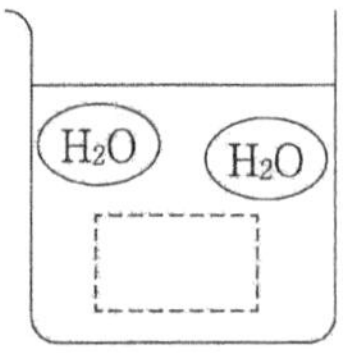

①次の文章は水ができる化学反応を説明している。文章中の（Ⅰ），（Ⅱ），（Ⅲ）のそれぞれにあてはまる語の組み合わせとして最も適当なものを，下のアからカまでの中から選びなさい。

> 塩酸と水酸化ナトリウム水溶液を混ぜると，塩酸に含まれる（Ⅰ）イオンと水酸化ナトリウム水溶液に含まれる（Ⅱ）イオンが結びついて水をつくり，互いの性質を打ち消しあう。このような化学変化のことを（Ⅲ）という。

ア　Ⅰ　陽　　Ⅱ　陰　　Ⅲ　酸化

イ　Ⅰ　陽　　Ⅱ　陰　　Ⅲ　還元

ウ　Ⅰ　陽　　Ⅱ　陰　　Ⅲ　中和

エ　Ⅰ　陰　　Ⅱ　陽　　Ⅲ　酸化

オ　Ⅰ　陰　　Ⅱ　陽　　Ⅲ　還元

カ　Ⅰ　陰　　Ⅱ　陽　　Ⅲ　中和

②図２の［　　］のなかに主に存在するイオンを2種類挙げるとき，最も適当なものを，次のアからカまでの中から選びなさい。

ア　H^+　Cl^-　　イ　H^+　OH^-　　ウ　Na^+　OH^-

エ　Na^+　Cl^-　　オ　Na^+　H^+　　カ　Cl^-　OH^-

(3) 〈手順A〉から〈手順C〉を通して，ビーカー内の水溶液に含まれるイオンの総数はどのように変化すると考えられるか。変化のようすを表すグラフとして，最も適当なものを，次のアからエまでの中から選びなさい。

ア　イ　ウ　エ

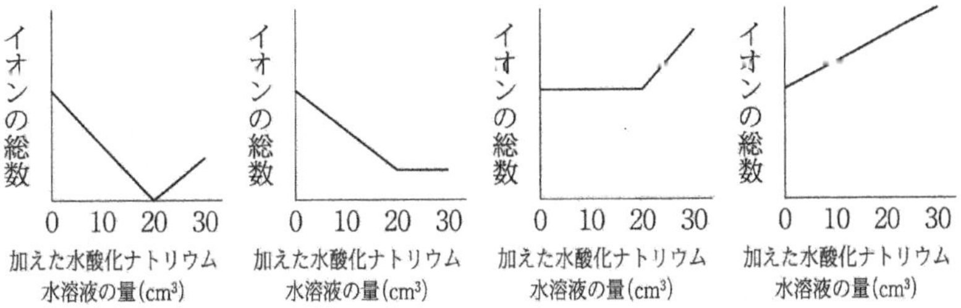

3 **図はある日の日本付近の天気図である。これについて，次の(1)から(4)までの問いに答えなさい。**

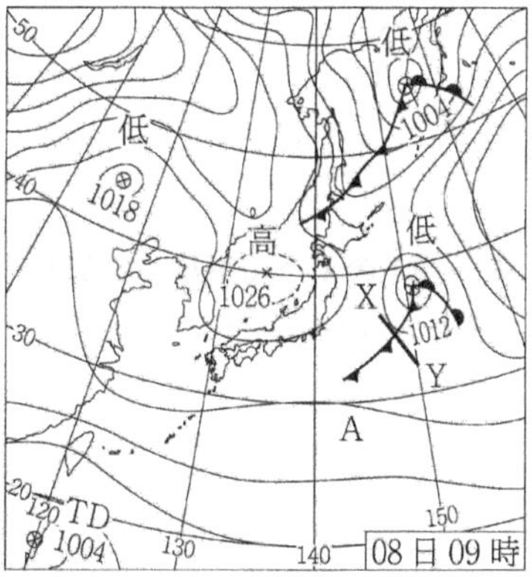

出典：「平成29年10月8日9時の天気図」(気象庁ホームページより)

(1) 天気図の中の天気図記号A  は前線を表している。

この天気図記号Aは何と呼ばれる前線か。最も適当なものを，次のアからエまでの中から選びなさい。

ア　温暖前線　　イ　寒冷前線

ウ　閉そく前線　エ　停滞前線

(2) ①地点Yではこの後にどのような天気の変化がみられるか。天気の変化について述べたものとして最も適当なものを，次のアからエまでの中から選びなさい。

ア　雨は広い範囲で長く降り続き，前線の通過後は気温が上がり，南寄りの風がふく。

イ　雨は広い範囲で長く降り続き，前線の通過後は気温が下がり，北寄りの風がふく。

ウ　雨は狭い範囲で短い時間降り，前線の通過後は気温が上がり，南寄りの風がふく。

エ　雨は狭い範囲で短い時間降り，前線の通過後は気温が下がり，北寄りの風がふく。

②前線を横切るX－Yの断面の模式図として最も適当なものを，次のアからエまでの中から選びなさい。

ア　イ　ウ　エ

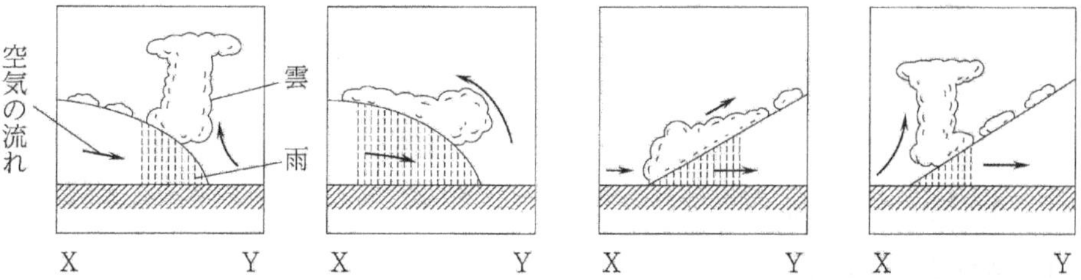

(3) 次のページの文は，この天気図について説明した文章である。文章中の（Ⅰ）（Ⅱ）にそれぞれあてはまる内容として最も適当なものを，（Ⅰ）には後のⅠのアからエまでの中から，（Ⅱ）には後のⅡのアからエまでの中からそれぞれ選びなさい。

この時間での名古屋の天気のようすは（Ⅰ）ふいている。この季節は，図のような天気図が繰り返し現れやすく，天気は（Ⅱ）へ周期的に変化する。

Ⅰ　ア　晴れで風が強く　　イ　晴れで風が弱く
　　ウ　雨で風が強く　　　エ　雨で風が弱く

Ⅱ　ア　北から南　　イ　南から北　　ウ　東から西　　エ　西から東

(4)　この日の名古屋における最高気温は25℃であり，露点を調べたところ10℃であることがわかった。最高気温を記録した時間での名古屋の湿度は約何％であるといえるか。

　右図の気温と飽和水蒸気量との関係を表すグラフを参考に最も適当なものを，次のアからカまでの中から選びなさい。

ア　約10％　　イ　約20％　　ウ　約30％
エ　約40％　　オ　約50％　　カ　約60％

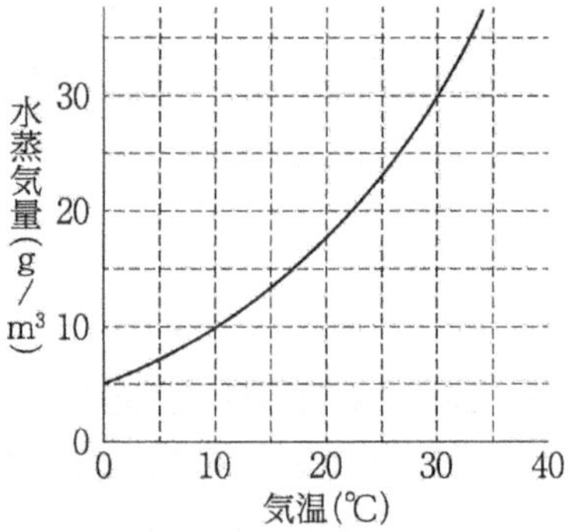

4　**図1のように導線に電流を流し，導線のまわりにどのような磁石の力がはたらくかを調べた。また，U形磁石とコイルを使って図2のような装置をつくり，電流を流れているコイルがU形磁石から受ける力を調べたところ，コイルはアの方向に動いた。**
これについて，次の(1)から(4)までの問いに答えなさい。

図1

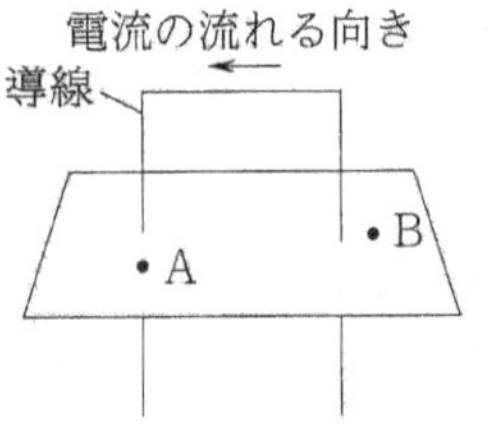

図2

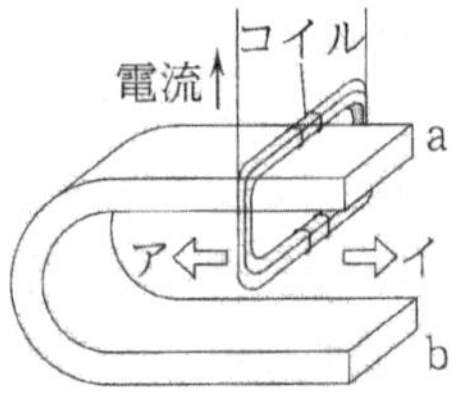

(1)　次の文は，導線に電流を流したときにできる磁界について説明した文章である。文章中の（Ⅰ），（Ⅱ）のそれぞれにあてはまる語の組み合わせとして最も適当なものを，次のアからエまでの中から選びなさい。

磁界の向きは電流の（Ⅰ）によって変化する。磁界の強さは導線に近いほど（Ⅱ）。

ア　Ⅰ　向き　　Ⅱ　強い
イ　Ⅰ　向き　　Ⅱ　弱い
ウ　Ⅰ　大きさ　Ⅱ　強い
エ　Ⅰ　大きさ　Ⅱ　弱い

(2)　図1のA，Bに方位磁針を置いたとき，方位磁針はそれぞれどの向きを示すか。組み合わせとして最も適当なものを，次のページのアからエまでの中から1つ選びなさい。ただし，方位磁針は真上から見たときのようすを表している。

ア　A 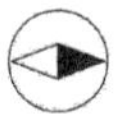　　B 

イ　A 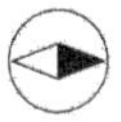　　B 

ウ　A 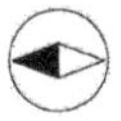　　B 

エ　A 　　B 

(3)　図２の実験で，ある方法を用いたところ，コイルはさらに大きくアの向きに動いた。その方法について説明している文として最も適当なものを，次のアからエまでの中から選びなさい。

ア　流れる電流の大きさをより大きくして実験した。

イ　電流の流れる向きを逆にして実験した。

ウ　U形磁石のａとｂとを入れ替えて実験した。

エ　コイルを取り換えて，巻き数の少ないコイルを使って実験した。

(4)　図３のように，棒磁石のＮ極を下にして上から下にコイルに入れたところ，電流はＡの向きに流れた。

この実験では，さらに，次の①から③に取り組んだ。①・②のように磁石を動かす場合，または③のように磁石を動かさない場合，電流はＡ，Ｂのどちらの向きに流れるか，または流れないか。下のアからウまでの中から最も適当なものを，それぞれ選びなさい。ただし，同じ記号を繰り返し選んでもよい。

①　Ｎ極を下にして下から上へ

②　Ｓ極を下にして上から下へ

③　Ｓ極を下にして図の状態で磁石を静止させる。

図３

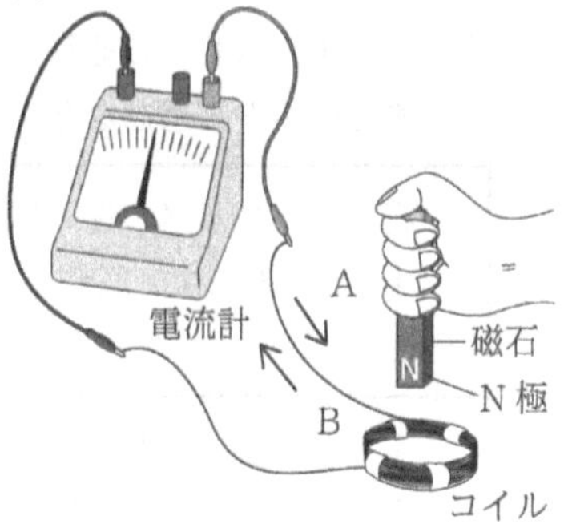

①

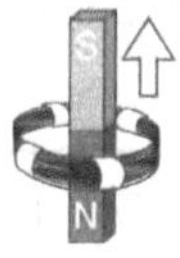

②

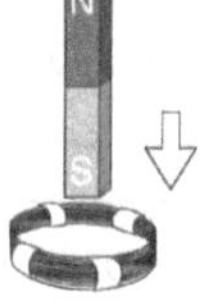

③

ア　電流はＡの向きに流れる。

イ　電流はＢの向きに流れる。

ウ　電流は流れない。

5　次のページの図のように，しわのある種子をつくる純系のエンドウの花粉を使って，丸い種子をつくる純系のエンドウの花を受粉させた。その結果できた子の代の種子はすべて丸くなった。

さらに，子の代の種子を発芽させて育て，自家受粉させて孫の代の種子をつくった。

種子の形を丸くする遺伝子をＡ，種子の形をしわにする遺伝子をａとして，後の(1)から(5)までの問いに答えなさい。

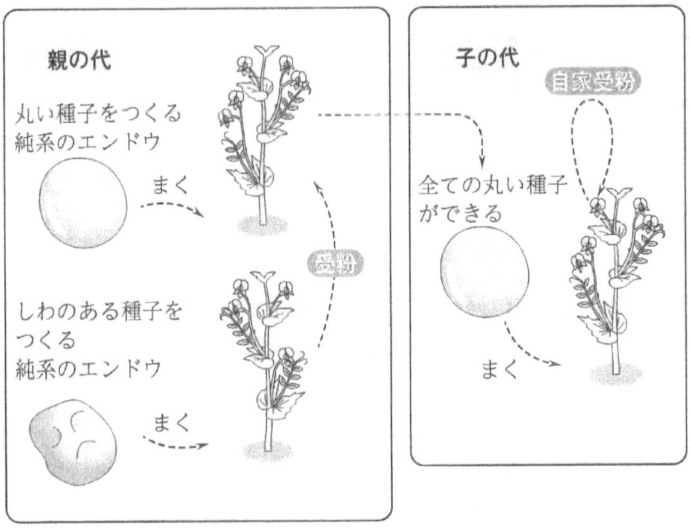

(1) 次の文章は，エンドウが受粉した後，めしべの中で起こることについて述べたものである。文章中の（Ⅰ），（Ⅱ）のそれぞれにあてはまる語の組み合わせとして最も適当なものを，下のアからエまでの中から選びなさい。

> 花粉は，めしべの柱頭につくと花粉管をのばす。花粉管は胚珠に向かってのび，その中を（Ⅰ）が移動して，胚珠の中の卵細胞と合体する。できた細胞は細胞分裂をくり返して（Ⅱ）となる。

ア　Ⅰ　精細胞　　Ⅱ　受精卵
イ　Ⅰ　精細胞　　Ⅱ　胚
ウ　Ⅰ　精子　　Ⅱ　受精卵
エ　Ⅰ　精子　　Ⅱ　胚

(2) 次の文章は，エンドウの形質について述べたものである。
文章中の（Ⅰ），（Ⅱ）のそれぞれにあてはまる語の組み合わせとして最も適当なものを，下のアからエまでの中から選びなさい。

> 子の代の種子がすべて丸くなったことから，丸としわという（Ⅰ）について潜性の形質が（Ⅱ）であることが判明した。

ア　Ⅰ　対立形質　　Ⅱ　丸
イ　Ⅰ　対立形質　　Ⅱ　しわ
ウ　Ⅰ　協調形質　　Ⅱ　丸
エ　Ⅰ　協調形質　　Ⅱ　しわ

(3) 子の代の種子がもつ種子の形に関係する遺伝子として最も適当なものを，次のアからカまでの中から選びなさい。

ア　AAとAa　　イ　Aaとaa　　ウ　AAとaa
エ　aaのみ　　オ　AAのみ　　カ　Aaのみ

(4) 孫の代の種子では，丸い種子が547個生じていた。このとき，しわのある種子の数として最も適当なものを，次のアからカまでの中から選びなさい。

ア　しわ形の種子はない　イ　185個　ウ　272個
エ　546個　オ　1090個　カ　1645個

(5)　子の代の種子を発芽させて育て，そのめしべにしわの種子を発芽させて育てたエンドウの花粉を受粉させた。できた種子の形質について述べたものとして最も適当なものを，次のアからエまでの中から選びなさい。

ア　すべて丸い種子であった。
イ　すべてしわのある種子であった。
ウ　丸い種子としわのある種子の数はほぼ同じであった。
エ　丸い種子の数はしわのある種子の数の約3倍であった。

【社　会】（40分）　＜満点：20点＞

1　世界の地理に関係することがらについて，あとの問いに答えなさい。

⑴　次の図は鉱産物の産出国を示している。A，B，Cに当てはまる国の組み合わせとして最も適当なものを下のアからカまでの中から選びなさい。

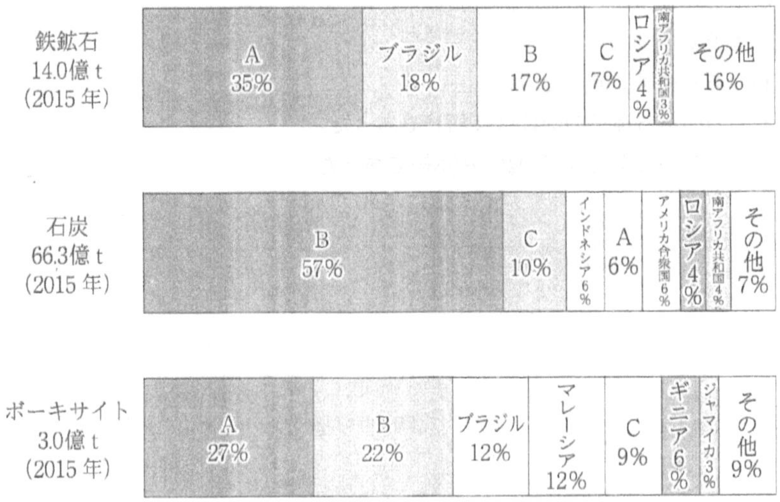

（「世界国勢図会」2018／19年版）

ア　A 中国　　　　　　B オーストラリア　　C インド
イ　A オーストラリア　B 中国　　　　　　　C インド
ウ　A インド　　　　　B オーストラリア　　C 中国
エ　A 中国　　　　　　B インド　　　　　　C オーストラリア
オ　A オーストラリア　B インド　　　　　　C 中国
カ　A インド　　　　　B 中国　　　　　　　C オーストラリア

⑵　次の文章が説明するアメリカの都市を，下のアからエまでの中から選びなさい。

19世紀中ごろのゴールドラッシュによって多くの人が押し寄せてきた。海沿いの坂道にはケーブルカーが走っている。1945年，国際連合憲章はこの地で起草された。郊外のシリコンバレーには先端技術産業にかかわる大学や研究機関が集中し，高度な技術の開発が進められている。

ア　シアトル　　イ　サンフランシスコ　　ウ　シカゴ　　エ　アトランタ

⑶　次の中国に関する文章中の（①）と（②）に入る語句の組み合わせとして最も適当なものを，後のアからエまでの中から選びなさい。

中国の東部の平野では農業がさかんで，長江流域の華中や珠江流域の華南では稲作や（　①　）の栽培が，黄河流域の華北や東北地方では小麦や大豆などの畑作がおこなわれている。中国の農業や工業の生産は1980年代から改革が進んだ。沿岸部のシェンチェン（深圳）などに外国の企業を受け入れる（　②　）が設けられた。シャンハイ（上海）やティエンチン（天津）などでは外国の企業を積極的に受け入れて，中国の企業と共同で経営する工場がつくられ，農村からの出かせぎ労働者もやとわれて工業化が進んだ。

ア　①　茶　　②　経済特区
イ　①　とうもろこし　　②　工業団地
ウ　①　ばれいしよ　　②　臨海副都心
エ　①　てんさい　　②　新興工業経済地域

2　次の地図中のＡからＥまでの都県について，あとの問いに答えなさい。

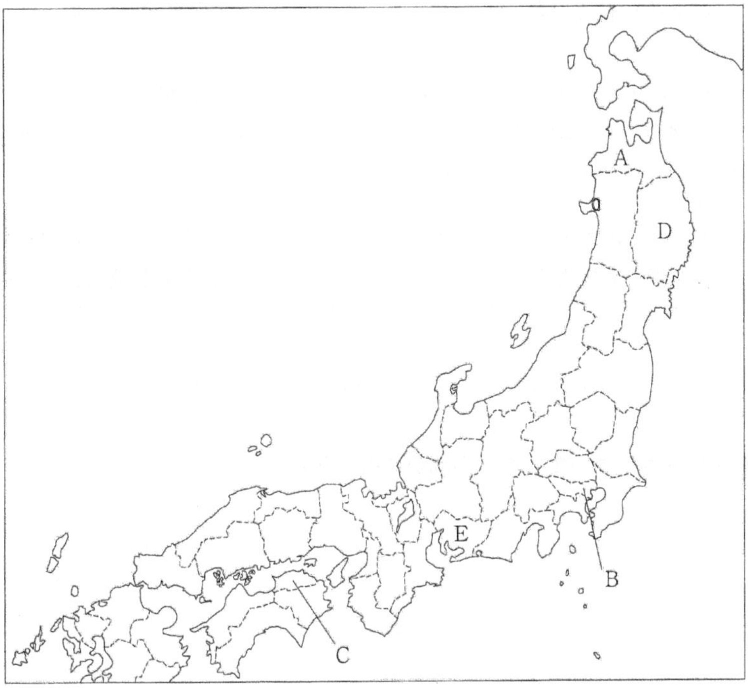

(1)　次の表は，地図中のＡ，Ｂ，Ｃのいずれかの都県庁所在地の月平均気温と降水量を表わしている。その組み合わせとして最も適当なものを，下のアからカまでの中から選びなさい。

月平均気温(℃)・月平均降水量(mm)　　　　(理科年表2020年)

月		1	2	3	4	5	6	7	8	9	10	11	12
①	気温	5.5	5.9	8.9	14.4	23.0	27.0	28.1	28.8	24.3	18.4	12.8	7.9
	降水量	38	48	83	76	108	151	144	86	148	104	60	37
②	気温	−1.2	−0.7	2.4	8.3	13.3	17.2	21.1	23.3	19.3	13.1	6.8	1.5
	降水量	145	111	70	63	81	76	117	123	123	104	138	151
③	気温	5.2	5.7	8.7	13.9	18.2	21.4	25.0	26.4	22.8	17.5	12.1	7.6
	降水量	52	56	118	125	138	168	154	168	210	198	93	51

ア　Ａ ①・Ｂ ②・Ｃ ③　　イ　Ａ ①・Ｂ ③・Ｃ ②　　ウ　Ａ ②・Ｂ ①・Ｃ ③
エ　Ａ ②・Ｂ ③・Ｃ ①　　オ　Ａ ③・Ｂ ②・Ｃ ①　　カ　Ａ ③・Ｂ ①・Ｃ ②

⑵　地図中のＢについての説明として最も適当なものを，次のアからエまでの中から選びなさい。

ア　江戸時代には各地から物資を運ぶ船が行きかい，天下の台所と呼ばれ，日本を代表する商業都市に発展した。

イ　過密化による課題を解決するため，都心の再開発がすすめられ，郊外から大学や研究機関が移転している。

ウ　世界有数の国際都市であり，外国の大使館のすべてや海外の企業の日本法人の多くが集中している。

エ　オフィス街に連続して商業地区が広がっているので，都心部では昼間の人口より夜間の人口の方が多い。

⑶　地図中のＤにある伝統工芸品として最も適当なものを，次のアからエまでの中から選びなさい。

ア　塩沢つむぎ　　イ　西陣織　　ウ　南部鉄器　　エ　天童将棋駒

⑷　次の文章は地図中のＥに関連して述べたものである。（①）と（②）に入る語句の組み合わせとして最も適当なものを，下のアからエまでの中から選びなさい。

Ｅの（　①　）ではキャベツなどの野菜やメロンなどの果物のほか，花の栽培も盛んである。温室の中で電灯の光を人工的にあてる（　②　）の方法で菊が栽培されている。

ア　①　渥美半島　②　抑制栽培　　イ　①　渥美半島　②　促成栽培

ウ　①　知多半島　②　抑制栽培　　エ　①　知多半島　②　促成栽培

3　**次のⅠからⅣの写真について，あとの問いに答えなさい。**

Ⅰ　正倉院(正倉)

Ⅱ　東大寺南大門の金剛力士像

Ⅲ　慈照寺の銀閣

Ⅳ　徳川吉宗

(1) 次の①・②・③の文はⅠが建立された時代に関係する記述である。古い方から順に並べた組み合わせとして最も適当なものを，下のアからカまでの中から選びなさい。

① 墾田永年私財法が制定される。

② 東大寺大仏の開眼供養がされる。

③ 『日本書紀』が編纂される。

ア ①→②→③　　イ ①→③→②

ウ ②→①→③　　エ ②→③→①

オ ③→①→②　　カ ③→②→①

(2) Ⅱが造られた時代について述べた文として最も適当なものを，次のアからエまでの中から選びなさい。

ア 白河天皇は，位をゆずって上皇となり，摂政や関白の力をおさえて院政と呼ばれる政治を始めた。

イ 関東では平将門が，瀬戸内海地方では藤原純友が，それぞれの周辺の武士団を率いて反乱を起こした。

ウ 建武の新政が始まり，後醍醐天皇は武家の政治を否定し，公家を重んじる天皇中心の政治を行った。

エ 頼朝の死後，妻の政子の実家である北条氏が幕府の実権をにぎり，執権という地位について政治を行った。

(3) Ⅲが建設された時代について述べた文として最も適当なものを，次のアからエまでの中から選びなさい。

ア 将軍は孔子をまつる聖堂を建て，儒学を盛んにするなど，学問を重んじて忠孝や礼儀を説く政治を進めた。

イ 山城《やましろ》の村々では守護大名の軍勢を追い出し，自治をおこなったほか，加賀でも一向一揆がおこり，自治が行われた。

ウ たびたび疫病や地震・災害がおき，阿弥陀仏にすがって浄土に生まれ変わることを祈る浄土信仰がおこった。

エ 南蛮文化の影響で人々の服装もはなやかな色彩が用いられるようになり，食事も一日に3回になっていった。

(4) Ⅳの人物が行った政治について述べた文として最も適当なものを，次のアからエまでの中から選びなさい。

ア 百姓の出稼ぎを制限し，旗本や御家人の生活難を救うために借金を帳消しにした。

イ 株仲間を認めて営業を独占させ，一定の税を納めさせて収入を増やそうとした。

ウ 江戸に目安箱を設けたほか，公事方御定書という法令集をつくって裁判の基準とした。

エ 株仲間を解散させて商人の自由な取り引きを認め，物価の引き下げをはかった。

4 次の年表を見て，あとの問いに答えなさい。

1871年	ドイツの統一	
		}…（①）
1902年	日英同盟が結ばれる	
1929年	世界大恐慌がおこる	
		}…（②）
1949年	中華人民共和国が成立する	……（③）
1973年	ベトナム和平協定が締結される	
		}…（④）
2001年	アメリカで同時多発テロがおこる	

⑴ 年表の（①）の時代の海外のできごとを記述する文として最も適当なものを，次のアからエまでの中から選びなさい。

ア サラエボでスラブ系のセルビア人青年がオーストリア皇太子夫妻を殺害する事件がおこった。

イ イギリスとフランスは植民地との貿易を拡大しながら，他国の商品をしめ出すブロック経済政策をとった。

ウ 清では排外主義の機運が高まり，義和団が北京の外国公使館を取り囲む事件がおこった。

エ 名誉革命がおこったイギリスでは，議会がオランダから新しい国王を招いて，国民の自由と権利を守ることを約束させた。

⑵ 次の文章は年表の（②）の時代の日本に関連して述べたものである。文章中の（a）と（b）に入る語句の組み合わせとして最も適当なものを，下のアからエまでの中から選びなさい。

> 北京郊外の（　a　）で，日本軍と中国軍の軍事衝突がおこったことがきっかけになり日中戦争が始まった。日本軍が占領した首都の南京では，多数の捕虜や住民の殺害があり，国際的な非難を受けた。1938年，日本では軍部の要求によって，政党や経済界の反対をおさえて，（　b　）が制定された。1940年には，ほとんどの政党や政治団体が解散して，大政翼賛会にまとめられた。

ア　a　柳条湖　　b　治安維持法
イ　a　柳条湖　　b　国家総動員法
ウ　a　盧溝橋　　b　治安維持法
エ　a　盧溝橋　　b　国家総動員法

⑶ 年表の（③）の年におこったできごととして最も適当なものを，次のアからエまでの中から選びなさい。

ア 北大西洋条約機構（NATO）が結成される。

イ 51か国が加盟して国際連合が成立する。

ウ アメリカの支援で大韓民国が成立する。

エ ヨーロッパ共同体（EC）が発足する。

(4) 年表の（④）の時代に起きた日本に関係するできごととして最も適当なものを，次のアからエまでの中から選びなさい。

ア ドイツ・イタリアと軍事同盟を結んだ翌年，日ソ中立条約を結んで北方の安全を確保しようとした。

イ 中華人民共和国との間に日中平和友好条約を結び，経済や文化の面で両国の交流を深めていった。

ウ 納税額による制限を廃止して，満25歳以上の男子に選挙権をあたえる普通選挙法が成立した。

エ 全国の自由民権運動の代表が大阪に集まって，国会期成同盟を結成して国会の開設を要求した。

5 次の(1)・(2)の設問に答えなさい。

(1) 次の文章を読んで，①・②・③の問いに答えなさい。

> a 国会は国権の最高機関とよばれ，その議員は国民の b 選挙によって選ばれる。国会は唯一の立法機関として法律を制定し，私たちが社会で生活していくうえでのルールを定めている。また，私たちの c 人権は，最高法規である憲法によって保障されているが，これは長年にわたる努力の成果として獲得されたものである。

① 下線aに関連して，国会の仕事でないものを，次のアからエまでの中から一つ選びなさい。

ア 裁判官に対する弾劾裁判所を設ける。

イ 天皇の国事行為に対して助言と承認を行う。

ウ 国政に関しての調査を行う。

エ 外国と結んだ条約を承認する。

② 下線bに関連して，選挙の原則について誤っているものを，次のアからエまでの中から一つ選びなさい。

ア 有権者は選挙の立候補者のなかから適任者を選んで投票する。

イ 有権者は公平にひとり１票の投票権をもつ。

ウ 有権者は記名投票をして投票に責任をもつ。

エ 有権者は性別や財産にかかわりなく選挙権をもつ。

③ 下線cに関連して，生存権にあたるものとして最も適当なものを，次のアからエまでの中から選びなさい。

ア 国及びその機関は，宗教教育その他いかなる宗教的活動もしてはならない。

イ すべて国民は，健康で文化的な最低限度の生活を営む権利を有する。

ウ 何人も，公共の福祉に反しない限り，居住，移転及び職業選択の自由を有する。

エ 何人も，抑留又は拘禁された後，無罪の判決を受けたときは，法律の定めるところにより，国にその保障を求めることができる。

(2) 次のページの①・②の文章中の（A）と（B）に入る語句の組み合わせとして最も適当なものを，それぞれの後のアからエまでの中から選びなさい。

①

政府は食品や生活用品の安全基準を定め，悪質な商法を規制している。さらに，（　A　）を定めて，欠陥品による損害賠償の責任を生産者に負わせるなど，消費者の保護に努めている。また，1960年代の公害訴訟がきっかけで公害防止に対する政府の取り組みは本格化し，その後の環境問題についても，1993年に（　B　）を制定して地球温暖化や生態系の保全，リサイクルへの取り組みを強化している。

ア　A　消費者基本法　　B　環境基本法
イ　A　消費者基本法　　B　公害対策基本法
ウ　A　製造物責任法　　B　公害対策基本法
エ　A　製造物責任法　　B　環境基本法

②

日本の通貨である円とアメリカの通貨であるドルとの交換比率を見ると，2023年1月中旬に１ドル＝128円であったものが，2023年9月中旬には，１ドル＝147円へと変動している。ドルに対して円の価値がこのように変化することを（　A　）といい，私たちの消費生活には，（　B　）という影響が出ている。

ア　A　円安　　B　輸入品の価格が上がる
イ　A　円安　　B　輸入品の価格が下がる
ウ　A　円高　　B　輸入品の価格が上がる
エ　A　円高　　B　輸入品の価格が下がる

さい。ただし、同じ記号を使用しても良い。

ア　1　イ　2　ウ　3　エ　4

問五　傍線部④「この男」と、主語・述語の関係になっていない動詞はどれか。破線部アからエまでの中から一つ選び、カナ符号で答えなさい。

ア　立ち向ひ　イ　止り　ウ　言ひ　エ　引き抜き

問六　傍線部⑤「怒りて」とあるが、怒った理由として適当でないものを次のアからエまでの中から一つ選び、カナ符号で答えなさい。

ア　人も皆太刀抜き、矢はげなどしける

イ　「現し心なく酔ひたる者に候。まげて許し給はらん」と言ひければ

ウ　おのれ酔ひたる事侍らず

エ　高名仕らんとするを、抜ける太刀空しくなし給ひつること

問七　具覚房を助けるために、「宇治に住み侍りけるをのこ」のしたこととして最も適当なものを次のアからエまでの中から選び、カナ符号で答えなさい。

ア　あまたして手負ほせ、打ち伏せて縛りけり。

イ　血つきて、宇治大路の家に走り入りたり。

ウ　あさましくて、をのこどもあまた走らかしたれ

エ　具覚房は、くちなし原にによひ伏したるを、求め出でて舁きもて来つ。

問八　この話の作者は誰か。次のアからエまでの中から一つ選び、カナ符号で答えなさい。

ア　清少納言　イ　鴨長明　ウ　藤原定家　エ　兼好法師

損ぜられて、かたはに成りにけり。

（　　　　　　　※　　　　　　　）

【現代語訳】

ある男が宇治に住んでいた。彼は、都に住む具覚房という名の上品な遁世者と、小じゅうとだったので常に親しくつきあっていた。あるとき、具覚房を迎えるのに、男が馬をつかわしたところ、「長い道中のことだ。馬の口取りに、とりあえず一杯飲ませてやれ」と具覚房が言った。そこで、酒を出したところ、口取りの男は杯を何度も受け、勢いよく飲んだ。男は太刀を腰につけて、いかにも勇ましそうなので、頼もしく思いながら召し連れて行った。すると、木幡のあたりで、奈良法師が僧兵を大ぜい連れているのに出会った。口取りの男は一行に立ち向かって、「日が暮れてしまった山の中なのに、怪しいぞ。お止まりなさい」と言って太刀を抜いたところ、僧兵もみな、太刀を抜き、矢をつがえなどした。具覚房は手をすり合わせて、「この男は正気を失うほど酔っている者です。まげてお許しください」と言ったので、一行はあざ笑いながら立ち去った。

この男は具覚房に向かって、「お坊さんは、なんとも残念なことをなさったものだ。わたしは酔ってなどおりません。せっかく手柄を立てようとしたのに、抜いた刀をむだにしてしまわれた」と怒って、具覚房をめった斬りにして馬から落としてしまった。そのうえで「山賊がいた」と大声を上げたので、木幡の里人たちが大挙してそこにかけつけたところ、男は「このおれが山賊だ」と言って、走りかかっては太刀を振り回したので、みなで傷を負わせ、打ち倒して縛り上げた。馬は乗り手の血をつけて宇治大路に面した飼主の家に走り込んだ。主はびっくりして、下男たちを大ぜい走らせたところ、具覚房がくちなしの群生する野原にうめき声を立てて横たわっているのを、さがし出し、家までかついで来た。具覚房は危うく命はとりとめたが、腰を傷つけられて不具者になってしまった。

（徒然草全訳注　三木紀人　講談社学術文庫より）

※は、問題の関係で空欄としている。

問一　傍線部①「下部に酒飲まする事は、心すべきことなり」の現代語訳として最も適当なものを次のアからエまでの中から選び、カナ符号で答えなさい。

ア　下僕に酒を飲ませるのは、心を込めてするべきことである。
イ　下僕に酒を飲ませたら、心を許したのと同じである。
ウ　下僕に酒を飲ませるのは、用心すべきことである。
エ　下僕に酒を飲ませたら、覚悟をするべきである。

問二　波線部ａ「飲みぬ」、ｂ「走り入りたり」の主語を次のアからエまでの中からそれぞれ一つずつ選び、カナ符号で答えなさい。

ａ　ア　宇治に住み侍りけるをのこ　イ　具覚房
　　ウ　こじうと　　　　　　　　　エ　口づきのをのこ
ｂ　ア　具覚房　イ　里人　ウ　馬　エ　このをとこ

問三　二重傍線部「けれ」の活用形を次のアからエまでの中から一つ選び、カナ符号で答えなさい。

ア　未然形　イ　連用形　ウ　連体形　エ　已然形

問四　傍線部②「迎へに馬を遣はしたりければ」、③「かひがひしげなれば、頼もしく覚えて」には、歴史的仮名遣いの表記が何か所あるか。次のアからエまでの中からそれぞれ一つずつ選び、カナ符号で答えな

符号で答えなさい。

ア　つまり　　イ　そこで　　ウ　また　　エ　しかし

問六　傍線部④「客観的で正しい答え」についての説明として最も適当なものを次のアからエまでの中から選び、カナ符号で答えなさい。

ア　誰もが納得するような真実としての答え。

イ　多様な他者と理解し合い、共同作業によって作られていく答え。

ウ　意見を異にする人と、とことん議論し合って、相手を説得しきった結果、得られた答え。

エ　相手の言い分の間違ったところを訂正しながら得られた答え。

問七　傍線部⑤「感情尊重の風潮」とあるが、次のアからエまでの中から適当でないものを一つ選び、カナ符号で答えなさい。

ア　心を傷つけてはいけない

イ　プライドの傷つくことを恐れてはいけない

ウ　どんなことでも感じ方しだい

エ　正しさは人それぞれ

問八　次のアからエまでの中から本文の内容と合致するものとして最も適当なものを選び、カナ符号で答えなさい。

ア　学び成長するとは、今の自分を否定して、今の自分でないものになるということなので、傷つくことを嫌がってはいけない。

イ　ともに「正しさ」を作っていくことは、「まあ、人それぞれだからね」と言われたら、その人の考え方を改めさせることである。

ウ　科学者は、自分が政府の立場と一致している主張ばかりをしていないか、常に内省していることが必要である。

エ　多様な他者と理解し合うためには、最後まで妥協しないで、自分の主張を貫く強い意志をもたなくてはいけない。

二　**次の文章（【原文】と【現代語訳】）を読んで、あとの問いに答えなさい。**

【原文】

①下部《しもべ》に酒飲ませる事は、心すべきことなり。

宇治に住み侍《はべ》りけるをのこ、京に、具覚房《ぐかくばう》とて、なまめきたる遁世《とんせい》の僧を、こじうとなりければ、常に申しむつびけり。ある時、②迎へに馬を遣はしたりければ、「遙かなるほどなり。口づきのをのこに、まづ一度せさせよ」とて、酒を出したれば、さし受けさし受け、よよとa飲みぬ。太刀うち佩《は》きて、③かひがひしげなれば、頼もしく覚えて、召し具して行くほどに、木幡《こはた》のほどにて、奈良法師の兵士あまた具してあひたるに、④この男ア立ち向ひて、「日暮れにたる山中に、あやしきぞ。イ止り候へ」とウ言ひて、太刀をエ引き抜きければ、人も皆太刀抜き、矢はげなどしけるを、具覚房、手を摺《す》りて、「現《うつ》し心なく酔ひだる者に候。まげて許し給はらん」と言ひければ、おのおの嘲りて過ぎぬ。

このをとこ具覚房にあひて、「御房《ごばう》は口惜しき事し給ひつるものかな。おのれ酔ひたる事侍らず。高名《かうみやう》仕《つかまつ》らんとするを、抜ける太刀空しくなし給ひつること」と⑤怒りて、ひた斬りに斬り落しつ。さて、「山だちあり」とののしりければ、里人おこりて出であへば、「我こそ山だちよ」と言ひて、走りかかりつつ斬り廻りけるを、あまたして手負はせ、打ち伏せて縛りけり。馬は血つきて、宇治大路の家にb走り入りたり。あさましくて、をのこどもあまた走らかしたれば、具覚房は、くちなし原にによひ伏したるを、求め出でて舁《か》きもて来つ。からき命生きたれど、腰斬り最近、「正しさは人それぞれ」と並んで、「どんなことでも感じ方しだい」とか「心を傷つけてはいけない」といった。⑤感情尊重の風潮も広まっています。しかし、学び成長するとは、今の自分を否定して、今の自分でないものになるということです。これはたいへんに苦しい、ときに心の傷つく作業です。あえていえば、成長するためには傷ついてナンボです。若いみなさんには、傷つくことを恐れずに成長の道を進んでほしいと思います（などと言うのは説教くさくて気が引けますが）。

（山口裕之『「みんな違ってみんないい」のか?』ちくまプリマー新書より）

問一 二重線部a、b、cのカタカナ部分には、漢字一字が入る。同一の漢字を使うものを次のアからエまでの中からそれぞれ一つずつ選び、カナ符号で答えなさい。

a　ア　保険のカン誘をする。
　　イ　自分史をカン行する。
　　ウ　カン急自在に投げ分ける。
　　エ　その車には欠カンがあった。

b　ア　難イ度が高い問題だ。
　　イ　敵に脅イを感じる。
　　ウ　相手の誠イをくみとる。
　　エ　経イを説明する。

c　ア　無罪放メンとなる。
　　イ　メン花を栽培する。
　　ウ　昼食はメン類にする。
　　エ　書メンにしたためる。

問二 傍線部①「まさしく」の品詞は何か、次のアからエまでの中から適当なものを一つ選び、カナ符号で答えなさい。

ア　副詞　　イ　接続詞　　ウ　連体詞　　エ　形容詞

問三 傍線部②「自分の意見と一致する立場をとっている科学者だけを集めることが可能」とあるが、その理由として最も適当なものを次のアからエまでの中から選び、カナ符号で答えなさい。

ア　「科学は人それぞれ」だが、研究している内容については同じものだから。
イ　自分が正しいと考えている仮説を正当化するためにする実験や計算は、どの科学者も同じだから。
ウ　自分が正しいと考えている仮説は、科学者ならばたいてい同じだから。
エ　自分が正しいと考える仮説はそれぞれにあるが、同じような仮説を立てている科学者は他にもいるから。

問四 傍線部③「もっと直接的に科学者をコントロールする」とはどのようなことか、次のアからエまでの中から最も適当なものを選び、カナ符号で答えなさい。

ア　政府の立場と一致する主張をしている科学者に研究予算を支給する。
イ　国家予算を財源に、科学者に最先端の研究をしてもらう。
ウ　政府が、科学者に幅広く研究が進められるよう研究予算を支給する。
エ　外国人科学者の研究に対しては研究予算を削減し、日本人科学者には増やす。

問五 [A] に入る接続詞を次のアからエまでの中から一つ選び、カナ

【国　語】〈四〇分〉　〈満点：二〇点〉

一　**次の文章を読んで、あとの問いに答えなさい。**

最先端の研究をしている科学者は、それぞれ自分が正しいと考える仮説を正当化するために、実験をしたり計算をしたりしています。つまり、科学者に「客観的で正しい答え」を聞いても、何十年も前に合意が形成されて研究が終了したことについては教えてくれますが、①まさしく今現在問題になっていることについては、「自分が正しいと考える答え」しか教えてくれないのです。ある意味では、「科学は人それぞれ」なのです。

そこで、たくさんの科学者の中から、②自分の意見と一致する立場をとっている科学者だけを集めることが可能になります。東日本大震災で福島第一原発が爆発事故を起こす前までは、日本政府は「原子力推進派」の学者の意見ばかりを聞いていました（最近また、そういう時代に逆戻りしつつあるような気がしますが）。アメリカでも、トランプ大統領（在任二〇一七～二〇二一）は地球温暖化に懐疑的な学者ばかりを集めて「地球温暖化はウソだ」と主張し、経済活動を優先するために二酸化炭素の排出の規制をaカン和しました。

権力を持つ人たちは、③もっと直接的に科学者をコントロールすることもできます。現代社会において科学研究の主要な財源は国家予算です。［A］、政府の立場と一致する主張をしている科学者には研究予算を支給し、そうでない科学者には支給しないようにすれば、政府の立場を補強するような研究ばかりが行われることになりかねません。

このように考えてくると、科学者であっても、現時点で問題になっているような事柄について、「④客観的で正しい答え」を教えてくれるものではなさそうです。ではどうしたらよいのでしょうか。自分の頭で考える？　どうやって？

この本では、「正しさ」とは何か、それはどのようにして作られていくものなのかを考えます。そうした考察を踏まえて、多様な他者と理解し合うためにはどうすればよいのかについて考えます。ここであらかじめ結論だけ述べておけば、私は、「正しさは人それぞれ」でも「真実は一つ」でもなく、人間の生物学的特性を前提としながら、人間と世界の関係や人間同士の間の関係の中で、いわば共同作業によって「正しさ」というものが作られていくのだと考えています。それゆえ、多様な他者と理解し合うということは、かれらとともに「正しさ」を作っていくということです。

これは、「正しさは人それぞれ」とか「みんなちがってみんないい」といったお決まりの簡便な一言を吐けば済んでしまうようなb安イな道ではありません。これらの言葉は、言ってみれば相手と関わらないで済ますための最後通牒《つうちょう》です。みなさんが意見を異にする人と話し合った結果、「結局、わかりあえないな」と思ったときに、このように言うでしょう。「まあ、人それぞれだからね」。対話はここで終了です。

ともに「正しさ」を作っていくということは、そこで終了せずに踏みとどまり、とことん相手と付き合うという。cメン倒な作業です。相手の言い分を受け入れて自分の考えを変えなければならないこともあるでしょう。それでプライドが傷つくかもしれません。しかし、傷つくことを嫌がっていては、新たな「正しさ」を知って成長していくことはできません。

MEMO

大切なことはメモしておこうネ！

2024年度

解　答　と　解　説

《2024年度の配点は解答欄に掲載してあります。》

＜数学解答＞

1　(1)　①　ウ　　(2)　②　ウ　　(3)　③　エ　　(4)　④　ウ　　(5)　⑤　ア
　　(6)　⑥　オ

2　[1]　(1)　①・②　ウ　　(2)　③・④　エ　　[2]　(1)　⑤　イ　　(2)　⑥　ウ

3　[1]　(1)　ア　4　　イ　3　　(2)　ウ　1　　エ　1　　オ　2
　　[2]　(1)　カ　1　　キ　2　　(2)　ク　1　　ケ　5

4　[1]　ア　7　　イ　0　　[2]　ウ　1　　エ　9　　オ　4　　[3]　(1)　カ　2　　キ　5
　　(2)　ク　5　　ケ　3　　[4]　(1)　コ　3　　サ　2　　シ　2　　ス　3
　　(2)　セ　3　　ソ　1　　タ　1

○推定配点○
各1点×20　　　計20点

＜数学解説＞

1　(数・式の計算，平方根，式の値，食塩水，場合の数，箱ひげ図)

(1)　$2\times5-4\div2^2=10-4\div4=10-1=9$

(2)　$\frac{\sqrt{18}}{\sqrt{3}}$を約分して，$\frac{\sqrt{18}}{\sqrt{3}}=\sqrt{6}$，$\frac{2\sqrt{3}}{\sqrt{2}}$を有理化して，$\frac{2\sqrt{3}}{\sqrt{2}}=\frac{2\sqrt{6}}{2}=\sqrt{6}$，$\sqrt{24}$を簡単にして，$\sqrt{24}=2\sqrt{6}$なので，$\frac{\sqrt{18}}{\sqrt{3}}+\frac{2\sqrt{3}}{\sqrt{2}}+\sqrt{24}=\sqrt{6}+\sqrt{6}+2\sqrt{6}=4\sqrt{6}$である。

(3)　$a^2-2ab+b^2$を因数分解して，$a^2-2ab+b^2=(a-b)^2$となるから，$a=2+\frac{4}{\sqrt{3}}$，$b=2-\frac{2}{\sqrt{3}}$を代入して，$(a-b)^2=\left\{\left(2+\frac{4}{\sqrt{3}}\right)-\left(2-\frac{2}{\sqrt{3}}\right)\right\}^2=\left(2+\frac{4}{\sqrt{3}}-2+\frac{2}{\sqrt{3}}\right)^2=\left(\frac{6}{\sqrt{3}}\right)^2=\frac{36}{3}=12$

重要　(4)　食塩の質量は食塩水の質量×濃度で求められるので，濃度が10%の食塩水100gの食塩の質量は$100\times\frac{10}{100}=10$(g)である。水の質量を$x$gとすると，水を加えてできた濃度が8%の食塩水の質量は$100+x$(g)，食塩の質量は$(100+x)\times\frac{8}{100}=8+\frac{2}{25}x$(g)である。水を加える前後で食塩の質量は変わらないので，$10=8+\frac{2}{25}x$　　$250=200+2x$　　$-2x=-50$　　$x=25$　　よって，加えた水の量は25gである。

基本　(5)　百の位は4枚のカードのうち0のカードを除く3通り，十の位は4枚のカードのうち百の位で使用したカードを除く3通り，一の位は4枚のカードのうち百の位と十の位で使用したカードを除く2通りであるから，3けたの整数は全部で3×3×2＝18(通り)できる。

基本　(6)　41人の中央値つまり第2四分位数は点数の低い方から21人目，第1四分位数は点数の低い方から20人の中央値となるから，10人目と11人目の平均値，第3四分位数は点数の低い方から22人目から41人目の中央値となるから，31人目と32人目の平均値となる。A　箱ひげ図から平均値は求められないので誤り。　B　四分位範囲は第3四分位数－第1四分位数で求められるので，70－50＝20(点)であるから正しい。　C　第1四分位数が50点であることから，点数の低い方から10人目と11人目がともに10点であることを考えると50点未満の人は9人以下であり，必ず10人いるとは言えないので誤り。　D　第2四分位数が60点であることから，点数の低い方から21人目は必ず60点である。よって，点数の低い方から21人目から41人目の41－20＝21(人)は60点以上であるので正しい。

2　(確率，方程式の利用)

基本　[1]　(1)　4枚の硬貨には表と裏があるので，4枚の硬貨を同時に投げるときの場合の数は2×2×2×2＝16(通り)　4枚がすべて裏になるのは1×1×1×1＝1(通り)であるから，少なくとも1枚は表となるのは16－1＝15(通り)　よって，求める確率は$\frac{15}{16}$である。

重要　(2)　4枚の硬貨が表となるとき，合計金額は100＋50＋10＋5＝165(円)となるから110円以上である。3枚の硬貨が表となるとき，表が出た硬貨の合計金額が110円以上となる組み合わせは(100, 50, 10)，(100, 50, 5)，(100, 10, 5)の3通りである。2枚の硬貨が表となるとき，表が出た硬貨の合計金額が110円以上となる組み合わせは(100, 50)，(100, 10)の2通りである。よって，表が出た硬貨の合計金額が110円以上となるのは1＋3＋2＝6(通り)であるから，求める確率は$\frac{6}{16}=\frac{3}{8}$である。

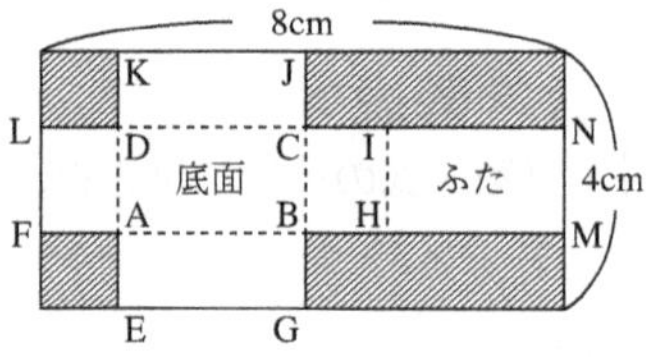

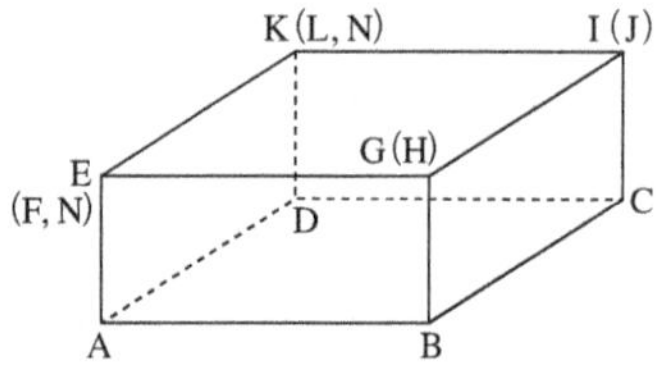

基本　[2]　(1)　箱の高さを$x$cmとすると，AE＝AF＝BG＝BH＝CI＝CJ＝DK＝DL＝x(cm)である。よって，AB＝HM＝$(8-2x)\div 2=4-x$(cm)，AD＝$4-2x$(cm)と表せる。$x=1$とすると，AB＝4－1＝3(cm)，AD＝4－2×1＝4－2＝2(cm)，AE＝1(cm)であるから，箱の体積は3×2×1＝6(cm^3)となる。

重要　(2)　箱の底面ABCDの面積が$10\mathrm{cm}^2$となるとき，$(4-x)\times(4-2x)=10$より，$16-8x-4x+2x^2=10$　$2x^2-12x+6=0$　$x^2-6x+3=0$　$x=\frac{-(-6)\pm\sqrt{(-6)^2-4\times1\times3}}{2\times1}=\frac{6\pm\sqrt{36-12}}{2}=\frac{6\pm\sqrt{24}}{2}=\frac{6\pm2\sqrt{6}}{2}=3\pm\sqrt{6}$　0＜AB，0＜AD，0＜AEであるから，$0<4-x$より$x<4$，$0<4-2x$より，$2x<4$　$x<2$，$0<x$である。すべてを満たすxの範囲は$0<x<2$であるから，$x=3-\sqrt{6}$となる。

3　(動点問題，図形と関数・グラフの融合問題)

重要　[1]　(1)　点P，Qは毎秒1cmで進むから，AP＝AQ＝x(cm)であり，$0<x<4$のとき，点P，Qはそれぞれ辺AB上，辺AC上にある。△APQと△ABCにおいて，∠PAQ＝∠BAC，AP：AB＝AQ：AC＝x：4より，2組の辺の比とその間の角がそれぞれ等しいので，△APQ∽△ABC　$S=\frac{1}{9}T$となるとき，S：T＝1：9であるから，△APQと△ABCの面積比が△APQ：△ABC＝1：9＝1^2：3^2となるので，相似比は1：3である。よって，AP：AB＝AQ：AC＝x：4＝1：3より，$3x=4$　$x=\frac{4}{3}$(秒)となる。

重要　(2)　$4<x<6$のとき，点P，Qはともに辺CB上にあり，AB＋BP＝AC＋CQ＝x(cm)である。よって，PQ＝(AB＋BC＋CA)－(AB＋BP)－(AC＋CQ)＝$4\times3-x-x=12-2x$(cm)である。△APQと△ABCは底辺をそれぞれ辺PQ，BCと見ると，高さが等しいので，面積比は底辺の比に等しくな

るから，△APQ：△ABC＝PQ：BC＝$(12-2x)$：4である。S＝$\frac{1}{4}$Tより，S：T＝1：4であるから，$(12-2x)$：4＝1：4となるので，$4(12-2x)=4$　$12-2x=1$　$-2x=-11$　$x=\frac{11}{2}$(秒)である。

基本 [2] (1) 点Bのx座標が2であるから，AB＝2である。△OAB＝2であるから，$\frac{1}{2}\times$OA$\times$AB＝2より，$\frac{1}{2}\times$OA$\times2=2$　OA＝2　よって，A(0, 2)，B(2, 2)である。$y=ax^2$にB(2, 2)を代入して，$2=a\times2^2$　$2=4a$　$-4a=-2$　$a=\frac{1}{2}$となる。

重要 (2) △OAB＝△OCBとなるとき，等積変形の考え方を用いて，OB//ACとなる。直線OBの傾きは$\frac{2-0}{2-0}=\frac{2}{2}=1$であり，平行な直線の傾きは等しいので，直線ACの傾きも1である。A(0, 2)であるから，直線ACの式は$y=x+2$である。$y=\frac{1}{2}x^2$と$y=x+2$を連立方程式として解くと，$\frac{1}{2}x^2=x+2$　$x^2=2x+4$　$x^2-2x-4=0$　$x=\frac{-(-2)\pm\sqrt{(-2)^2-4\times1\times(-4)}}{2\times1}=\frac{2\pm\sqrt{4+16}}{2}=\frac{2\pm\sqrt{20}}{2}=\frac{2\pm2\sqrt{5}}{2}=1\pm\sqrt{5}$　点Cのx座標は正であるから，$x>0$より，$x=1+\sqrt{5}$である。

4 (平面図形，角度，円周角の定理，証明，三平方の定理，相似，体積，切断面の面積)

重要 [1] 円周角の定理より，∠ACD＝∠ABD＝50°であるから，∠OCD＝50－30＝20°　△OCDはOC＝ODの二等辺三角形であるから，∠ODC＝∠OCD＝20°なので，∠COD＝180－20×2＝180－40＝140°　円周角の定理より，∠CAD＝$\frac{1}{2}$∠COD＝$\frac{1}{2}\times140=70$°である。

[2] AB⊥DE，AC⊥DFであるから，∠AED＝ウ∠AFD＝90°　合同な図形の対応する辺の長さは等しいので，DE＝エDF　△ABD：△ACD＝$\frac{1}{2}\times$AB$\times$DE：$\frac{1}{2}\times$AC$\times$DF＝$\left(\frac{1}{2}\times\mathrm{DE}\right)\times$AB：$\left(\frac{1}{2}\times\mathrm{DF}\right)$：ACであるから，(4)より，△ABD：△ACD＝AB：オAC

重要 [3] (1) 四角形OACDは正方形であるから，∠ACD＝∠CAO＝∠AOD＝90°　△ACQにおいて，∠AQC＝180－(∠ACQ＋∠CAQ)＝180－(90＋∠CAQ)＝180－90－∠CAQ＝90°－∠CAQ　∠BAP＝∠CAO－∠CAQ＝90°－∠CAQ　円周角の定理より，直径に対する円周角は90°であるから，∠APB＝90°　△APBにおいて，∠ABP＝180－(∠BAP＋∠APB)＝180－(90－∠CAQ＋90)＝180－(180－∠CAQ)＝180－180＋∠CAQ＝∠CAQ　∠AOD＝90°であるから，∠BOR＝90°なので，△BORにおいて，∠ORB＝180－(∠BOR＋∠OBR)＝180－(90＋∠CAQ)＝180－90－∠CAQ＝90°－∠CAQ　以上のことから，∠ACQ＝∠BPA＝∠BOR＝90°，∠CAQ＝∠PBA＝∠OBR，∠AQC＝∠BAP＝∠BROであるから，△ACQ∽△BPA∽△BORである。AB＝8(cm)より，OA＝OB＝$\frac{1}{2}$AB＝$\frac{1}{2}\times8=4$(cm)，四角形OACDは正方形であるから，AC＝CD＝OA＝4(cm)，点Qは線分CDの中点であるから，CQ＝QD＝$\frac{1}{2}$CD＝$\frac{1}{2}\times4=2$(cm)である。△ACQにおいて，三平方の定理より，AQ＝$\sqrt{4^2+2^2}=\sqrt{16+4}=\sqrt{20}=2\sqrt{5}$(cm)であり，△ACQと△BORはAC＝BO＝4であるから，△ACQ≡△BORとなるので，BR＝AQ＝$2\sqrt{5}$(cm)である。

重要 (2) △ACQ∽△BPAより，AC：BP＝AQ：BA　4：BP＝$2\sqrt{5}$：8　$2\sqrt{5}$BP＝32　BP＝$\frac{32}{2\sqrt{5}}=\frac{16}{\sqrt{5}}=\frac{16\sqrt{5}}{5}$(cm)である。よって，RP＝BP－BR＝$\frac{16\sqrt{5}}{5}-2\sqrt{5}=\frac{16\sqrt{5}}{5}-\frac{10\sqrt{5}}{5}=\frac{6\sqrt{5}}{5}$

(cm)となるので，BR：RP$=2\sqrt{5}:\dfrac{6\sqrt{5}}{5}=10\sqrt{5}:6\sqrt{5}=10:6=5:3$である。

重要 [4] (1) 正四角すいA－BCDEは側面が一辺4cmの正三角形なので，底面は一辺4cmの正方形になる。△BCEにおいて，三平方の定理より，BC：BE：CE$=1:1:\sqrt{2}$となるから，BC：CE$=1:\sqrt{2}$より，4：CE$=1:\sqrt{2}$　CE$=4\sqrt{2}$(cm)　正方形の対角線はそれぞれの中点で交わるから，OC$=$OE$=\dfrac{1}{2}$CE$=\dfrac{1}{2}\times4\sqrt{2}=2\sqrt{2}$(cm)　頂点Aから底面BCDEに下した垂線の足はOであるから，AO⊥CEとなるので，△AOCにおいて，三平方の定理より，AO$=\sqrt{4^2-(2\sqrt{2})^2}=\sqrt{16-8}=\sqrt{8}=2\sqrt{2}$(cm)　よって，正四角すいA－BCDEの体積は$\dfrac{1}{3}\times4\times4\times2\sqrt{2}=\dfrac{32\sqrt{2}}{3}$(cm^3)となる。

やや難 (2) 点Pは辺ABの中点であり，△ABCは正三角形なので，AB⊥CP，∠CAP$=60°$である。よって，△CAPにおいて，三平方の定理より，AP：AC：CP$=1:2:\sqrt{3}$となるから，AC：CP$=2:\sqrt{3}$より，4：CP$=2:\sqrt{3}$　2CP$=4\sqrt{3}$　CP$=2\sqrt{3}$(cm)である。同様に，DQ$=2\sqrt{3}$(cm)となる。また，△ABEと△APQにおいて，∠BAE$=$∠PAQ，AB：AP$=$AE：AQ$=4:2=2:1$より，2組の辺の比とその間の角がそれぞれ等しいので，△ABE∽△APQ　よって，△APQも正三角形となるから，PQ$=$AP$=2$(cm)である。正四角すいを切断したときの切断面は四角形PCDQであり，等脚台形となる。頂点P，Qから辺CDに下した垂線の足をそれぞれH，Iとすると，HI$=$PQ$=2$(cm)，CH$=$DI$=(4-2)\div2=2\div2=1$(cm)である。△PCHにおいて，三平方の定理より，PH$=\sqrt{(2\sqrt{3})^2-1^2}=\sqrt{12-1}=\sqrt{11}$(cm)　よって，切断面の面積は四角形PCDQ$=\dfrac{1}{2}\times(2+4)\times\sqrt{11}=\dfrac{1}{2}\times6\times\sqrt{11}=3\sqrt{11}$(cm^2)となる。

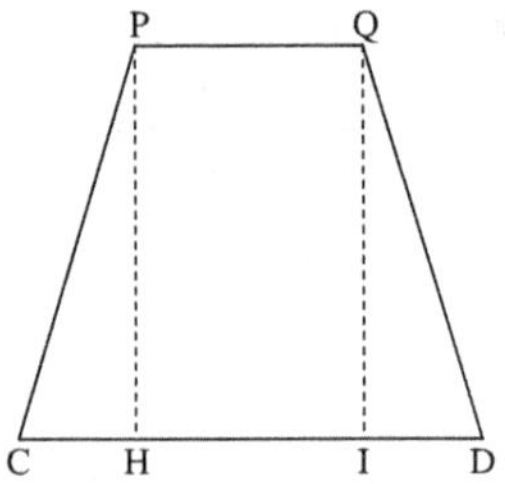

★ワンポイントアドバイス★

基本から標準レベルの問題が多く出題されている。反復練習を通して，確実に点数を取れるようにしておきたい。

＜英語解答＞

1　第一問　1番　a 誤　b 誤　c 誤　d 正　2番　a 誤　b 正　c 誤　d 誤　3番　a 正　b 誤　c 誤　d 誤　第二問　問1　a 誤　b 誤　c 誤　d 正　問2　a 誤　b 誤　c 誤　d 正

2　(1) エ　(2) ア　(3) イ

3　(1) イ　(2) エ

4　(1) イ　(2) ア　(3) エ　(4) ウ　(5) エ

5　(1) イ　(2) ① エ　② ア　③ ウ　(3) エ

○推定配点○

各1点×20　　計20点

＜英語解説＞

1 （リスニング）

第1問　1番

Ms. Yoshino：Good morning, everyone. Let's get started. Today, I'd like you to express what you want to be in the future. Imagine what you will be in ten years or in twenty years. Kazuo, how about you?

Kazuo　：My favorite subject is math. When I am trying to solve math questions, I'm very happy. I'll be a math teacher at high school.

Question：Where are Ms. Yoshio and Kazuo talking?

a　In the restaurant.　　b　In the theater.

c　In the kitchen.　　d　In the classroom.

2番（電話の呼び音）

Maria：Hello?

Keiji　：Hi, Maria. This is Keiji.

Maria：Keiji, do you have anything to do tomorrow morning? If not, can you help me to use a cellphone? I've bought one but don't know how to use it.

Keiji　：Tomorrow morning? I'm sorry I can't, but now I am free and can help you.

Maria：Then I'll bring my new cellphone a half hour later.

Question：Which is true?

a　Maria and Keiji will meet tomorrow morning.

b　Maria has bought a cellphone.

c　Keiji will visit Maria today.

d　Keiji asked Maria to help him with his homework.

3番

Mike：Now it is time for lunch. What would you like, Elly?

Elly　：I love sushi.

Mike：I am thinking of taking you to a sushi bar for dinner. Any other food?

Question：What will Elly say next?

a　Then I would like to try okonomiyaki.

b　Then I will walk there.

c　Let me cook for myself, please.

d　I will ask my friend where I can buy it.

第1問　1番　ヨシノ先生：おはようございます，みなさん。始めましょう。今日，私はあなた方が将来なりたいものをあなた方に表現してもらいたいです。10年か20年であなた方がなっているものを想像しなさい。カズオ，あなたはどうですか。

カズオ　：僕の一番好きな科目は数学です。数学の問題を解こうとしているとき，僕はとても幸せです。僕は高校で数学の先生になっているでしょう。

問：ヨシノ先生とカズオはどこで話しているか。

a　レストランで。　　b　劇場で。

c　台所で。　　d　教室で。

2番　マリア：もしもし。

ケンジ：やあ，マリア。こちらはケンジだよ。

マリア：ケンジ，明日の朝，あなたは何かすることがあるの？　もしなければ，携帯電話のことで私を助けてくれる？　私はそれを買ったのだけれど，それの使い方がわからないの。
ケンジ：明日の朝？　そうできなくて残念だけれど，僕は今は暇で，君を手伝うことができるよ。
マリア：それじゃ，私は半時間後に私の新しい携帯電話を持っていくわ。
問：どれが一致しているか。
a　マリアとケンジは明日の朝，会うつもりだ。
b　マリアは携帯電話を買った。
c　ケンジは今日，マリアを訪ねるつもりだ。
d　ケンジはマリアに彼の宿題のことで彼を手伝うように頼んだ。
3番　マイク：さて，昼食の時間だよ。君は何が良いかい，エリー。
エリー：私は寿司が大好きよ。
マイク：僕は夕食に君を寿司バーに連れていこうと思っているんだ。何か他の食べ物は？
問：エリーは次に何を言うだろうか。
a　それじゃ，私はお好み焼きを食べてみたいわ。
b　それじゃ，私はそこへ歩くつもりよ。
c　私に自分で料理をさせてちょうだい。
d　私は私がどこでそれを買うことができるか，私の友だちに尋ねるつもりよ。

第2問

Ryo's father has lots of goldfish in his five water tanks. His father puts ten gold fish in each of them, but seven of them died, and three were given to his friend.

Ryo feeds the fish every morning. He told his father that the food for the fish was almost out. He was asked to buy some.

問1　What is the number of the fish kept in all the tanks?
a　10.　　b　20.　　c　30.　　d　40.
問2　What does Ryo do in the morning?
a　He buys the food for the fish.
b　He cleans the tanks for the fish.
c　He tells his father how the fish are.
d　He feeds the fish.

第2問

リョウの父は彼の5つの水槽にたくさんの金魚を飼っている。彼の父はそれらそれぞれに10匹の金魚を入れているが，それらの7匹が死に，3匹が彼の友だちに譲られた。

リョウは毎朝それらにエサをやる。魚用の食べ物がほとんどなくなっている，と彼は彼の父に言った。彼はいくらか買うように頼まれた。

問1　全ての水槽で飼われている魚の数はいくつか。
a　10。　　b　20。　　c　30。　　d　40。
問2　リョウは朝，何をするか。
a　彼は魚用の食べ物を買う。
b　彼は魚用の水槽を掃除する。
c　彼は彼の父に，魚は元気かを教える。
d　彼は魚にエサをやる。

2 （会話文：語句補充）

（全訳） 看護師：おはようございます。今日は(1)体の具合はどうですか。

ツネオ：あまり良くないんだ。私が朝起きたとき，腹痛がしたんだよ。私は今日は何も食べていない。

看護師：あなたは熱はないようですね。あなたはまだ腹痛がしますか。

ツネオ：(2)いや，今はしない。

看護師：それでは，今，朝食をとるのはどうですか。

ツネオ：今食べても大丈夫だ，とあなたは思うかい。また腹痛がするのではないか，と私は思うんだよ。

看護師：(3)もしあなたが食べ過ぎなければ，きっと大丈夫だ，と私は思いますよ。

(1) ア 「私には何をすることができますか」（×） イ 「あなたはどう思いますか」（×） ウ 「あなたはどう思いますか」（×） エ 「体の具合はどうですか」（○）

(2) ア 「いや，今はしない」（○） イ 「いや，するつもりはない」（×） ウ 「うん，するよ」（×） エ 「うん，すでにしたよ」（×）

(3) ア 「もしあなたが食べるのに多すぎる食べ物を持っているなら」（×） イ 「もしあなたが食べ過ぎなければ」（○） ウ 「もしあなたが何も食べることができないなら」（×） エ 「もしあなたが食べ物を何も欲しくないなら」（×）

3 （長文読解・物語文：語句補充，内容吟味）

（全訳） 月曜日の夕食後，私は歯痛がした。私はすぐに歯科医院へ行きたかったが，a火曜日まで待たなくてはならなかった。その医院はその午後に開いていなかったので，その朝早く，私はそこへ電話して，9時に来ても良いと言われた。私は歯科医院へ行き，治療の後，痛みを感じなかった。私は次の日の15時に来るべきだ，と言われた。私は学校へ走ったが，2時間遅れた。担任の先生に会ったとき，なぜ遅れたのか，私は彼女に説明した。

（歯科医の診療予定）

月曜日，水曜日，木曜日，金曜日9時から16時まで営業

火曜日午前9時から11時まで営業

土曜日と日曜日休業

(1) ア 「月曜日」（×） イ 「火曜日」 本文第3文・歯科医の診療予定の2つ目参照。「医院はその午後に開いていなかった」のは「午前9時から11時まで営業」している火曜日である。（○） ウ 「水曜日」（×） エ 「木曜日」（×）

(2) ア 「歯科医院へ行くのが好きではなかったので，私はそこへ行かなかった」 本文第4文参照。行ったのである。（×） イ 「もう痛みを感じなかったので，私は再び歯科医院へ行かなくても良かった」 本文第4文・第5文参照。次の日の15時に来るべきだ，と言われたのである。（×） ウ 「歯科医院へ行ったが，私は学校に間に合った」 本文最後から2文目参照。2時間遅れたのである。（×） エ 「私は水曜日に歯科医院へ行かなくてはならなかった」 本文第2文・最後から3文目参照。火曜日の次の日だから，水曜日である。（○）

4 （長文読解・物語文：語句補充，語句整序，内容吟味）

（全訳） ドイツ人パラグライダーはパラグライダー世界選手権試合に参加するためにオーストラリアにいる。彼女は約4年間しかパラグライダーをしていないが，彼女の天性の才能のお陰ですでにたくさんの選手権試合で勝ったことがある。その選手権試合の1週間前，彼女の訓練の一部として彼女はパラグライダーのレースに参加した。

その日，空は①ほとんど晴れていた。彼女は離陸し，しばらくの間，全てがうまくいった。それ

から，彼女の正面の遠くに，彼女はいくつかの雷雲が一緒にゆっくりと来ているのを見た。それらはくっついて1つの大きな強力な雷雲になるので，これは②危険だった。彼女は，「私はあれらの雷雲から離れるべきだわ」と思った。

しかし，それは③遅すぎた。新しい大きな雷雲が彼女を引き込み，彼女をどんどん高く持ち上げた。彼女は下降するために非常用配備を使おうとしたが，それは作動しなかった。2人の他のパラグライダーが彼女と一緒に雷雲の中にいた。彼らの1人は難を逃れることができた。別の，中国出身の男性はできなかった。悲しいことに，彼は生き残らなかった。雲の中では，気温がとても低く，氷の破片が彼女の側を飛び過ぎた。彼女には彼女の辺り一面で雷鳴が聞こえていた。彼女は彼女の無線で彼女のコーチを呼んで言った。「私は大きな雷雲の中にいます。B私にできることは何もありません」

彼女は疲れ，空気はどんどんより薄くなっていた。

基本 (1)　直前に has があることから現在完了の文であるとわかる。現在完了は〈have[has]＋動詞の過去分詞形〉の形。been はbe動詞の過去分詞形である。

(2)　全訳参照。

やや難 (3)　関係代名詞 which を省略した文。There's nothing と I can do it をつなげた文を作る。it が which に代わり，省略されている。

(4)　(質問)「彼女はなぜたくさんの選手権試合で勝つことができたのか」　ア　「彼女はとても幸運だったから」(×)　イ　「彼女のコーチは世界で最も良かったから」(×)　ウ　「彼女は天性の才能を持っていたから」　第1段落第2文参照。(○)　エ　「彼女はドイツで最も良い学校で訓練されたから」(×)

(5)　ア　「選手権試合では天気が素晴らしかった」　空欄①の1文参照。ほとんど晴れていたのである。(×)　イ　「彼らが離陸したとき，雷雲があった」　空欄①の直後の1文参照。全てがうまくいっていたのである。(×)　ウ　「彼女は彼女のコーチを呼んで話すことを楽しんだ」　空欄Bを含む会話参照。危険を知らせているのである。(×)　エ　「3人のパラグライダーの1人が殺された」　空欄③を含む段落第6文・第7文参照。(○)

5　**(長文読解・物語文：語句補充，内容吟味)**

(全訳)　おばあさん：すみませんが，レストラン・オカミネへのA行き方を私に教えてくれますか。

ケイジ　　：いいですよ。それは僕の学校の近くにあります。僕の家族はちょうど昨日の夜，そこで夕食をとりました。そこへ案内しましょうか。僕は学校へ行くところなんです。

おばあさん：あら，あなたはとても親切だけれど，あなたはなぜ日曜日に学校へ行くの①かしら。

ケイジ　　：僕はそこへバレーボールをしに行くんです。僕はバレーボール部に所属しています。

おばあさん：私はそこで私の古い友だちの1人と会うつもりなの。私は長い間，彼女に会っていないわ。

ケイジ　　：あなた方が素晴らしい時を過ごすと良い，と僕は思います。

おばあさん：ありがとう，若い方。私はそれを楽しみに待っているの。

ケイジ　　：僕たちは着いてしまいました。これがレストラン・オカミネです。それは素晴らしい場所です。あなた方がそれを楽しむと良い，と僕は思います。

おばあさん：助けになってくれてありがとうございました。あなたはとても親切だわ。

ケイジ　　：どういたしまして。あなたのお友達と素晴らしい時を過ごしてください。

おばあさん：そうするわ。重ねてありがとう。それから，あなたのバレーボールの練習も頑張って。

重要 (1)　ア　can の後には動詞の原形が必要である。(×)　イ　「行き方を私に教えてくれますか」

tellは〈主語＋動詞＋人＋物〉という文型を作る。ここでは「物」にあたる部分が〈how to ＋動詞の原形～〉「～の仕方」になっている。get to ～ で「～に着く」の意味。(○)　ウ　me の後には〈(to ＋)動詞の原形〉が必要である。(×)　エ　where と空欄Aの直後の to とを合わせて where to とするなら，その後には動詞の原形が必要である。(×)

(2)　①「～かしら」という意味には〈I wonder ＋間接疑問〉の形を用いる。　② look forward to ～ で「～を楽しみに待つ」の意味。to は前置詞なので後には名詞か動名詞がくる。　③ My pleasure.「どういたしまして」

(3)「バレーボールの練習の後，ケンジは家に帰って，その年配の女性が彼の祖母と話しているとわかって驚いた。その年配の女性は高校での彼女のクラスメイトだった，と彼は彼の祖母から聞いた。彼女らが高校を卒業した後，40年後に初めて会ったのだ。ケンジの祖母は彼女への彼の助けについて彼女の友だちから聞いたとき，うれしかった」
ア「怒っ」(×)　イ「勇気づけられ」(×)　ウ「憤慨し」(×)　エ「うれしかっ」空欄の1文前半部参照。(○)

★ワンポイントアドバイス★

長文を読むときは，国語の読解問題を解く要領で指示語などの指す内容や，話の展開に注意するように心がけよう。

＜理科解答＞

1　(1) オ　(2) ウ　(3) ウ　(4) ア
2　(1) オ　(2) ① ウ　② エ　(3) ウ
3　(1) イ　(2) ① エ　② ア　(3) Ⅰ イ　Ⅱ エ　(4) エ
4　(1) ア　(2) エ　(3) ア　(4) ① イ　② イ　③ ウ
5　(1) イ　(2) イ　(3) カ　(4) イ　(5) ウ

○推定配点○
1　各1点×20(2(2)，3(2)・(3)，4(4)各完答)　計20点

＜理科解説＞

1　(地層と岩石―火成岩)

基本　(1)　大きさがほぼ同じくらいの，大きな鉱物が集まってできている火成岩を深成岩という。その組織を等粒状組織という。火成岩Bは大きな鉱物の間にガラス質の細かな粒がある。これを斑状組織といい，火山岩の特徴である。

基本　(2)　石英，長石は無色鉱物であり，輝石，カンラン石，角せん石，黒雲母は有色鉱物である。

重要　(3)　流紋岩，安山岩，玄武岩は火山岩である。花こう岩，せん緑岩，斑れい岩は深成岩である。石灰岩，チャートは堆積岩である。

基本　(4)　マグマが地表近くで急激に冷やされてできた岩石が火山岩であり，地下深くでゆっくりと冷やされてできたものが深成岩である。

2　(酸とアルカリ・中和―中和反応)

基本　(1)　BTB溶液は酸性で黄色，中性で緑色，アルカリ性で青色を示す。

重要 (2) ① 酸に含まれる陽イオンの水素イオンと，アルカリに含まれる陰イオンの水酸化物イオンが反応して水ができる反応を中和反応という。 ② 水溶液中には塩酸から生じる塩化物イオンと，水酸化ナトリウムから生じるナトリウムイオンが含まれる。

重要 (3) 塩酸は水素イオンと塩化物イオンに電離している。水酸化ナトリウム水溶液を加えると水素イオンは水酸化物イオンと反応して水になるが，ナトリウムイオンが増加するので，水溶液中のイオンの数は変化しない。中和が終了後，さらに水酸化ナトリウム水溶液を加えるので，イオンの数は増加する。

基本 **3 (天気の変化―気象・湿度)**

(1) Aの前線を寒冷前線という。

(2) ① 寒冷前線が通過する前後は，狭い範囲で強い雨が降り前線の通過後に気温が下がる。前線の通過後は北寄りの風に変わる。 ② 寒気は暖気より重いので暖気の下にもぐりこみ，上昇気流が生じて雲が発達する。

(3) 名古屋付近は高気圧に覆われていて，天候は晴れで弱い風が吹いている。春や秋は大陸からの高気圧が周期的にやってきて，天気が西から東へ周期的に変わる。

重要 (4) 露点が10℃なので，この日の実際の水蒸気量は10g/m^{3}である。25℃の飽和水蒸気量は23g/m^{3}なので，湿度は$\frac{10}{23}\times100=43$%であり，約40%を選択する。

4 (磁界とその変化―電流と磁界・誘導電流)

基本 (1) 磁界の向きは電流の流れる方向で決まる。右ねじの法則に従う。磁界の強さは導線に近いほど強い。

重要 (2) 右ねじの進む方角に対して，時計回りに磁界が生じる。Aでは平面の上から見て時計回りに磁界が生じるので，方位磁石の右側がS極になる。Bでは反時計回りに磁界が生じるので，方位磁石の下側がS極になる。

基本 (3) 磁力を大きくするには，電流を大きくするかコイルの巻き数を多くするとよい。

重要 (4) 磁石が移動するとき，コイルに生じる磁界は磁石の動きを妨げる方向に生じる。N極を上にして磁石を上から下にコイルに入れると，コイルの上側がN極になるように電流が流れる。このときAの向きに電流が流れた。 ① N極を下にして磁石を引き上げると，コイルの上側がS極になるように電流が流れる。電流の向きはBの向きに流れる。 ② S極を下にしてコイルに近づけると，コイルの上側がS極になるように電流が流れる。Bの向きに流れる。 ③ 磁石を動かさないと電流は生じない。

5 (生殖と遺伝―メンデルの法則)

(1) おしべの花粉にある精細胞が受粉後に花粉管の中を移動し，胚珠の卵細胞と合体する。受精卵は分裂を繰り返して胚になる。

重要 (2) 丸い種子としわの種子のように，対になる形質を対立形質という。子の代が全て丸型の種子になったので，丸形が顕性の形質でしわ型が潜性の形質である。

重要 (3) 丸形の親の遺伝子の組み合わせがAAであり，しわ型の親がaaである。子の遺伝子の組み合わせはすべてAaである。

重要 (4) 孫の遺伝子の組み合わせの比は，AA：Aa：aa＝1：2：1であり，丸形：しわ型＝3：1である。丸い種子が547個だったので，しわの種子は3：1＝547：x x＝182.3 最も近いのは185である。

(5) Aaにaaをかけ合わせるので，子の遺伝子の組み合わせはAa：aa＝1：1になる。これは丸形：しわ型＝1：1になる。

★ワンポイントアドバイス★

大半の問題が基本レベルで難問はない。教科書レベルの基礎的な知識をしっかりと理解し，計算問題の演習なども練習しておこう。

＜社会解答＞

1 (1) イ　(2) イ　(3) ア
2 (1) エ　(2) ウ　(3) ウ　(4) ア
3 (1) オ　(2) エ　(3) イ　(4) ウ
4 (1) ウ　(2) エ　(3) ア　(4) イ
5 (1) ① イ　② ウ　③ イ　(2) ① エ　② ア

○推定配点○
各1点×20　計20点

＜社会解説＞

1 (地理―世界の鉱産資源，アメリカ，中国に関する問題)

基本 (1) オーストラリアの鉄鉱石の産出地は大陸北西部。石炭は中国で全体の半分以上を産出。ボーキサイトはオーストラリアでは北部のアーネムランド半島やケープヨーク半島で産出。

(2) いわゆるシリコンバレーはサンフランシスコ近郊のサンノゼのあたり。

重要 (3) 中国の茶栽培では，台湾の対岸の福建省が有名。経済特区は当初は中国南部の海沿いのシェンチェン，チューハイ，スワトウ，アモイの4か所で後に海南島も加わり5か所に。

2 (日本の地理―東北地方に関する問題)

重要 (1) Aの青森県青森市は3つの都市の中では最北なので寒冷であり，日本海側の気候の影響を受けて冬の降水量が多くなるので②，Bの東京とCの香川県高松市では，Cの方が南にあり温暖であるのと，瀬戸内海の気候で年間を通じ降水量が少なめになるので①，Bが③になる。

基本 (2) 東京は日本の首都であり，日本の官庁や企業が集中し，さらに外国の大使館や企業も多数あり国際的な都市となっている。

(3) 岩手県の伝統工芸品は南部鉄器が有名。塩沢つむぎは新潟県の伝統工芸品，西陣織は京都府の伝統工芸品，天童将棋駒は山形県の伝統工芸品。

基本 (4) 愛知県の南部の西に伸びている渥美半島では温暖な気候を生かしたメロンのハウス栽培や電照菊が有名。電照菊は栽培中にある段階まで育ったら，夜間に電灯を灯すことで明るい時間を長く保ち，出荷する前に電灯を消すようにすることで，菊の花が秋になり開花する習性をコントロールし開花のタイミングを合わせるもので，一種の抑制栽培。

3 (日本の歴史―奈良時代から江戸時代)

やや難 (1) ③ 720年→① 743年→② 752年の順。

基本 (2) 東大寺は奈良時代につくられたが，南大門やその金剛力士像は鎌倉時代のもの。

重要 (3) 銀閣が完成するのは応仁の乱よりも後の1489年。山城国一揆が起こるのが1485年，加賀の一向一揆がおこるのは1488年。アは江戸時代の徳川綱吉の頃，ウは平安時代，エは安土桃山時代。

(4) アは松平定信の寛政の改革の内容。イは田沼意次の政治の内容。エは水野忠邦の天保の改革の内容。

4 （日本と世界の歴史―19世紀後半から21世紀まで）

(1) 義和団事件は1899年に山東省で始まった外国人排斥運動が次第に拡大し，北京に迫った際に北京に駐在していた各国が清朝政府に対応を求めたら，逆に清朝側が欧米日などの国々に宣戦布告してきたもの。日本を含む8カ国が共同出兵し，義和団を鎮圧し清朝との間で北京議定書を交わし，清朝はこれらの国々に賠償金を支払った。アは1914年，イは1932年，エは1689年。

重要 (2) 盧溝橋事件は1937年7月7日に北京郊外の盧溝橋で日本軍と中国軍が突然銃撃戦になったことから始まる。柳条湖は満州の湖。戦争遂行のために1938年に出されたのが国家総動員法。治安維持法は1925年に男子普通選挙制が導入され財産制限なしにすべての25歳以上の男子に選挙権を与えた際に，低所得者が選挙権を持つことで社会主義が拡大するのを恐れ，社会主義を取り締まるために出された法令。

(3) NATOはアメリカと西欧諸国の軍事同盟で，これに対して当時の東側にあったのがワルシャワ条約機構。イは1945年，ウは1948年，エは1967年。

(4) 日中平和友好条約は1978年に締結された。アは1940年に三国軍事同盟，1941年に日ソ中立条約。ウは1925年，エは1880年。

5 （公民―国会，選挙，人権，経済に関連する問題）

基本 (1) ① イは内閣の仕事。 ② ウは無記名投票が原則。 ③ 日本国憲法第25条の条文の内容。アは自由権の精神の自由に関するもの。ウは経済活動の自由。エは請求権。

重要 (2) ① 製造物責任法は消費者保護のために，市場に出ている商品の欠陥によって消費者が不利益を被らないようにするために，商品の製造をしたメーカーに責任を負わせるもの。環境基本法は公害対策基本法ではカバーしきれない部分があるので，その足りない部分も補う形で定められた法律で，環境基本法ができたことで公害対策基本法は廃止され，従来の自然環境に関する自然環境保全法は改正された。 ② 1ドル＝128円が1ドル＝147円になると円安。1円当たり何ドルかに換算するとよい。1ドル＝128円だと1円＝128分の1ドルになり，1ドル＝147円だと1円＝147分の1ドルなので，円の価値が小さくなっていることがわかる。円安の場合，輸入品の価格は上がる。

★ワンポイントアドバイス★

40分で20問なので問題数はさほど多くはないが，全て四択問題で，即答できるものもあるが，それぞれの選択肢をていねいに見ていかないと選びづらいところもあるので，要領よく解いていくことが必要。

<国語解答>

一 問一 a ウ b ア c エ 問二 ア 問三 エ 問四 ア 問五 イ
問六 イ 問七 イ 問八 ア

二 問一 ウ 問二 a エ b ウ 問三 エ 問四 ② イ ③ イ
問五 イ 問六 ア 問七 ウ 問八 エ

○推定配点○

各1点×20 計20点

＜国語解説＞

一 （論説文―漢字の読み書き，品詞，文脈把握，内容吟味，脱語補充，接続後，要旨）

問一 a 緩和　ア 勧誘　イ 刊行　ウ 緩急　エ 欠陥
b 安易　ア 難易度　イ 脅威　ウ 誠意　エ 経緯
c 面倒　ア 放免　イ 綿花　ウ 麺類　エ 書面

問二 「まさしく」は，後の動詞「いる」を修飾する，活用のない自立語なので「副詞」。

やや難 問三 直後に「東日本大震災で……福島第一原発が爆発事故を起こす前までは，日本政府は『原子力推進派』の学者の意見ばかりを聞いていました」「アメリカでも，トランプ大統領……地球温暖化に懐疑的な学者ばかりを集めて，……」と，同じ考えの学者の意見ばかりを集める具体例が示されているので，「同じような仮説を立てている科学者は他にもいるから」とするエが適切。

問四 「コントロール」について，直後に「政府の立場と一致する主張をしている科学者には研究予算を支給し，そうでない科学者には支給しないようにすれば，政府の立場を補強するような研究ばかりが行われることになりかねません」と説明されているので，アが適切。

問五 直前の「現代社会において科学研究の主要な財源は国家予算です」と，直後の「政府の立場と一致する主張をしている科学者には研究予算を支給し，そうでない科学者には支給しないようにすれば……行われることになりかねません」は，順当につながる内容なので，順接を表す「そこで」が入る。

やや難 問六 「客観的で正しい答え」については，次の段落に「人間の生物学的特性を前提としながら，人間と世界の関係や人間同士の間の関係の中で，いわば共同作業によって「正しさ」というものが作られていくのだと考えています。それゆえ，多様な他者と理解し合うということは，かれらにとっても，「正しさ」を作っていくということです」と説明されているので，「多様な他者と話し合い，共同作業によって作られていく答え」とするイが適切。

問七 直前に示されている「『正しさは人それぞれ』」「『どんなことでも感じ方しだい』」「「心を傷つけてはいけない」」を「感情尊重の風潮」と表現しているので，ア・ウ・エはあてはまる。「プライドの傷つくことを恐れてはいけない」とするイはあてはまらない。

問八 アは，本文最後に「しかし，学び成長するとは，今の自分を否定して，今の自分ではないものになるということです。……あえていえば，成長するためには傷ついてナンボです。若いみなさんには，傷つくことを恐れずに成長の道を進んでほしいと思います」とあることと合致する。イの「その人の考えを改めさせる」，ウの「常に内省していることが必要」，エの「自分の主張を貫く強い意志」は，本文の内容と合致しない。

二 （古文―現代語訳，主語，助動詞の活用形，仮名遣い，文と文節，文脈把握，文学史）

問一 「心す」は，気を配る，注意する，という意味。「心すべきこと」は，注意すべきこと，という意味になるので，「用心すべきことである」とするウが適切。

問二 a 前に「口づきのをのこに，まづ，飲ませよ」とあるので，酒を飲んだのは「口づきのをのこ」。 b 直前に「馬は」とあるので，宇治大路の家に「走り込んだ」のは「馬」。

問三 「けれ」の終止形は「けり」で，「ば」に接続する「已然形」。

問四 ② 現代仮名遣いでは，語頭以外の「はひふへほ」は「わいうえお」に直すので，「迎へに」の「へ」は「え」に，「遣はす」の「は」は「わ」に直して，「迎えに馬を遣わしたりけ れば」となるので，歴史的仮名遣いは2か所。 ③ 「かひがひしげなれば」の「ひ」は「い」に直して，「かいがいしければ，頼もしく覚えて」となるので，歴史的仮名遣いは2か所。

問五 主語の「この男」は，後の述語「立ち向かひ」「言ひ」「引き抜き」にかかるので，主語と述語の関係になっていないのは「止り」。

やや難 問六　怒っているのは，「口づきのをのこ」で，路上で太刀を抜き，「『現し心なく酔ひたる者に候。まげて許し給わらん(この男は正気を失うほど酔っている者です。まげてお許しください)』」ととりなした具覚房に腹を立て，「御房は口惜しき事し給ひつるものかな。おのれ酔ひたる事侍らず。高名仕らんとするを，抜ける太刀空しく給ひつること(お坊さんは，なんとも残念なことをなさったものだ。わたしは酔ってなどおりません。せっかく手柄を立てようとしたのに，抜いた刀をむだにしてしまわれた)」と言っているので，イ・ウ・エは，「口づきのをのこ」が怒った理由にあてはまる。アは，路上で遭遇した「奈良法師の兵士」たちの行動。

やや難 問七　本文最後近くに「馬は血つきて，宇治大路の家に走り入りたり。」とあり，その後の「あさましくて，をのこどもあまた走らかしたければ」が，「宇治大路に住み侍りけるをのこ」のしたことにあてはまるので，ウが適切。

問八　『徒然草』は，鎌倉時代末期に成立した兼好法師による随筆。アの清少納言は，平安時代中期に成立した随筆『枕草子』の作者。イの鴨長明は，鎌倉時代初期に成立した随筆『方丈記』の作者。ウの藤原定家は，『新古今和歌』の撰者の一人で，『小倉百人一首』の撰者とされる。

★ワンポイントアドバイス★

論説文は，本文を精読して，文脈をていねいに追う練習をしよう！　古文は，重要古語の知識を学習した上で，現代語訳を参照して大意をとらえる練習をしよう！

2023年度

★★★★★★★★★★★★★★★★★★★★★★★★★

入　試　問　題

2023年度

星城高等学校入試問題

【数　学】（40分）　＜満点：20点＞

1　次の問いについて，カナ符号で答えなさい。

(1)　$3+(-4)^2$ を計算すると ［①］ となる。

ア　-13　　イ　1　　ウ　13　　エ　19

(2)　$\dfrac{2}{5}-\dfrac{1}{4}\times\dfrac{2}{3}$ を計算すると ［②］ となる。

ア　$\dfrac{48}{5}$　　イ　$\dfrac{1}{10}$　　ウ　$\dfrac{7}{30}$　　エ　$\dfrac{11}{60}$

(3)　$\dfrac{\sqrt{15}-\sqrt{6}}{\sqrt{3}}$ を計算すると $\sqrt{\boxed{③}}-\sqrt{\boxed{④}}$ となる。

ア　③　3　　④　15　　イ　③　5　　④　2

ウ　③　5　　④　3　　エ　③　3　　④　5

(4)　$(x+3)(x-2)+4$ を因数分解すると $(x+\boxed{⑤})(x-\boxed{⑥})$ となる。

ア　⑤　1　　⑥　2　　イ　⑤　3　　⑥　1

ウ　⑤　2　　⑥　2　　エ　⑤　2　　⑥　1

(5)　濃度が3％と8％の食塩水がある。この2種類を混ぜ合わせて濃度6％の食塩水を250g作るには，濃度3％の食塩水 ［⑦］ gと濃度8％の食塩水 ［⑧］ gを混ぜるとよい。

ア　⑦　100　　⑧　150　　イ　⑦　120　　⑧　130

ウ　⑦　150　　⑧　100　　エ　⑦　180　　⑧　70

(6)　関数 $y=-x^2$ の x の変域が $2\leqq x\leqq 3$ のとき，y の変域は ［⑨］ $\leqq y\leqq$ ［⑩］ である。

ア　⑨　4　　⑩　9　　イ　⑨　-9　　⑩　-4

ウ　⑨　9　　⑩　4　　エ　⑨　-4　　⑩　-9

2　次の問いについて，カナ符号で答えなさい。

〔1〕　1個のさいころを2回続けて投げ，出た目の和を計算するとき，

(1)　目の和が5以上となる確率は ［①］ である。

ア　$\dfrac{1}{6}$　　イ　$\dfrac{1}{3}$　　ウ　$\dfrac{1}{2}$　　エ　$\dfrac{5}{6}$

(2)　2回目に投げたときに初めて目の和が5以上となる確率は ［②］ である。

ア　$\dfrac{1}{6}$　　イ　$\dfrac{1}{3}$　　ウ　$\dfrac{1}{2}$　　エ　$\dfrac{5}{6}$

〔2〕　池を1周する道路があり，この道路を兄が自転車で毎分200mの速さで進み，弟が徒歩で毎分50mの速さで進むとする。二人が同じ地点から逆方向に出発したところ，出発してから30分後に初めて出会ったという。

(1) この池の周囲の道路の道のりは ③ mである。

ア 2500　　イ 4500　　ウ 7500　　エ 8000

(2) 同じ地点から同じ方向に二人が同時に出発すると，次に初めて出会うのは ④ 分後である。

ア 30　　イ 50　　ウ 70　　エ 90

3 次の問いについて，カナ符号に当てはまる数字を答えなさい。

〔1〕 右表は生徒40名が図書館で1週間に借りた本の冊数を調べた結果である。

(1) 中央値は ア 冊である。

(2) 平均値は イ.ウエ 冊である。

本の数(冊)	度数(人)
0	1
1	2
2	12
3	20
4	5
計	40

〔2〕 図のように，放物線 $y = ax^2$ 上に2点A，Bがあり，それぞれの x 座標が－1と2である。直線ABの傾きが2であるとき，

(1) 定数 a の値は オ である。

(2) 放物線上で点Aとは異なる点Qがあり，三角形QOBの面積が三角形AOBの面積と等しいとき，点Qの座標は（ カ， キク ）である。

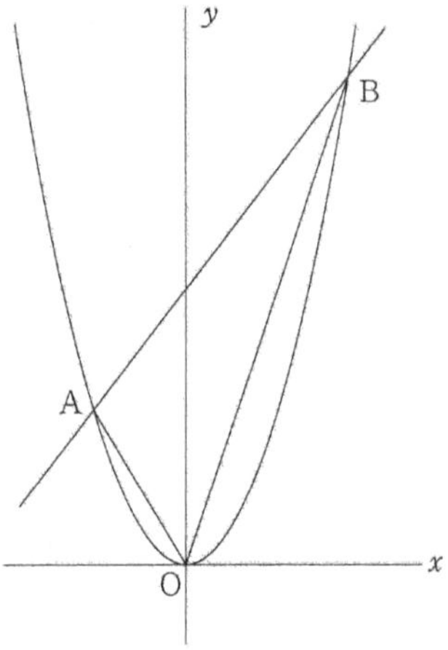

4 次の問いについて，カナ符号に当てはまる数字を答えなさい。

〔1〕 図のように角度が与えられているとき，∠x の大きさは アイ °である。

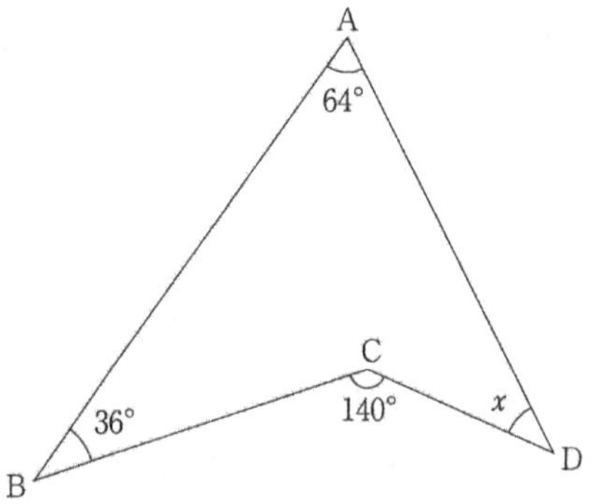

〔2〕 図のように，円Oに内接する三角形ABCがあり，直線BOと辺ACの交点をDとする。
∠BAD＝42°，∠BDC＝68° のとき，∠xの大きさは $\boxed{ウエ}$°である。

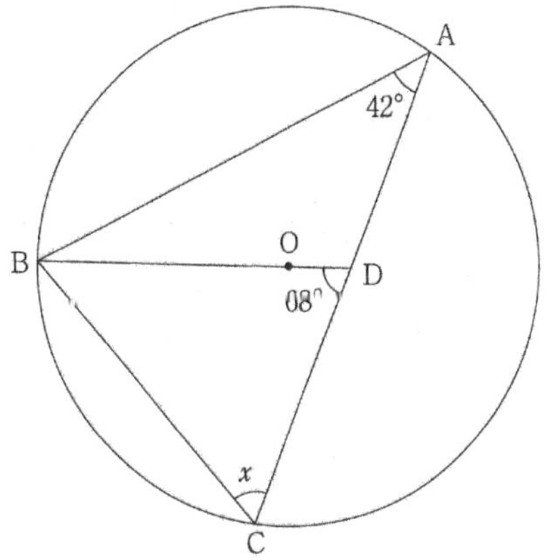

〔3〕 図のように，線分ABを直径とする半円に内接する三角形ABCがあり，線分AB上の点Oを中心とし，点Aを通り，辺BCと点Dで接する半円Oがある。AB＝２㎝，AC＝１㎝のとき，

(1) ∠BADの大きさは $\boxed{オカ}$°である。

(2) 円Oの半径は $\dfrac{\boxed{キ}}{\boxed{ク}}$㎝である。

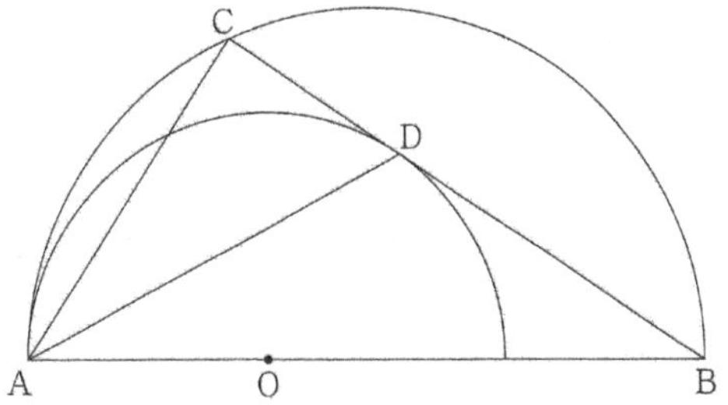

〔4〕 図のように直方体ABCD－EFGHがあり，AB＝AD＝$2\sqrt{2}$㎝，AE＝$3\sqrt{2}$㎝である。辺FG，GHの中点をそれぞれM，Nとし，３点A，M，Nを通る平面で立体を切断したときに辺BF，DHと切断面との交点をそれぞれP，Qとするとき，

(1) 線分PMの長さは $\boxed{ケ}$ ㎝である。

(2) ３点A，M，Nを通る断面の面積は $\boxed{コ}\sqrt{\boxed{サ}}$ ㎝^{2}である。

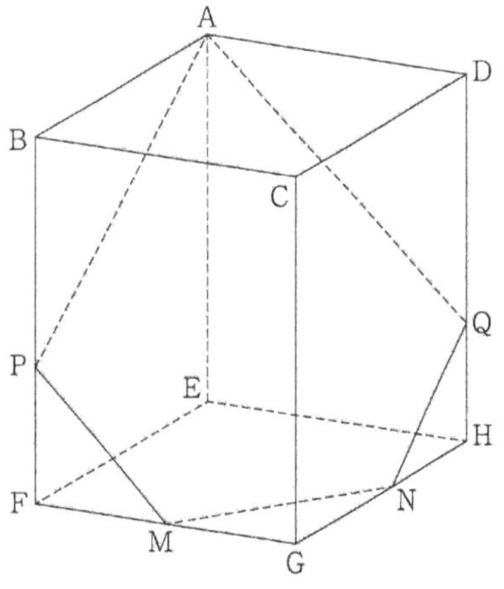

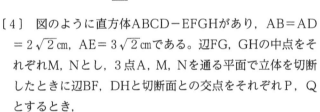

【英　語】（45分）　＜満点：20点＞

※リスニングテストの音声は弊社HPにアクセスの上，音声データをダウンロードしてご利用ください。

1　聞き取りテスト

これから聞き取りテストを行います。

それでは，聞き取りテストの説明をします。問題は第１問と第２問の２つに分かれています。

第１問は，1番から３番までの３つあります。それぞれについて，最初に会話文を読み，続いて，会話についての問いと，問いに対する答え，ａ，ｂ，ｃ，ｄを読みます。そのあと，もう一度，その会話文，問い，問いに対する答えを読みます。必要があればメモをとってもよろしい。

問いの答えとして正しいものはマーク欄の「正」の文字を，誤っているものはマーク欄の「誤」の文字を，それぞれ塗りつぶしなさい。正しいものは，各問いについて１つしかありません。

第２問は，最初に英語の文章を読みます。続いて，文章についての問いと，問いに対する答え，ａ，ｂ，ｃ，ｄを読みます。問いは問１と問２の２つあります。そのあと，もう一度，文章，問い，問いに対する答えを読みます。必要があればメモをとってもよろしい。

問いの答えとして正しいものはマーク欄の「正」の文字を，誤っているものはマーク欄の「誤」の文字を，それぞれ塗りつぶしなさい。正しいものは，各問いについて１つしかありません。それでは，読みます。

メモ欄

2　次の問いに答えなさい。

(1)　次の（　）にあてはまる最も適当な語句を選び，そのカナ符号を答えなさい。

①　*A*：Have you ever been to Hokkaido?
　　B：No, this is my (　　　) visit.

ア　first　　イ　second　　ウ　third　　エ　last

②　*A*：When will the meeting finish?
　　B：(　　　), but we have to leave school before 6:00.

ア　Not so bad　　イ　No, thank you　　ウ　Not so often　　エ　I'm not sure

③　*A*：Did you enjoy the party?
　　B：Yes, I had a good time.
　　A：(　　　)?　I am glad to hear that.

ア　Did you　　イ　How about you　　ウ　Who was　　エ　Can I say it

(2) 英文が日本文の意味になるように最もふさわしい語句を選び，そのカナ符号を答えなさい。

① Playing soccer is a (　　) of fun.　サッカーをするのはとても面白いです。

ア very　　イ much　　ウ lot　　エ such

② *Ramen* is the food (　　) try.　ラーメンが食べたい食事です。

ア I wanting to　　イ I want to　　ウ of wanting　　エ being wanted

3 次の英文を読んで，(1)～(3)の設問について，カナ符号で答えなさい。

Joe had a vacation, so he decided to go to the seashore for a few days. He got on a train one morning, and an hour later he was in a small town by the sea. A few minutes after he left the station, he saw a small hotel and went in. He (①) the owner, "How much will it cost for one night there?"

"Fifteen dollars," the owner answered.

"That's (②) than I can really afford to pay," Joe said sadly.

"All right," the owner answered, "If you make your bed yourself, you can have the room for ten dollars."

Joe was very happy because he made his own bed at home every morning. "Okay," he said, "I'll do <u>that</u>."

The owner went into a room at the back, opened a closet, took some things out and came back to Joe. "(③) you are," he said, and gave him a hammer and some nails.

（注） seashore 海岸　owner 宿の主人　cost 費用がかかる
afford to ～するお金の余裕がある　sadly 悲しげに　closet 物置　nails くぎ

(1) (①) ～ (③) に入れるのに最もふさわしい語を選び，その記号をマークしなさい。

① ア asked　イ told　ウ said　エ talked

② ア what　イ much　ウ better　エ more

③ ア Yes　イ Sure　ウ Here　エ Then

(2) 下線部 that の表す内容としてふさわしいものを選びなさい。

ア pay for it　イ make my bed　ウ cook for myself　エ clean the room

(3) Which is true?

ア Joe found a small hotel near the river.

イ Joe was so rich that he paid for the hotel without any problem.

ウ Joe found the room clean enough.

エ Joe and the owner of the hotel had a different idea about making the bed.

4 次の英文を読み設問に答えなさい。

Today is Sunday and it is sunny and warm. I was going to go cycling with Yoshio, a close friend of mine. It is wonderful to ride a bike on a day like this, but Yoshio called me early in the morning and said he could not come because he had a headache and had to stay in bed. I said to myself, “It is not fun to go cycling alone.” and then remembered I had to give a presentation tomorrow in class about the topic that I want to tell.

I am (①) in the history of the city I live in. I went to the city library to prepare for the presentation. The library is a long way from my house, so I usually take a bus, but went there by bicycle today. In the library, I asked a librarian where I could find the books about the city. She kindly took me to the place, and I found so many books about the city there, and after reading some, I realized that I didn’t know much about it.

The book I enjoyed reading the most was (②) by Mr. Murai. When I was in the 9th grade at junior high school, he was my homeroom teacher. After coming home, I found his telephone number in the graduation album and called him. He remembered me when I introduced myself. I told him about the presentation I had to give in class tomorrow, and then he helped me (③) the presentation more interesting. He also wanted me to tell him (④) it was.

Now I have finished preparing for the presentation. Tomorrow I am going to give it in class. I hope all my classmates will enjoy it.

(注) a close friend 親友　librarian 司書　kindly 親切に
the graduation album 卒業アルバム

⑴ (①) ~ (④) に入れるのに最もふさわしい語を選び，その記号をマークしなさい。

① ア interesting　イ interested　ウ interest　エ have interested

② ア writing　イ to write　ウ written　エ to write

③ ア give　イ make　ウ do　エ be

④ ア how　イ what　ウ which　エ who

⑵ 筆者 (I) は今日 (Today) に何をしたか，正しいものの記号を選びマークしなさい。

ア I went cycling with a close friend of mine.

イ I took a bus to the library.

ウ I met and talked with my homeroom teacher at junior high school.

エ I prepared for the presentation.

【理　科】（40分）　＜満点：20点＞

1　下の表は，背骨がある動物Ａ～Ｅについて，①～⑤の特徴についてまとめたものであり，「○」は①～⑤の特徴をもつことを示し，「×」は①～⑤の特徴をもたないことを示している。なお，動物Ａ～Ｅは次の５種類の動物のいずれかである。あとの問いに答えなさい。

サケ	カエル	トカゲ	ハト	イヌ

特徴＼動物	A	B	C	D	E
①子はえらで呼吸する	×	○※	○	×	×
②親は肺で呼吸する	○	○※	×	○	○
③子は水中で生まれる	×	○	○	×	×
④変温である	○	○	○	×	×
⑤胎生である	×	×	×	○	×

※皮ふでも呼吸する。

(1)　背骨がある動物を何というか。次のアからエまでの中から１つ選んで，そのカナ符号を答えなさい。

ア　節足動物　　イ　軟体動物　　ウ　セキツイ動物　　エ　無セキツイ動物

(2)　両生類はどれか。次のアからオまでの中から１つ選んで，そのカナ符号を答えなさい。

ア　サケ　　イ　カエル　　ウ　トカゲ　　エ　ハト　　オ　イヌ

(3)　Ｅの動物は何か。次のアからオまでの中から１つ選んで，そのカナ符号を答えなさい。

ア　サケ　　イ　カエル　　ウ　トカゲ　　エ　ハト　　オ　イヌ

(4)　からのある卵を産む動物はどれか。次のアからオまでの中からすべて選んで，そのカナ符号を答えなさい。

ア　A　　イ　B　　ウ　C　　エ　D　　オ　E

(5)　体の表面の大部分がうろこやこうらでおおわれている動物はどれか。次のアからオまでの中からすべて選んで，そのカナ符号を答えなさい。

ア　A　　イ　B　　ウ　C　　エ　D　　オ　E

2　さまざまな化学変化を調べるために，ガスバーナーを使って次の実験１，実験２を行った。あとの問いに答えなさい。

（実験１）　炭酸水素ナトリウム，スチールウール，鉄と硫黄の混合物，酸化銅と炭素の混合物のそれぞれについて質量を測定したあと，次のページの図Ａ～Ｄの実験方法でガスバーナーを使って加熱した。

A　炭酸水素ナトリウム　　B　スチールウール　　C　鉄と硫黄の混合物　　D　酸化銅と炭素の混合物

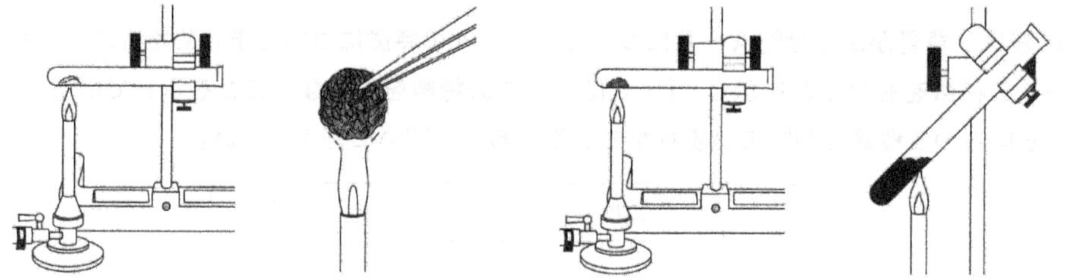

（実験２）　乾燥したビーカーを，ガスバーナーの炎にかざしたところ，ビーカーの内側がくもった。

(1)　実験１で，石灰水を白くにごらせる気体が発生するのはＡ～Ｄのどの実験か。次のアからエまでの中からすべて選んで，そのカナ符号を答えなさい。

ア　Ａの実験　　イ　Ｂの実験　　ウ　Ｃの実験　　エ　Ｄの実験

(2)　実験１を行った後，残った物質の質量を測定したところ，実験前と比べて明らかに質量が増えていたのはＡ～Ｄのどの実験か。次のアからエまでの中から１つ選んで，そのカナ符号を答えなさい。

ア　Ａの実験　　イ　Ｂの実験　　ウ　Ｃの実験　　エ　Ｄの実験

(3)　実験１で，十分に加熱したあと，還元と呼ばれる化学変化が起き，それぞれの物質や混合物の質量が減少しているのはＡ～Ｄのどの実験か。次のアからエまでの中から１つ選んで，そのカナ符号を答えなさい。

ア　Ａの実験　　イ　Ｂの実験　　ウ　Ｃの実験　　エ　Ｄの実験

(4)　実験２でビーカーの内側がくもった原因となる物質は何か。次のアからエまでの中から１つ選んで，そのカナ符号を答えなさい。

ア　二酸化炭素　　イ　酸素　　ウ　水　　エ　炭素

(5)　実験２では，(4)の物質とは別に石灰水を白くにごらせる気体も発生している。このことから，ガスバーナーで使用している都市ガスには何という原子がふくまれていると考えられるか。次のアからエまでの中から１つ選んで，そのカナ符号を答えなさい。

ア　Fe　　イ　Cu　　ウ　S　　エ　C

3　愛知県内のある中学校で，透明半球を用いて，太陽の動きの観察を次のような方法で行った。あとの問いに答えなさい。

１時間ごとに，透明半球上でペン先の影がＯと一致する点にサインペンで印をつける（図１）。

それらの点をなめらかな線で結び，この線を透明半球のふちまでのばし，透明半球のふちと接する点をＸ，Ｙとし

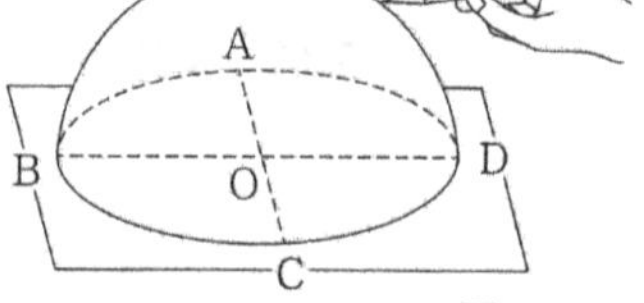

図１

た（図２）。
　なお，Ａ～Ｄは東西南北の方位に合わせてある。

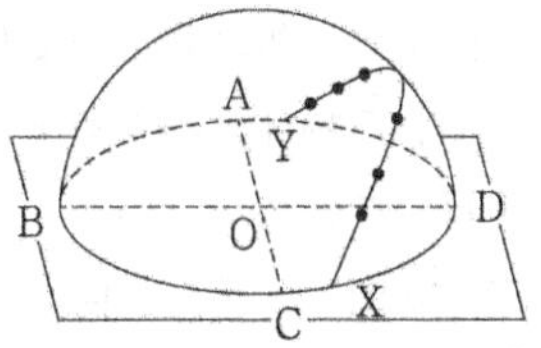

図２

(1)　Ｂの方位は東西南北のいずれか。次のアからエまでの中から１つ選んで，そのカナ符号を答えなさい。
ア　東　　イ　西　　ウ　南　　エ　北

(2)　Ｘの位置は何を表しているか。次のアからエまでの中から１つ選んで，そのカナ符号を答えなさい。
ア　日の出　　イ　日の入り　　ウ　南中　　エ　天頂

(3)　図２の記録をすることができた太陽の１日の動きを何というか。次のアからエまでの中から１つ選んで，そのカナ符号を答えなさい。
ア　日周運動　　イ　年周運動　　ウ　公転　　エ　自転

(4)　１時間ごとに記録した印の透明半球上の間隔について述べた次のアからエの中から，最も適切なものを１つ選んで，そのカナ符号を答えなさい。
ア　朝方と夕方ほど長く，正午ごろは最も短い。
イ　朝方と夕方ほど短く，正午ごろは最も長い。
ウ　朝方ほど長く，夕方になるほど短い。
エ　一日を通して常に一定である。

(5)　図２となる日はいつか。次のアからエまでの中から１つ選んで，そのカナ符号を答えなさい。
ア　春分の日　　イ　夏至　　ウ　秋分の日　　エ　冬至

4　**図１と図２は，直方体の物体Ｐ（ａ面$0.05m^2$，ｂ面$0.1m^2$，ｃ面$0.2m^2$）が次のような状態にあることを表している。あとの問いに答えなさい。**

図１

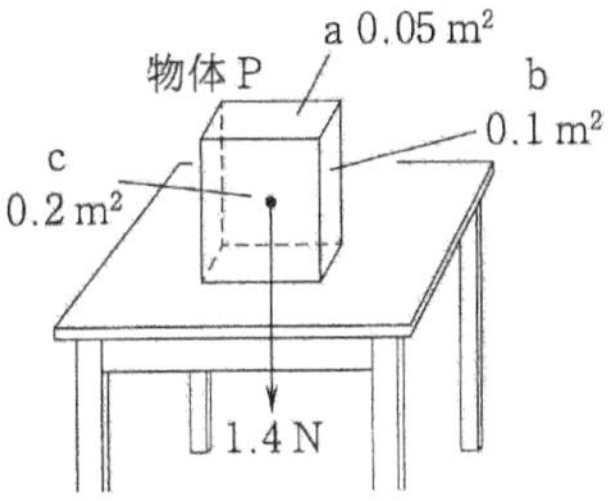

（図１）机の上に置いたところ，物体Ｐは1.4Ｎの力で机を押していることがわかった。

図２

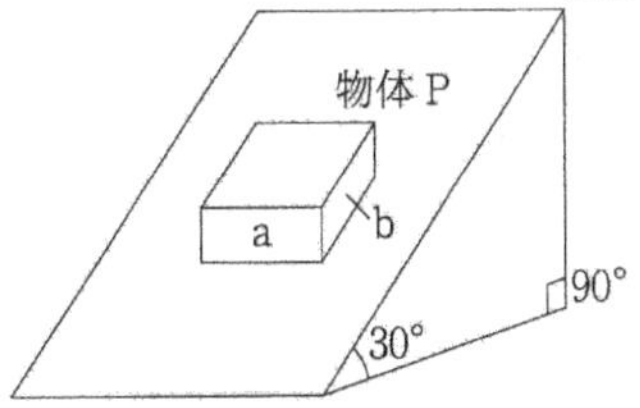

（図２）物体Ｐのｃ面を下にして，30°の角度がある斜面に置いた。
なお，直方体と斜面の間には摩擦がないものとする。

(1)　物体Ｐの質量はおよそ何ｇか。次のアからエまでの中から１つ選んで，そのカナ符号を答えなさい。ただし，100ｇの物体にはたらく重力の大きさを１Ｎとする。
ア　1.4ｇ　　イ　14ｇ　　ウ　140ｇ　　エ　1400ｇ

⑵　図１で，机に置く物体Ｐのａ～ｃ面を変えてみた。物体Ｐのどの面を下にした時に，机の上面に加わる物体Ｐによる圧力が最も小さくなるか。次のアからエまでの中から１つ選んで，そのカナ符号を答えなさい。

ア　ａ面　　イ　ｂ面　　ウ　ｃ面　　エ　どの面を下にしても変わらない

⑶　⑵における圧力の大きさは何Paか。次のアからオまでの中から１つ選んで，そのカナ符号を答えなさい。

ア　28Pa　　イ　14Pa　　ウ　7.0Pa　　エ　1.4Pa　　オ　0.28Pa

⑷　図２において，物体Ｐを斜面にそって50㎝引き上げる時の仕事の大きさは何Ｊか。次のアからエまでの中から１つ選んで，そのカナ符号を答えなさい。

ア　70Ｊ　　イ　35Ｊ　　ウ　0.70Ｊ　　エ　0.35Ｊ

⑸　図２において，物体Ｐを斜面の上から滑らせ，滑り始めた時刻を０とした。物体Ｐはどのような運動をするか。時間と物体Ｐの速さの関係を表すグラフを，次のアからエまでの中から１つ選んで，そのカナ符号を答えなさい。

ア

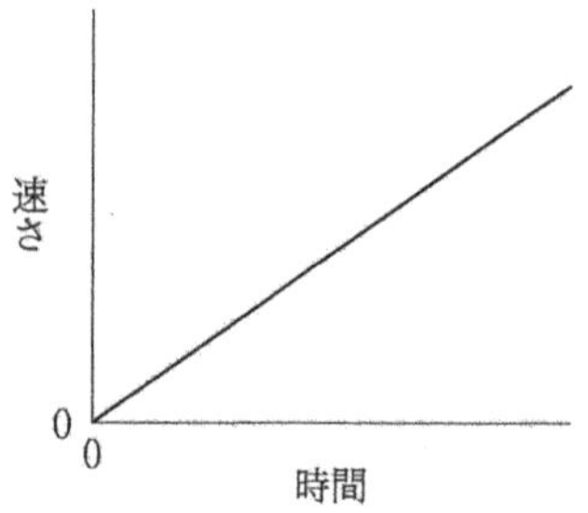

イ

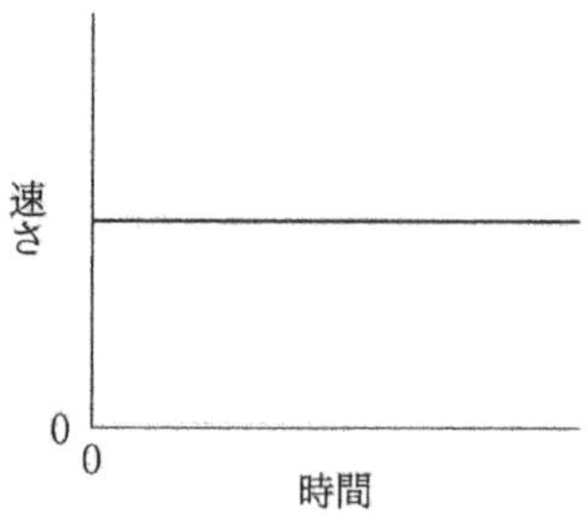

ウ

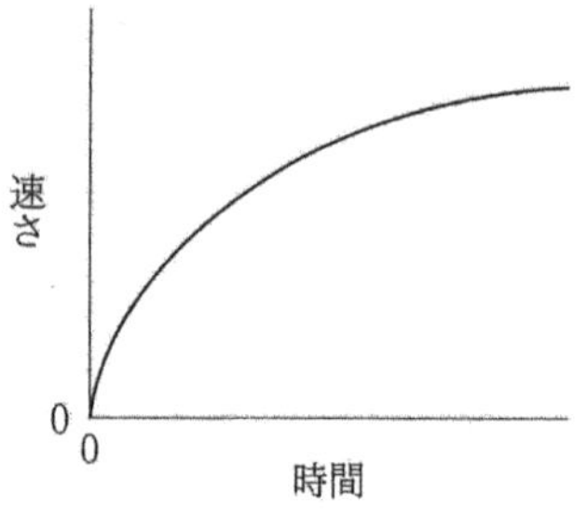

エ

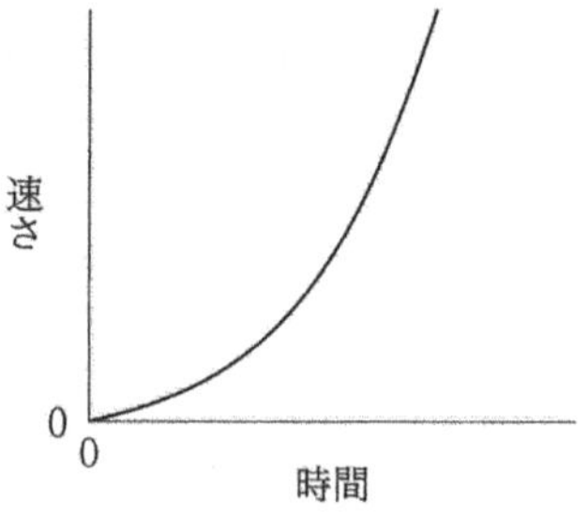

【社　会】（40分）　＜満点：20点＞

1　次の地図に関係する，(1)～(3)の設問について，数字で答えなさい。

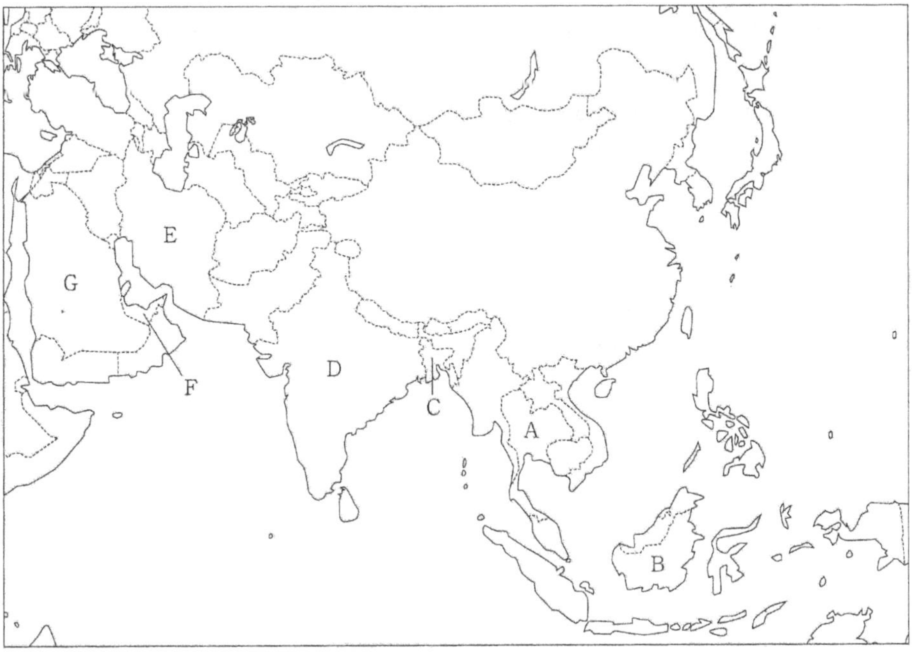

(1)　地図中のAの国の首都を流れる河川の名を，次の①～④のうちから一つ選びなさい。

①　エーヤワディー川　　②　チャオプラヤ川

③　メコン川　　④　ブラマプトラ川

(2)　次のア・イ・ウの文が説明する地図中の国の記号の組み合わせとして正しいものを，下の①～④のうちから一つ選びなさい。

ア　国土の約3分の1が砂漠で，らくだなどの家畜をつれて乾燥に強い牧草を求めて移動する遊牧が伝統的に営まれてきた。しかし，かつての遊牧民もしだいに定住するようになり，隊商のすがたは現在では舗装された道路を走行するトラックに変わってきた。イスラム教発祥の地である二つの聖地をもち，この国の人々はイスラム教の規範を厳しく守っている。

イ　1971年にパキスタンから独立した。国土の大部分はベンガル湾沿いに形成されたデルタ地帯である。土壌は肥沃で水田耕作に適しているが，洪水と干ばつの双方に対して脆弱《ぜいじゃく》である。最貧国であるため世界各国から経済援助を受けている。日本は最大の援助国の一つである。主要農産物は米であり，井戸や改良種の普及により，生産量が増大した。

ウ　2億人を超える人口の8割以上がイスラム教徒である。オランダ植民地時代に天然ゴムなどを栽培するために造られたプランテーションは，第二次世界大戦後，現地の人びとによって経営されるようになった。ASEANの主要な加盟国であり，アメリカや日本などからの企業を受け入れて工業化を進めている。急速な人口増加による都市問題もおこっている。

①　ア＝G　イ＝C　ウ＝A　②　ア＝F　イ＝D　ウ＝B

③　ア＝E　イ＝D　ウ＝A　④　ア＝G　イ＝C　ウ＝B

⑶ 次の文が説明する都市を，下の①～④のうちから一つ選びなさい。

地図中Dにあるデカン高原の南に位置し，この国における情報通信技術産業の中心都市。もともと国営の航空産業や宇宙産業が立地していたが，理系の研究機関や学校も多く，しだいに情報通信技術産業が発達した。コンピュータのソフトウェアを開発する大きな企業もある。

① ベンガルール　② チェンナイ　③ ムンバイ　④ コルカタ

2 **次の地図に関係する，⑴～⑷の設問について，数字で答えなさい。**

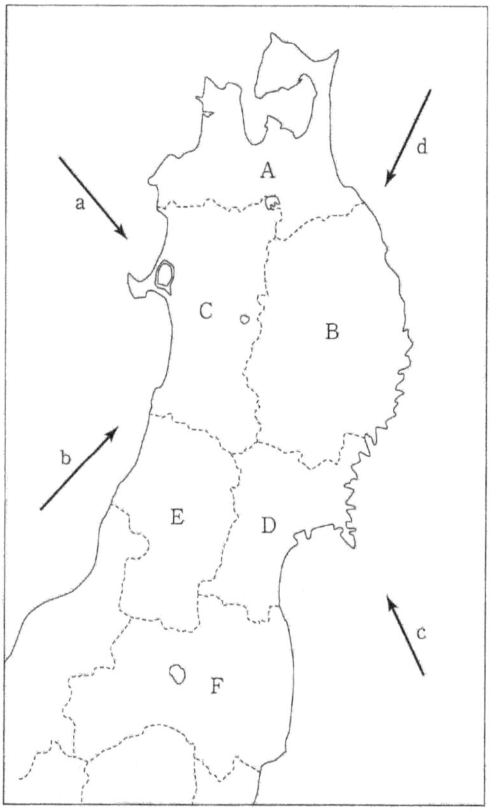

⑴ 次のア・イ・ウの表はある果物が多くとれる県を表しています。ア，イ，ウの果物の組み合わせとして正しいものを，次のページの①～④のうちから一つ選びなさい。

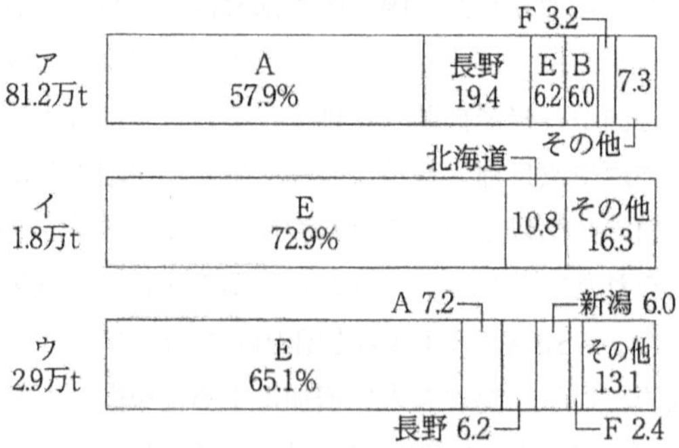

[2015年]（「果樹生産出《しゅっ》荷《か》統計」より）

① ア みかん イ いちご ウ さくらんぼ
② ア りんご イ さくらんぼ ウ 洋なし
③ ア りんご イ いちご ウ さくらんぼ
④ ア りんご イ メロン ウ 洋なし

(2) 次の文章の（ア）（イ）に入る語句の組合せのうち，もっとも適当なものを，下の①～④のうちから一つ選びなさい。

東北地方は地図中に示す（　ア　）の方角から吹き渡ってくる風の影響で稲が冷害を受けやすい。この風を（　イ　）という。

① ア a イ やませ
② ア b イ からっ風
③ ア c イ からっ風
④ ア d イ やませ

(3) 地図中の記号が示す県を説明する文ア～カのなかの正しいもの二つの組合せを，下の①～④のうちから一つ選びなさい。

ア Aには，秋田のスギ，木曽のヒノキとならんで日本三大美林の一つに数えられるマツがあり，古くから社寺仏閣，城の築材として利用されてきた。

イ Bの平泉には，平安時代の奥州藤原氏ゆかりの寺として平等院があり，美術・工芸・建築の粋を集めた鳳凰堂をはじめ多くの文化財を有する。

ウ Cは米の名産地で，生産量は新潟，北海道についで全国3位（2013年）である。近年は風力発電を中心とした新エネルギー産業に力を入れている。

エ Dは世界三大漁場の一つである三陸沖漁場の近くにあるため，釜石，気仙沼，石巻などの漁港があり，カツオ，マグロ，サンマのほか特産の水産物をもつ。

オ Eの県庁所在地である山形市のベッドタウンとして発展する天童市では，伝統工芸品である将棋の駒を生産している。

カ Fをはじめ東北地方では，伝統的に夏祭りが盛んで，特にFでは竿燈《かんとう》まつりが8月に行なわれる。

① アとイ ② ウとエ ③ ウとオ ④ オとカ

(4) 次の文中の（ア）（イ）（ウ）に入る語句の組合せのうち，もっとも適当なものを，下の①～④のうちから一つ選びなさい。

（　ア　）年3月に発生した東日本大震災では，東北地方の太平洋岸を中心に広い範囲を（　イ　）がおそった。市街地や港湾，農地などが破壊され，きわめて大きな被害が発生した。（　ウ　）に立地する原子力発電所は東日本大震災の前まで，関東地方に電力を供給していたが，震災後の事故で放射性物質が飛散し，多くの人々に深刻な影響を与えた。

① ア 2010 イ 洪水 ウ A
② ア 2011 イ 大津波 ウ D
③ ア 2010 イ 洪水 ウ B
④ ア 2011 イ 大津波 ウ F

3　**次のＡ・Ｂの写真に関係する，⑴～⑷の設問について，数字で答えなさい。**

Ａ　金剛力士像（東大寺南大門）　　Ｂ　バスチーユ牢獄《ろうごく》の襲撃《しゅうげき》

⑴　Ａの写真は東大寺南大門にある金剛力士像です。これが製作された時代の文化について述べた文としてふさわしいものを，次の①～④のうちから一つ選びなさい。

①　小唄や踊りがさかんになり，出雲の阿国が京都で始めたかぶき踊りのほか，三味線に合わせて語られる浄瑠璃も人気をよんだ。

②　日本語を音声どおりに表すかな文字を用いた文学がさかんになり，紀貫之らによって『古今和歌集』がまとめられた。

③　武士の活躍を描いた軍記物が生まれ，なかでも『平家物語』は琵琶法師によって語られ，文字の読めない人々にも親しまれた。

④　正倉院におさめられた美術工芸品には，唐や新羅だけでなく，シルクロードを通って伝わった西アジアなどの文化の影響も見られる。

⑵　Ａの金剛力士豫が作られた時代に，世界でおこったできごととして適当なものを，次の①～④のうちから一つ選びなさい。

①　チンギス＝ハンがモンゴルを統一する。

②　ルターが宗教改革をはじめる。

③　フランク王国が３つに分かれる。

④　十字軍が開始される。

⑶　Ｂの写真の絵はバスチーユ牢獄《ろうごく》の襲撃《しゅうげき》の様子をあらわしています。この時代のフランスに関係するできごとア，イ，ウを年代順に並び替えたものを，下の①～⑥のうちから一つ選びなさい。

ア　自由，平等，人民主権，私有財産の不可侵などをうたう人権宣言が発表された。

イ　財政を立て直すため，聖職者・貴族・平民という身分の代表による議会が開かれた。

ウ　諸外国との戦いを指揮した軍人のナポレオンが権力をにぎって，皇帝の位についた。

①　ア→イ→ウ　　②　ア→ウ→イ　　③　イ→ア→ウ

④　イ→ウ→ア　　⑤　ウ→ア→イ　　⑥　ウ→イ→ア

⑷　Ｂが起こった時代の日本の様子を説明する文としてもっとも適当なものを，次の①～④のうちから一つ選びなさい。

①　大阪町奉行所の役人で陽明学者の大塩平八郎は，大商人をおそい，ききんで苦しむ人々に金

や米を分けようとした。

② 松平定信は政治をひきしめ，百姓の都市への出稼ぎを制限し，旗本や御家人の生活難を救うために借金を帳消しにした。

③ 将軍のあとつぎ問題をめぐって有力な守護大名の細川氏と山名氏が対立し，東軍，西軍に分かれて11年間にもおよぶ乱がおこった。

④ 長篠の戦いに勝った織田信長は安土城を築き，城下に楽市・楽座の政策によって商人を招き，商工業の発展をはかった。

4 **次の文を読んで，(1)～(4)の設問について，数字で答えなさい。**

1904年2月に始まった日露戦争では，翌年3月の奉天会戦や5月の日本海海戦で日本が勝利をおさめた。これを機に，（　A　）の仲介により9月にaポーツマス条約が結ばれた。日本国内では，戦争の犠牲の大きさに比べて，賠償金が得られないなど日本の得た権益が少なかったとして国民が政府への不満を高めた。

この戦争の勝利によって，日本は国際的な地位を高めていったが，国民のなかにも大国意識が生まれ，アジア諸国に対する優越感が強まっていった。b1910年，日本は（　B　）を併合し，朝鮮総督府をおいて武力を背景とした植民地支配をおしすすめた。一方，欧米列強の圧迫に苦しんでいたcアジア諸国のなかには，日本にならった近代化や民族独立の動きを高めた国もあった。

(1) （A）（B）に入る国名の組み合わせのうち，もっとも適当なものを，次の①～④のうちから一つ選びなさい。

① A ドイツ　B 台湾
② A イギリス　B 韓国
③ A フランス　B 台湾
④ A アメリカ　B 韓国

(2) 文中の下線部aの条約の内容としてふさわしくないものを，次の①～④のうちから一つ選びなさい。

① 韓国における日本の優越権を認める。
② 北緯50度以南（南半分）の樺太（サハリン）を日本に割譲する。
③ リャオトン半島，台湾，澎湖（ポンプー）諸島を日本に割譲する。
④ 旅順や大連の租借権を日本に譲る。

(3) 文中の下線部bの年に日本でおこったできごとを，次の①～④のうちから一つ選びなさい。

① 治安維持法が制定される。
② 米騒動がおこる。
③ 大逆事件がおこる。
④ 普通選挙法が成立する。

(4) 文中の下線部cに関連して，1911年，辛亥革命によって建国された国名と臨時大総統の組み合わせのうち，もっとも適当なものを，次の①～④のうちから一つ選びなさい。

① 大韓民国　袁世凱《えんせいがい》　② 中華民国　孫文
③ 大韓民国　孫文　④ 中華民国　袁世凱《えんせいがい》

5　次の文を読んで，(1)～(2)の設問について，数字で答えなさい。

衆議院議員選挙も参議院議員選挙も，18歳から票を投じることができる。衆議院議員選挙の投票用紙は２枚ある。１枚は候補者の名前を書く紙で，もう１枚は政党を書く紙である。人を選ぶのは，全国を289の選挙区に分けて，それぞれの選挙区で一番多く票を集めた一人が当選できる。これを（　A　）という。政党を選ぶのは（　B　）といい，全国を11に分けた地域ごとに票を集めて，その割合に応じて，それぞれの政党に議員の数が割り当てられる。衆議院は当選すると最長で（　C　）議員を続けられるが，途中で，内閣総理大臣が衆議院を解散すると，議員の資格を失う。

参議院は当選すると（　D　）議員を続けられ，途中で解散はない。投票用紙が２枚あることは衆議院議員選挙と同じだが，人を選ぶ選挙区の広さは一部を除いて，都道府県ごとになっている。当選は一人とは限らず，人口の多い選挙区からは複数の議員が生まれる。（　B　）は全国で選び，投票用紙には政党名を書いても人の名前を書いてもよい。

(1)　文中の（A）（B）（C）（D）に入る語句の組み合わせとして適当なものを，次の①～④のうちから一つ選びなさい。

①　A　小選挙区制　　B　比例代表制　　C　６年間　　D　４年間
②　A　大選挙区制　　B　小選挙区制　　C　４年間　　D　６年間
③　A　小選挙区制　　B　比例代表制　　C　４年間　　D　６年間
④　A　大選挙区制　　B　小選挙区制　　C　６年間　　D　４年間

(2)　国会議員は，国会の会期中は原則として逮捕されず，会期前に逮捕された議員も衆議院や参議院の要求があれば釈放されます。これはどのような法にもとづくか，次の①～④のうちから一つ選びなさい。

①　日本国憲法　　②　公職選挙法　　③　労働基準法　　④　個人情報保護法

6　次の(1)～(3)の設問について，数字で答えなさい。

(1)　次の文のうち日本の金融政策の役割を説明するものを一つ選びなさい。

①　公開市場操作によって通貨量の調節し，物価を安定させる。
②　増税や減税によって，景気の大きな変動を調節する。
③　累進課税の制度によって，所得の極端な格差を調整する。
④　道路などの社会資本や警察・消防などの公共サービスを提供する。

(2)　次の文のうち日本の財政政策の説明としてふさわしくないものを一つ選びなさい。

①　政府の経済活動を財政とよぶが，財政支出は多くの個人や企業の税負担によって行われている。
②　所得税には累進課税の制度が適用されているが，これによって低所得者の税負担を軽くする一方，その分を高所得者が負担する。
③　消費税などの間接税は支払いと同時に税を負担することになるため，消費者の脱税などの問題はおこりにくい。
④　直接税は間接税と比べて効率的に税金を集めることができるが，負担の公平性という点で，逆進性の問題がある。

(3)　次にあげる税のうち日本の地方税で，かつ直接税であるものを一つ選びなさい。

①　関税　　②　固定資産税　　③　法人税　　④　相続税

ア　どんな人でも、生死の到来は予測が付かないことを分かっていながら見物するのには勇気が必要なこと。

イ　くらべ馬をする人も、それを見物する人も、すぐに死ぬかもしれないという覚悟をもっていなければならないこと。

ウ　われわれが死ぬことになるのは今すぐのことかもしれないのに、そのことを忘れて見物して日を過ごしていることの愚かさ。

エ　われわれ生きている者は、死ぬことが分かっているのに、それを忘れて見物を楽しんでいるおかしさ。

問七　傍線部⑤「人、木石にあらねば、時にとりて、物に感ずる事なきにあらず」の現代語訳として、最も適当なものを、次のア～エの中から一つ選び、カナ符号で答えなさい。

ア　人は木や石と違いはなく、いつの場合も、このように感動することはないのだ。

イ　人は木や石ではないのだから、時には、見る物によって、このように感動することも違ってくるのだ。

ウ　人は木や石とは違って、時によらずいつでもこのように感動することができるのだ。

エ　人はだれでも木や石ではないのだから、時にはこのように感動することがないわけではない。

問八　古典作品を書かれた順に並べると、正しいものは次のア～エの中のどれか、一つ選び、カナ符号で答えなさい。

ア　竹取物語　→　枕草子　→　平家物語　→　徒然草　→　奥の細道

イ　竹取物語　→　平家物語　→　枕草子　→　徒然草　→　奥の細道

ウ　竹取物語　→　徒然草　→　枕草子　→　平家物語　→　奥の細道

エ　枕草子　→　竹取物語　→　徒然草　→　奥の細道　→　平家物語

ん。それを忘れて、物見て日を暮らす。愚かなる事は、なほまさりたるものを」と言ひたれば、①前なる人ども、「まことに、②さにこそ候ひけれ。もつとも愚かに候」と言ひて、みな後《うしろ》を見かへりて、「③ここへ入らせ給へ」とて、所を去りて、呼び入れ侍りにき。

④かほどの理、誰かは思ひよらざらんなれども、折からの、思ひかけぬここちして、胸に当たりけるにや。⑤人、木石にあらねば、時にとりて、物に感ずる事なきにあらず。

【現代語訳】

五月五日に、賀茂の競馬を見物したところ、われわれの乗る牛車の前に庶民が立ち並んで視野をさえぎるので、われわれ一同は車からおりて、馬場の柵の所に行こうとした。が、そのあたりには特に人が密集していて、分け入れそうになかった。

その時、むこう側の楝の木に登りこんで、木のまたに腰掛けて見物する法師がいた。彼は木につかまったままの姿勢で、すっかり眠りこけて、今にも落ちそうになっては目をさますのであった。これを見る人はあざけりあきれて、「なんという愚か者だろう。あんな危険な枝の上で、よくも安心して眠れるものだ」という。私は、なにげなしに「われわれが死ぬことになるのは、今すぐのことかもしれない。それを忘れて見物して日を過ごしている。その愚かさは、あの法師にまさるとも劣らないのに」といった。すると、前にいた人々は、「ほんとにおっしゃるとおりでした。私たちこそ愚かです」といって、皆でふりかえって、「　※　」と場所を明けて、招いてくれた。

私が言ったくらいのことは、だれでも思いつくはずのものだが、場合が場合だけに、はっとして、印象が強かったのだろうか。

〔　※　〕

（『徒然草（一）全訳注』三木紀人　講談社学術文庫より）

※ 問題の関係で〔※〕の部分は省略してあります。

問一 二重線部**ア**～**エ**のうち歴史的仮名づかいとなっているものを二つ選び、カナ符号で答えなさい。（順不同）

問二 傍線部**a**「分け入りぬ」、傍線部**b**「言ふ」の主語を、それぞれ次のア～エから選び、カナ符号で答えなさい。

a　ア 馬　イ 雑人　ウ おのおの　エ 人

b　ア 法師　イ 物見る　ウ しれもの　エ 見る人

問三 傍線部①の「前なる人ども」は、いくつの述語にかかっているか、その数を次のア～エの中から選び、カナ符号で答えなさい。

ア 二つ　イ 三つ　ウ 四つ　エ 五つ

問四 傍線部②「さにこそ候ひけれ」の「けれ」の活用形を次のア～エの中から選び、カナ符号で答えなさい。

ア 連用形　イ 終止形　ウ 連体形　エ 已然形

問五 傍線部③「ここに入らせ給へ」の現代語訳として最も適当なものを次のア～エから選び、カナ符号で答えなさい。

ア どうぞここにお入りなさいませ。

イ ここに入ってください。

ウ ここに入ることをお勧めします。

エ ここに入った方がいいですよ。

問六 傍線部④「かほどの理」の内容として最も適当なものをア～エの中から選び、カナ符号で答えなさい。

ア　厳しい自然を相手に、一生懸命仕事をしていること。
イ　問題が起これば、自分の頭で考え、体を動かして解決していること。
ウ　問題を見過ごしてしまうと命の危険にさらされるような状況で仕事をしていること。
エ　生活が丸ごと崩れてしまったことから立ち直る経験をしていること。

問六　傍線部④「アメリカ駐在時代」は、何を説明するための例ですか。最も適切なものをア～エの中から一つ選び、カナ符号で答えなさい。
ア　24時間フル稼働で仕事をすることの辛さ。
イ　体を使って仕事をすることの効果。
ウ　世界を相手に仕事をすることの大切さ。
エ　自分なりのベストを尽くすこと。

問七　傍線部⑤「夜郎自大」の意味として適切なものを次のア～エの中から一つ選び、カナ符号で答えなさい。
ア　際限なく自分の力を大きく見せること。
イ　自分の正体を見えないようにして、大きく感じさせること。
ウ　自分の力量を知らないで、狭い仲間内でいばること。
エ　乱暴な態度で自分の実力を誇示すること。

問八　傍線部⑥「心を鍛えたり、強くすることは際限がない」と、筆者が考える根拠として適切でないものを次の中から一つ選び、カナ符号で答えなさい。
ア　自分の中で手応えとして感じることができないから。
イ　心は形もなければ、質量もないから。
ウ　強さをはかる目盛りも、強弱を決める尺度の基準もないから。
エ　強いと思った時点で成長は止まるから。

問九　次のア～エの中から本文の内容と合致するものを一つ選び、カナ符号で答えなさい。
ア　都会人も漁師や農家の人のように、地に足をつけて一生懸命仕事をする必要がある。
イ　心が鍛えられて強くなるというマニュアルは、自分の日々の努力によってつくりあげるしかない。
ウ　トラブルが人間を強くするのであるから、面倒な問題をいろいろ経験するのは大切なことだ。
エ　疑問や問題にぶつかったら、自分の頭で考え、解決していく努力を繰り返すことが心を鍛える。

二　次の文章（【原文】と【現代語訳】）を読んで、あとの問いに答えなさい。

【原文】
五月《さつき》五日、賀茂のくらべ馬を見侍りしに、車の前に雑人《ざふにん》立ち隔てて見えざりしかば、ァおのおのおりて、埒《らち》のきはに寄りたれど、ことに人多く立ちこみて、a分け入りぬべきやうもなし。
かかる折りに、向ひなる楝《あふち》の木に、法師の登りて、木の股《また》にィついゐて、物見るあり。とりつきながら、いたう睡《ねぶ》りて、落ちぬべき時に目を醒《さ》ます事、度々なり。これを見る人、あざけりあさみて、「世のしれものかな。かく危《あやふ》き枝の上にて、安き心ありて睡るらんよ」とb言ふに、我が心にゥふと思ひしままに、「我等が生死《しやうじ》の到来、ェただ今にもやあら力をし続けることは、心を強くすることにつながります。

どんなトラブルに対しても真正面から力を尽くして取り組めば、必ず心は鍛えられるのです。

かといって、面倒な問題をいろいろ経験したり、あるいは仕事でベストを尽くして頑張ってきた人が「俺は仕事でさんざん鍛えられた。だから強い」などと思ったら、そこでお終いです。強いと思った時点で⑤夜郎自大の自負心となり、その人の心の成長は止まるのです。

そもそも心の強さをはかる目盛りなど、どこにもありません。物理的にここから先の状態は強いとか、これより下は弱いといった尺度は存在しません。心は形もなければ、質量もありません。だからこそ、⑥心を鍛えたり、強くすることは際限がない。

ただこころの強さというものは、何かあったときに自分のなかでしっかりした手応えとして感じるものです。

たとえば、それは、納得がいくまで力を尽くして事にあたったときに生まれる、心の強さ。そして、どんな状況においても、平常心を感じられるときではないでしょうか。

日々、できうる努力はとことんする。そんな繰り返しが心を確実に鍛え、強くしてくれることは間違いありません。

（丹羽宇一郎著『人間の本性』幻冬舎新書より）

問一 傍線部a、bには、漢字一字が入る。同一の漢字を使うものをア～エの中から一つずつ選び、カナ符号で答えなさい。

a　ア　事件の物ショウがそろう。　イ　表ショウ式に出席する。
　ウ　試合に完ショウする。　エ　具ショウ画を描く。

b　ア　恋人にコク白する。　イ　作品はコク似している。
　ウ　困難をコク服する。　エ　コク益に反する。

問二 傍線部①を文節に分けたとき適切なものを次のア～エの中から一つ選び、カナ符号で答えなさい。

ア　取材などで／そんな／質問を／たまに／される／ことが／あります

イ　取材／などで／そんな／質問を／たまに／される／ことが／あります

ウ　取材／などで／そんな／質問を／たまに／される／ことが／あります

エ　取材などで／そんな／質問を／たまにされる／ことが／あり／ます

問三 [A] に入る適切な接続詞を次のア～エの中から一つ選び、カナ符号で答えなさい。

ア　つまり　イ　あるいは　ウ　だから　エ　ところが

問四 傍線部②「必ずしも「文＝武」ではない」とはどういうことか。説明として最も適切なものを次のア～エの中から一つ選び、カナ符号で答えなさい。

ア　学芸と武道は同じではない。

イ　脳の働きと体の強さは一致しない。

ウ　生命活動のすべてと心の動きは、オーバーラップしている。

エ　文武両道だから、心が強いというわけではない。

問五 傍線部③「彼らをタフにしている」要因として適切でないものを次のア～エの中から一つ選び、カナ符号で答えなさい。

【国　語】〈四〇分〉〈満点：二〇点〉

一　次の文章を読んで、あとの問いに答えなさい。

「心はどうすれば強くなりますか」。①取材などでそんな質問をたまにされることがあります。

　質問者はまるで体を鍛えるのと同じように、心にも鍛え方があるのではないかと考えている節があります。

　しかし、こうすれば心が強くなるなどといった単純なマニュアルはどこにもありません。

　そもそも心とは何？　心はどこにあるの？　それすらもはっきりしていません。近代以前なら、心臓のあたりに心があると思っていた人もけっこういたことでしょう。

　今では脳神経の複雑な動きによって心というa現ショウが起こることがわかっていますが、その脳の活動だって、手や足など体のさまざまな部位の動きや血液の流れといったものと密接に関係しています。

　そうすると独立した脳だけを取り出して、これが心をつくっているとはいえなくなる。 A 生命活動のすべてと心の動きは、オーバーラップしているともいえるわけです。

　となると、体を鍛えることもまた心を強くするといえそうですが、体を鍛えている人を見ていると、②必ずしも「文＝武」ではないことがわかります。

　ただ、漁師や農家の人のように、主に体を使って仕事をしている人を見ていると、都会の人間にはない心の強さもあるのはたしかです。それは厳しい自然を相手に、それこそ地に足をつけながら一生懸命に仕事をしていることからくるのではないかと思います。

　仕事や生活のなかで疑問が湧いたり問題が起これば、それを自分の頭で考え、体を動かさなくては解決しない。ぼんやり見過ごしたり、人任せにしたりすると、命の危険にさらされたり、生活が丸ごと崩れてしまう重要な問題も少なくないでしょうから、気がなかなか抜けない。都会人にはない強さが彼らにあるとすれば、日々のそうした繰り返しが、③彼らをタフにしているのだと思います。

　ネットでたくさんの情報を仕入れ、本を読んで知識を蓄えても、それだけで心が強くなることはありません。やはり、生きていくなかで疑問や問題にぶつかったら、自分の頭で考え、解決して前に進む。そうやって幾度も幾度も考えたり体験したりすることによって、人は強くなっていくのではないでしょうか。

　ただし、どういうことを考え、具体的にどんな経験を重ねると心が鍛えられて強くなるというマニュアルはありません。必要なのは、常に自分なりのベストを尽くすことです。

　私は④アメリカ駐在時代に24時間フル稼働といってもいいくらい働いていたことがありました。

　それこそ週末の休暇もとらず、毎日寝て食事をする以外はすべて仕事で埋まっている状態でした。時差の関係で早朝は欧州とやりとりをし、夜は日本が相手。お酒と睡眠不足で体をbコク使しながら仕事をしていることもしょっちゅうでした。このときの経験で「俺は仕事量では誰にも負けない」と思えるほどの自負心を持つようになりました。

　仕事や人生にはトラブルがつきものですが、そんなトラブルもまた心を鍛えてくれます。問題が起きたときに逃げたりせず、解決しようと努

MEMO

大切なことはメモしておこうネ！

2023年度

解　答　と　解　説

《2023年度の配点は解答欄に掲載してあります。》

＜数学解答＞

1　(1)　①　エ　　(2)　②　ウ　　(3)　③・④　イ　　(4)　⑤・⑥　エ
　(5)　⑦・⑧　ア　　(6)　⑨・⑩　イ

2　[1]　(1)　①　エ　　(2)　②　ウ　　[2]　(1)　③　ウ　　(2)　④　イ

3　[1]　(1)　ア　3　　(2)　イ　2　　ウ　6　　エ　5　　[2]　(1)　オ　2
　(2)　カ　3　　キ　1　　ク　8

4　[1]　ア　4　　イ　0　　[2]　ウ　6　　エ　4　　[3]　(1)　オ　3　　カ　0
　(2)　キ　2　　ク　3　　[4]　(1)　ケ　2　　(2)　コ　7　　サ　3

○推定配点○

各1点×20　　計20点

＜数学解説＞

1　（数・式の計算，平方根，因数分解，食塩水，2次関数の変域）

(1)　$3+(-4)^2=3+16=19$

(2)　$\frac{2}{5}-\frac{1}{4}\times\frac{2}{3}=\frac{2}{5}-\frac{1}{6}=\frac{12}{30}-\frac{5}{30}=\frac{7}{30}$

(3)　$\frac{\sqrt{15}-\sqrt{6}}{\sqrt{3}}=\frac{\sqrt{15}}{\sqrt{3}}-\frac{\sqrt{6}}{\sqrt{3}}=\sqrt{5}-\sqrt{2}$

(4)　$(x+3)(x-2)=x^2+x-6$なので，$(x+3)(x-2)+4=x^2+x-6+4=x^2+x-2=(x+2)(x-1)$

重要　(5)　濃度3％の食塩水をxg，濃度8％の食塩水をygとする。食塩の質量は食塩水の質量×濃度で求められるので，濃度3％の食塩水の食塩の質量は，$x\times\frac{3}{100}=\frac{3}{100}x$(g)　同様に濃度8％の食塩水の食塩の質量は，$y\times\frac{8}{100}=\frac{2}{25}y$(g)，濃度6％の食塩水250gの食塩の質量は，$250\times\frac{6}{100}=15$(g)　食塩水の質量で方程式を作ると，$x+y=250$…①，食塩の質量で方程式を作ると，$\frac{3}{100}x+\frac{2}{25}y=15$　$3x+8y=1500$…②　②－①×3より，$5y=750$　$y=150$　①に$y=150$を代入すると，$x+150=250$　$x=100$

基本　(6)　$y=-x^2$に$x=2$，3をそれぞれ代入すると，$y=-2^2=-4$，$y=-3^2=-9$　xの変域$2\leqq x\leqq 3$に原点を含まないので，求めるyの変域は$-9\leqq y\leqq -4$

2　（確率，速さ）

基本　[1]　(1)　1個のさいころを2回続けて投げたときの出る目の場合の数は$6\times6=36$(通り)　出た目の和が5未満となるのは，(1，1)，(1，2)，(1，3)，(2，1)，(2，2)，(3，1)の6通りなので，出た目の和が5以上となるのは$36-6=30$(通り)　よって，求める確率は$\frac{30}{36}=\frac{5}{6}$

基本　(2)　2回目に投げて初めて目の和が5以上になるとき，1回目に投げたときの目は1から4のいずれかである。1回目に投げたときの目が5もしくは6となるのは，(5，1)，(5，2)，(5，3)，(5，4)，(5，5)，(5，6)，(6，1)，(6，2)，(6，3)，(6，4)，(6，5)，(6，6)の12通りなので，2回目に投げて初めて目の和が5以上になるのは30－12＝18(通り)　よって，求める確率は$\frac{18}{36}=\frac{1}{2}$

重要　[2]　(1)　兄が30分間で進んだ道のりは200×30＝6000(m)，弟が30分間で進んだ道のりは50×30＝1500(m)　よって，この池の周囲の道路の道のりは6000＋1500＝7500(m)

重要　(2)　二人がx分後に初めて出会うとすると，兄がx分間で進んだ道のりは$200\times x=200x$(m)，弟がx分間で進んだ道のりは$50\times x=50x$(m)　二人が初めて出会うとき兄の方が1周多く進んでいるので，$200x-50x=7500$　$150x=7500$　$x=50$(分後)

3　(資料の活用，2次関数，図形と関数・グラフの融合問題)

基本　[1]　(1)　40名の中央値は冊数が少ない順に並べたうちの20人目と21人目の平均である。20，21人目は2人とも3冊なので，40名の中央値は3冊。

基本　(2)　平均値は(0×1＋1×2＋2×12＋3×20＋4×5)÷40＝(0＋2＋24＋60＋20)÷40＝106÷40＝2.65(冊)

重要　[2]　(1)　$y=ax^2$に$x=-1$，2をそれぞれ代入すると，$y=a\times(-1)^2=a$，$y=a\times2^2=4a$　よって，A$(-1, a)$，B$(2, 4a)$となる。直線ABの傾きは，$\frac{4a-a}{2-(-1)}=\frac{3a}{3}=a$　直線ABの傾きは2になるので，$a=2$

重要　(2)　(1)より，A$(-1, 2)$，B$(2, 8)$　直線OBの傾きは$\frac{8-0}{2-0}=\frac{8}{2}=4$　等積変形の考え方を用いて，三角形QOB＝三角形AOBよりAQ//OBなので，直線AQと直線OBの傾きは等しく4である。直線AQの式を$y=4x+b$とし，A$(-1, 2)$を代入すると，$2=4\times(-1)+b$　$2=-4+b$　$b=6$　よって，直線AQの式は$y=4x+6$であり，点Qは直線AQと放物線$y=2x^2$との交点なので，$y=4x+6$と$y=2x^2$とを連立方程式として解くと，$2x^2=4x+6$　$2x^2-4x-6=0$　$x^2-2x-3=0$　$(x+1)(x-3)=0$　$x=-1, 3$　$x=-1$は点Aのx座標なので点Qのx座標は$x=3$　$y=4x+6$に$x=3$を代入すると，$y=4\times3+6=12+6=18$　よって，Q(3，18)

4　(平面図形，空間図形の切断，円周角の定理，相似，三平方の定理，角度・長さ・体積の面積)

[1]　内角と外角の関係より，∠BAD＋∠ABC＋∠ADC＝∠BCD　64°＋36°＋∠x＝140°　∠x＝140°－(64°＋36°)＝140°－100°＝40°

重要　[2]　三角形ABDにおいて内角と外角の関係より，∠ABD＝68°－42°＝26°　三角形OABはOA＝OBの二等辺三角形だから∠OAB＝∠OBA＝26°であり，∠AOB＝180°－26°×2＝180°－52°＝128°　円周角の定理より，∠x＝128°÷2＝64°

やや難　[3]　(1)　直径に対する円周角は90°なので∠ACB＝90°，円の半径と接線は接点で90°に交わるから∠ODB＝90°　AB＝2cm，AC＝1cmなので三角形ABCは特別角を持つ直角三角形なので，∠ABC＝30°，∠BAC＝60°　∠ACB＝∠ODB＝90°で同位角が等しいので，AC//OD　よって，∠BOD＝∠BAC＝60°　三角形OADはOA＝ODの二等辺三角形だから∠OAD＝∠ODAであり，三角形OADにおいて内角と外角の関係より，∠OAD＋∠ODA＝∠BODなので，∠BAD＝∠OAD＝60°÷2＝30°

やや難　(2)　三角形BACと三角形BODにおいて，∠BCA＝∠BDO＝90°，∠ABC＝∠OBD＝30°より，2組の角がそれぞれ等しいので，三角形BAC∽三角形BOD　円Oの半径をOA＝OD＝x(cm)とおくとBA：BO＝AC：ODより，$2:(2-x)=1:x$　$2x=2-x$　$3x=2$　$x=\frac{2}{3}$(cm)

やや難 [4] (1) 直線AP，EF，MNの交点をR，直線AQ，EH，MNの交点をSとする。MG＝MF＝$\frac{1}{2}$FG＝$\frac{1}{2}$AD＝$\frac{1}{2}\times2\sqrt{2}=\sqrt{2}$(cm)，NG＝NH＝$\frac{1}{2}$GH＝$\frac{1}{2}$AB＝$\frac{1}{2}\times2\sqrt{2}=\sqrt{2}$(cm)なので，三角形MNGはMG＝NG＝$\sqrt{2}$(cm)，∠MGN＝90°の直角二等辺三角形である。三角形MFRと三角形MGNは，MF＝MG＝$\sqrt{2}$，∠MFR＝∠MGN＝90°，∠FMR＝∠GMNより，1組の辺とその両端の角がそれぞれ等しいので，三角形MFR≡三角形MGN　合同な図形の対応する辺や角は等しいので，三角形MFRもFM＝FR＝$\sqrt{2}$(cm)，∠MFR＝90°の直角二等辺三角形である。三角形AERと三角形PFRにおいて，∠AER＝∠PFR＝90°，∠ARE＝∠PRFより，2組の角がそれぞれ等しいので，三角形AER∽三角形PFR　三角形AERはAE＝$3\sqrt{2}$(cm)，ER＝EF＋FR＝$2\sqrt{2}+\sqrt{2}=3\sqrt{2}$(cm)，∠AER＝90°の直角二等辺三角形だから，三角形PFRはPF＝FR＝$\sqrt{2}$(cm)，∠PFR＝90°の直角二等辺三角形である。よって，三角形PFMはPF＝MF＝$\sqrt{2}$(cm)，∠PFM＝90°の直角二等辺三角形となるので，PF：FM：PM＝1：1：$\sqrt{2}$より，PM＝$\sqrt{2}\times\sqrt{2}=2$(cm)

やや難 (2) (1)より，FP＝FM＝FR＝$\sqrt{2}$(cm)，∠PFM＝∠MFR＝∠RFP＝90°なので，三角形PFM≡三角形MFR≡三角形PFRであり，PM＝MR＝RP＝2(cm)　よって，三角形PMRは1辺2cmの正三角形である。また，三角形AER∽三角形PFRで相似比はAE：PF＝$3\sqrt{2}:\sqrt{2}=3:1$なので，PR＝2(cm)よりAR＝6(cm)　ここで，この図形は平面AEGCに対して対称なので，三角形PMR≡三角形QNS，AR＝AS＝6(cm)　さらに，三角形MFR≡三角形MGN≡三角形NHSなので，MR＝MN＝NS＝2(cm)だから，RS＝2＋2＋2＝6(cm)　従って，三角形ARSは1辺6cmの正三角形で，頂点Aから線分RSに下した垂線の足をIとすると三角形ARI≡三角形ASIは1：2：$\sqrt{3}$の直角三角形なので，AI＝$3\sqrt{3}$cmで，三角形ARS＝$\frac{1}{2}\times6\times3\sqrt{3}=9\sqrt{3}$(cm^2)　同様に，頂点Pから線分RMに下した垂線は$\sqrt{3}$cmなので，三角形PMR＝三角形QNS＝$\frac{1}{2}\times2\times\sqrt{3}=\sqrt{3}$(cm^2)　よって，求める面積は$9\sqrt{3}-\sqrt{3}\times2=9\sqrt{3}-2\sqrt{3}=7\sqrt{3}$(cm^2)

★ワンポイントアドバイス★

基本的問題の中に思考力を問う問題が含まれている。特に図形問題や方程式の利用は多く練習する必要がある。

＜英語解答＞

1 第1問 1番 a 誤　b 誤　c 正　d 誤
2番 a 誤　b 誤　c 誤　d 正
3番 a 誤　b 正　c 誤　d 誤
第2問 問1 a 正　b 誤　c 誤　d 誤
問2 a 誤　b 誤　c 誤　d 正

2 (1) ① ア　② エ　③ ア　(2) ① ウ　② イ

3 (1) ① ア　② エ　③ ウ　(2) イ　(3) エ

4 (1) ① イ　② ウ　③ イ　④ ア　(2) エ

○推定配点○

各1点×20　　計20点

＜英語解説＞

1 （リスニング）

（第1問） 1番 Tetsuo：Hello, this is Tetsuo speaking. Can I speak to Toru?

Toru's sister：Sorry, I'm his sister. He is sick in bed.

Tetsuo ：Oh, that's too bed. Will you tell him I called?

Toru's sister：Certainly. I will.

Question：Which is true?

a Toru is not home.

b Toru is too busy to answer the phone.

c Toru is at home but cannot talk.

d Toru's sister is ill in bed.

2番 Ellie：Hi Nick, did you do anything special over the weekend?

Nick：I went to Nara with my family.

Ellie：You visited Todaiji-temple, didn't you?

Nick：Oh, no. We visited our uncle living there.

Ellie：Why?

Nick：He has built a new house and wanted us to see it.

Question：Why did Nick go to Nara?

a Because he wanted to visit Todaiji-temple.

b Because he wanted to travel with his family.

c To visit his friend living there.

d To visit his uncle and see his house.

3番 Shop assistant：May I help you?

Ken ：Do you have cards here?

Shop assistant：Yes, but what kind of cards would you like?

Ken ：Birthday cards. I'd like to send one to one of my friends in Canada.

Shop assistant：Come this way, please. Let me show you where they are.

Question：What did the man want to do?

a He wanted to show cards to his friend.

b He wanted to buy a birthday card.

c He wrote a letter to his parents.

d He bought a birthday cake.

第1問 1番 テツオ ：もしもし。テツオです。トオルをお願いします。

トオルの姉妹：すみません，私は彼の姉妹です。彼は病気で寝ています。

テツオ ：ああ，それはお気の毒に。僕が電話した，と彼に伝えてくれますか。

トオルの姉妹：承知しました，そうします。

問：どれが本当か。

a トオルは家にいない。

b トオルは忙しすぎて電話に応答することができない。

c トオルは家にいるが話すことはできない。

d トオルの姉妹は病気で寝ている。

2番 エリー：あら，ニック，あなたは週末の間，何か特別なことをしたの。

ニック：僕は僕の家族と一緒に奈良へ行ったよ。
エリー：あなたは東大寺へ行ったわよね。
ニック：ああ，いや。僕たちはそこに住んでいる僕たちのおじを訪ねたんだ。
エリー：なぜ。
ニック：彼は新しい家を建てて，僕たちにそれを見てほしかったんだ。
問：ニックはなぜ奈良へ行ったのか。

a　彼は東大寺を訪れたかったから。
b　彼は彼の家族と旅行したかったから。
c　そこに住んでいる友だちを訪問するため。
d　彼のおじを訪問して彼の家を見るため。

3番　店員：いらっしゃいませ。
ケン：こちらにカードはありますか。
店員：はい，でもどんな種類のカードよろしいですか。
ケン：誕生日カードです。私はカナダの私の友だちの1人にそれを送りたいのです。
店員：こちらへどうぞ。それらがどこにあるか，あなたにお見せします。
問：その男性は何をしたかったか。

a　彼は彼の友だちにカードを見せたかった。
b　彼は誕生日カードを買いたかった。
c　彼は彼の両親に手紙を書いた。
d　彼は誕生日ケーキを買った。

〔第2問〕 In English class, I asked my students about their favorite fruits. Each student chose one. There were thirty-five students in the class. Strawberries were the fruit they liked the best. Twenty students wanted to eat strawberries. Ten students wanted to eat melons. Three of them wanted to eat apples. Two of them wanted to eat oranges.

問1　What fruit did the students like the best?

a　Strawberries.　b　Oranges.　c　Apples.　d　Melons.

問2　Which was true?

a　Some students said they did not like fruit.
b　Some students said they liked apples better than oranges.
c　No students liked fruit.
d　All the students liked fruit.

第2問　英語の授業で，私は私の生徒たちに，彼らのお気に入りの果物について尋ねた。それぞれの生徒は1つ選んだ。そのクラスには35人の生徒がいた。イチゴは彼らが最も好きな果物だった。20人の生徒がイチゴを食べたがった。10人の生徒がメロンを食べたがった。彼らの3人がリンゴを食べたがった。彼らの2人がオレンジを食べたがった。

問1　生徒たちが最も好きな果物は何か。

a　イチゴ。　b　オレンジ。　c　リンゴ。　d　メロン。

問2　どれが本当か。

a　果物が好きではない，と言った生徒たちもいた。
b　オレンジよりもリンゴのほうが好きだ，と言った生徒たちもいた。
c　果物が好きな生徒はいない。
d　全ての生徒が果物が好きだ。

2 （会話文，語句補充：語い，関係代名詞）

(1) ① A：あなたは北海道へ行ったことがあるの。

B：いいえ，これが私の初めての訪問よ。

② A：この会議はいつ終わる予定だい。

B：さあ，わからないけれど，僕たちは6時前に学校を出発しなければならないよ。

③ A：君はパーティーを楽しんだかい

B：ええ，楽しい時を過ごしたわ。

A：そうかい。僕はそれを聞いてうれしいよ。

(2) ① a lot of は数えられる名詞にも数えられない名詞にもつき，「たくさんの」の意味。

やや難 ② 関係代名詞 which を省略した文。Ramen is the food と I want to try it をつなげた文を作る。it が which に代わり，省略されている。

3 （長文読解・物語文：語句補充，指示語，内容吟味）

（全訳） ジョーは休暇をとったので，数日間海岸へ行こうと決めた。彼はある朝電車に乗り，1時間後，彼は海の近くの小さな町にいた。駅を離れて数分後，彼は小さなホテルを見て入った。彼は宿の主人に①尋ねた。「そちらでは1晩につきいくら費用がかかりますか」

「15ドルです」と宿の主人は答えた。

「それは実際に私が支払うお金の余裕があるよりも②多いです」とジョーは悲しげに言った。

「わかりました」と宿の主人は答えた。「もし自分のベッドを自分で準備するなら，あなたは部屋を10ドルで使うことができます」

ジョーは毎朝，家で自分のベッドを準備していたので，とても喜んだ。「わかりました」と彼は言った。「私はそうします」

宿の主人は後ろの部屋に入っていき，物置を開けていくつかの物をとってジョーのところに戻ってきた。「③はい，どうぞ」と彼は言って，ハンマーといくつかのくぎを彼に与えた。

(1) ① ア 「尋ねた」 下線部①の直後のジョーの発言参照。費用について尋ねているのである。

重要 (○) イ 「言った」(×) ウ 「言った」(×) エ 「話した」(×) ② ア 「何」(×) イ 「たくさんの」(×) ウ 「より良い」(×) エ 「より多い」(○) 空欄②の直後に than があるから，比較級を用いるのが適切。more は much「多い」の比較級である。(○) ③ Here you are.「はい，どうぞ」

(2) ア 「それに支払うなら」(×) イ 「ベッドを準備する」 that は先行する文(の一部)の内容を指している。この that を含むジョーの発言は，直前の2文目にある宿の主人の発言，「もし自分のベッドを自分で準備するなら」を受けたものであるから，それを指していると考えるのが適切。(○) ウ 「自分で調理する」(×) エ 「部屋を掃除する」(×)

(3) ア 「ジョーは川の近くで小さなホテルを見つけた」 第1段落第2文参照。海の近くである。(×) イ 「ジョーはとても裕福だったので，何も問題なくホテルに支払った」 空欄②の1文参照。余裕がないのである。(×) ウ 「ジョーは部屋が十分に清潔であるとわかった」 部屋についての記述はない。(×) エ 「ジョーと宿の主人はベッドを準備することについて異なった認識をしていた」 make a bed「ベッドを整える」は一般には，シーツや枕カバー，上掛けを整えることを言う。ジョーの認識はこの一般的なものであった(下線部の段落)のに対し，宿の主人の認識は「ハンマーといくつかのくぎ」(最終段落最終文)を使ってベッドを一から製作することだったのである。(○)

4 （長文読解・物語文：語句補充，内容吟味）

（全訳） 今日は日曜日で，晴れて暖かい。僕は僕の親友のヨシオとサイクリングに行くつもりだった。このような日に自転車に乗ることは素晴らしいが，ヨシオは今朝早く僕に電話して，彼は頭痛がして寝ていなくてはならないので来られない，と言った。僕は「1人でサイクリングに行っても面白くないよ」とひとり言を言って，それから，僕は明日，僕が話したい話題について授業で発表しなくてはならない，と思い出した。

僕は僕が住んでいる市の歴史に①興味がある。僕はその発表の準備をするために市の図書館へ行った。図書館は僕の家から遠く離れているので，僕はたいていはバスに乗るが，今日は自転車でそこへ行った。図書館では，どこで市についての本を見つけることができるか，司書に尋ねた。彼女は親切に僕をその場所に連れていき，僕はそこで市についてのとてもたくさんの本を見つけ，何冊かを読んだ後，それについてあまり知らなかった，と気づいた。

僕が読むことを最も楽しんだ本は，ムライ先生によって②書かれていた。僕が中学の9年生だったとき，彼は僕の担任の先生だった。家に帰った後，僕は卒業アルバムで彼の電話番号を見つけ，彼に電話した。僕が自己紹介したとき，彼は僕を覚えていた。僕は明日，授業中にしなければならない発表について彼に話し，それから彼は僕が発表をより面白く③する手伝いをした。彼は僕にそれが④どうだったかを彼に話してほしがった。

今は，僕は発表の準備をし終えてしまった。明日，僕は授業中にそれをするつもりだ。僕のクラスメイトのみんながそれを楽しんでくれると良いと思う。

基本　(1)　①　be interested in ～「～に興味を持っている」　②　by「～によって」があるから受動態の文にするのが適切。受動態は〈be動詞＋動詞の過去分詞形〉の形。write「書く」の過去分詞形は written である。　③　〈make ＋A＋B〉で「AをBにする」という意味の第5文型。　④　空欄④の直後の it は直前の1文にある the presentation「発表」を指していると考えられる。ムライ先生は，自分が手伝った発表が「どのような」結果になったのか，報告してほしいと「僕」に頼んだのである。

やや難

(2)　ア「私は私の親友と一緒にサイクリングに行った」　第1段落第3文参照。ヨシオは頭痛でサイクリングに行かれなくなったのである。(×)　イ「私は図書館へバスに乗って行った」　第2段落第3文参照。自転車で行ったのである。(×)　ウ「僕は僕の中学の担任の先生に会って話した」　第3段落第3文参照。電話で話したのである。(×)　エ「僕は発表の準備をした」　第1段落最終文～第3段落参照。(○)

★ワンポイントアドバイス★

現在完了・不定詞・受動態など，動詞の語形変化を伴う単元はしっかりと復習しておくことが大切だ。複数の問題集を使うなどして，確実に身につけよう。

＜理科解答＞

1　(1)　ウ　(2)　イ　(3)　エ　(4)　ア，オ　(5)　ア，ウ
2　(1)　ア，エ　(2)　イ　(3)　エ　(4)　ウ　(5)　エ
3　(1)　エ　(2)　イ　(3)　ア　(4)　エ　(5)　エ
4　(1)　ウ　(2)　ウ　(3)　ウ　(4)　エ　(5)　ア

○推定配点○

1　各1点×5((4)，(5)各完答)　2　各1点×5((1)完答)　3　各1点×5　4　各1点×5
計20点

＜理科解説＞

基本 **1 （動物の種類とその生活ー動物の分類）**

(1)　背骨のある動物をセキツイ動物，ない動物を無セキツイ動物という。

(2)　サケは魚類，カエルが両生類，トカゲはハ虫類，ハトは鳥類，イヌはホ乳類である。

重要 (3)　Aはトカゲ，Bはカエル，Cはサケ，Dはイヌ，Eはハトの特長である。鳥類は肺呼吸をし，殻のある卵を産み，恒温動物である。

(4)　殻のある卵を産むのは，ハ虫類と鳥類である。魚類と両生類は殻のない卵を産む。水中に卵を産むため，乾燥を防ぐ必要がないからである。

(5)　体の表面がうろこや甲羅でおおわれているのは，ハ虫類と魚類である。

重要 **2 （物質とその変化ー化学反応）**

(1)　石灰水を白くにごらせる気体は二酸化炭素である。A～Dの実験で二酸化炭素が発生するのは，AとDの実験である。B，Cでは気体は発生しない。

(2)　A，Dでは気体が発生し，質量は反応前より軽くなる。Cでは反応前の物質どうしが結合し，他の物質が発生しないので反応前後で質量の合計は変化しない。Bでは鉄に酸素が結びつくので，反応前より重くなる。

(3)　還元反応とは，結合している酸素が奪われる反応である。Dは酸化銅から結合していた酸素が奪われる反応で，還元反応である。広い意味ではBやCも酸化還元反応と呼ばれるが，物質の質量が反応前より減少しているのはこの3つのうちDだけである。

基本 (4)　空気中には水分が含まれる。ガスバーナーで温められた空気中の水分が，温度の低いビーカーに触れると水滴に変わりビーカーの内部がくもる。

基本 (5)　石灰水が白くにごるので，二酸化炭素が発生する。燃焼して二酸化炭素を発生するものは，炭素原子を含んでいる。炭素の原子記号はCである。

基本 **3 （地球と太陽系ー太陽の日周運動）**

(1)　南中時の太陽の方角は南であり，Dが南，Bが北をさす。

(2)　Aが東，Cが西をさすので，Xは日の入りの方角を表す。

(3)　太陽の1日の動きを日周運動という。

(4)　太陽はみかけ上，24時間かけて地球を一回りする。1時間当たりに移動する角度は等しいので，記録した印の間隔も一日を通して常に一定である。

(5)　春分，秋分の日の日の出は真東であり，夏至の日の日の出の位置はそれより北側になり，冬至の日はそれより南側になる。図2は冬至の日の太陽の動きを示す。

4 （力・圧力ー力や圧力の大きさ）

基本 (1)　100gの物体にはたらく重力の大きさが1Nなので，1.4Nの重力がはたらく物体の質量はおよそ140gである。

基本 (2)　圧力は力の大きさを，力がかかっている面の面積で割って求まる。同じ大きさの力では，力のかかる面積が大きいほど圧力は小さくなる。cが最も圧力が小さくなる。

重要 (3)　1Nの力が$1m^2$にかかるときの圧力が1Paである。1.4Nの力が$0.2m^2$にかかるので，圧力は1.4÷0.2＝7.0(Pa)になる。

基本 (4)　斜面の角度が30°であり，斜面に沿って50cm引き上げるとき物体Pの高さは25cmになる。下向きの重力に逆らって垂直上向きに1.4Nの力で25cm(0.25m)引き上げるときの仕事は，1.4×0.25＝0.35(J)である。

重要 (5)　物体Pは斜面に沿って等加速度運動を行う。等加速度運動では時間と速度が比例する。この関係を示すグラフはアのグラフである。

★ワンポイントアドバイス★

大半の問題が基本レベルで難問はない。教科書レベルの基礎的な知識をしっかりと理解し，計算問題の演習なども練習しておこう。

＜社会解答＞

1 (1) ②　(2) ④　(3) ①

2 (1) ②　(2) ④　(3) ③　(4) ④

3 (1) ③　(2) ①　(3) ③　(4) ②

4 (1) ④　(2) ③　(3) ③　(4) ②

5 (1) ③　(2) ①　**6** (1) ①　(2) ④　(3) ②

○推定配点○

各1点×20　計20点

＜社会解説＞

1 (地理―アジアの国々に関する問題)

基本 (1) ②　チャオプラヤ川はAのほぼ中央を南下する河川。エーヤワディー川はAの左のミャンマーのほぼ中央を流れる川。メコン川はベトナム南部に河口をもつ川。ブラマプトラ川はヒマラヤ山脈の北側から山脈の東側を回り込んでバングラデシュへ流れガンジス川に合流する川。

設問の表記がプラマプトラとなっているが正しくはブラマプトラ。

重要 (2) ④　アはGのサウジアラビアで，サウジアラビアにあるイスラム教の二つの聖地はメッカとメディナ。イはCのバングラデシュで，第二次世界大戦後に，まずイギリスから独立した際はパキスタンの飛び地であったが，パキスタンとの経済的な格差から対立が生じ，パキスタンから分離独立してバングラデシュとなった。ウはBのインドネシア。

(3) ①　ベンガルール(バンガロール)はインド半島の南部にあり，アメリカのシリコンバレーとして知られるサンフランシスコ近郊のサンノゼとほぼ半日の時差になる場所なので，コンピュータのソフト開発などでは，インターネットのメールなどを利用することで，作業を時間の無駄をなくして進めることが可能な場所として，インドの中でもコンピュータソフトの開発などの産業が発達している。

2 (日本の地理―東北地方に関する問題)

(1) ②　アはりんご。青森県，長野県で日本のリンゴの8割近くを生産している。イはさくらんぼ。山形県，北海道で日本のさくらんぼの8割以上を生産している。ウは洋なし。山形県，長野県で日本の洋なしの7割以上を生産している。

基本 (2) ④　やませは東北地方や北海道の太平洋側で春の終わりから夏にかけて吹く，冷たい北東風。山瀬が吹くと，冷害が起こることもあり，また暖流が北上しているところへ冷たいやませが吹き込むことで霧が発生し日照障害などの農業の被害もおこることがある。

(3) ③　アはAの青森県で有名なのはマツではなくひば。イは平泉にあるのは平等院ではなく中尊寺。エはDは宮城県で，釜石はBの岩手県。カはFは福島県で，竿灯まつりがあるのはCの秋田県。

(4) ④　2011年3月11日の東日本大震災の際に津波でFの福島県の海沿いにあった原子力発電所が海水をかぶり発電所内の非常電源が使えなくなったことで，甚大な事故が起こった。

3 （日本と世界の歴史―鎌倉時代，フランス革命の頃の歴史の問題）

（1）③　東大寺は奈良時代につくられた寺院だが，現在の南大門やその金剛力士像は鎌倉時代のもの。①は室町時代から安土桃山時代，②は平安時代，④は奈良時代のもの。

（2）①　チンギス＝ハンがモンゴルを統一するのは1206年。②のルターの宗教改革は1517年，③のフランク王国が3つに分かれるのはカール大帝の死後の817年，④の十字軍が初めて送り込まれたのは1096年。

やや難　（3）③　フランス革命の流れの説明。イ　まず，1789年にフランス国王ルイ16世が，財政悪化のために，久しく召集していなかった身分制議会の三部会を招集。→ア　三部会の議決方法に不満を持った民衆が国民議会を新たに開き，それを国王側がつぶそうとしたことで7月14日にバスティーユが襲撃されフランス革命が勃発。その後国民議会で人々が人権宣言を議決発表→ウ　フランス革命に干渉するヨーロッパの国々との闘いの中で，ナポレオンが台頭し，1799年に統領政府を樹立し，権力を握る。

（4）フランス革命がおこった18世紀の出来事を考える。②の松平定信の寛政の改革は1778年から92年。①の大塩平八郎の乱は1838年。③は応仁の乱で1467年から77年。④の長篠の戦は1575年。

4 （日本と世界の歴史―20世紀前半のアジアの歴史に関連する問題）

（1）④　日露戦争のポーツマス条約を仲介したのはアメリカのセオドア・ルーズベルト大統領。ポーツマスはアメリカのボストンのそばの海軍基地がある場所。日本は日露戦争後段階的に朝鮮半島を植民地化し，1910年に完全に植民地とし，朝鮮総督府を設置した。

重要　（2）③の内容は下関条約のもの。

（3）③の大逆事件は天皇暗殺事件をたくらんだものとして社会主義者を捕らえたもの。実際には無関係の社会主義者が多かった。①は1925年，②は1918年，④は1925年。

（4）②　1911年から12年にかけて起こった辛亥革命で，清朝が倒れ，中華民国が建国される。この革命を推進し，中華民国の臨時大総統となったのが孫文。孫文は革命を成功させるために清朝の軍人であった袁世凱を味方につけ，袁世凱は孫文に，中華民国でのトップの職につけることを約束させ，孫文は自身が臨時大総統にいったんついた後に，その地位を袁世凱に譲り，袁世凱はその後，独裁者となり皇帝になろうとしたが，周りから反対され失脚する。

5 （公民―国会，選挙に関連する政治の問題）

基本　（1）③　小選挙区制は一つの選挙区から一人を選出するもので，衆議院では採用されている。比例代表制は各政党の得票率に応じて議席を比例配分する方式。衆議院と参議院の両方で採用されているが，実施の仕方は微妙に異なる。衆議院議員は任期は4年で，解散があるため選挙の間隔は4年以内で一定ではない。参議院議員は任期は6年で解散はないが，3年毎に半数ずつ改選される。

（2）①　日本国憲法の第50条に規定がある。

6 （公民―金融政策，財政政策，税などに関する経済の問題）

（1）①　金融政策は日銀が行う景気対策で，公開市場操作は一般の銀行が保有する国債などの有価証券を日銀との間で売買し，一般の銀行の保有する通貨量を増減させることで，景気影響を与えようというもの。②，③は税制で政府がやる財政政策。④は政府が公共事業の財政支出を増減することで，市場の通貨量をコントロールしようとする財政政策の一つ。

（2）④は直接税と間接税の区別に関する説明で，財政政策とは無関係。

重要　（3）②　固定資産税は土地や建物などの不動産に課される直接税で，地方税の中の市町村税になる。関税は国税の間接税，法人税と相続税は国税の直接税になる。

★ワンポイントアドバイス★

40分で20問なので問題数はさほど多くはないが，全て四択問題で，即答できるものもあるが，それぞれの選択肢をていねいに見ていかないと選びづらいところもあるので，要領よく解いていくことが必要。

<国語解答>

一　問一　a　エ　b　イ　問二　ア　問三　ア　問四　イ　問五　エ　問六　エ
問七　ウ　問八　ア　問九　エ

二　問一　①　イ　②　ウ　問二　a　ウ　b　エ　問三　エ　問四　エ　問五　ア
問六　ウ　問七　エ　問八　ア

○推定配点○

各1点×20　計20点

<国語解説>

一　(論説文―漢字，文と文節，脱語補充，接続語，文脈把握，内容吟味，故事成語)

問一　a　現象　ア　物証　イ　表彰　ウ　完勝　エ　具象
b　酷使　ア　告白　イ　酷似　ウ　克服　エ　国益

問二　文節は「取材(名詞)・など(助詞)・で(助詞)／そんな(連体詞)／質問(名詞)・を(助詞)・／たまに(副詞)／さ(動詞)・れる(助動詞)／こと(名詞)・が(助詞)／あり(動詞)・ます(助動詞)」と七文節に分けられる。

問三　文末の「～わけです」に呼応する語として，言い換え・説明を表す「つまり」が入る。

問四　直前に「体を鍛えることもまた心を強くするといえそうですが」とあることから，体を鍛えることが心を強くすることにはならない，という文脈が読み取れるので，「脳の働きと体の強さは一致しない」とするイが適切。

問五　「彼ら」は，前出の「漁師や農家の人々」を指し，「都会の人間にはない心の強さもあるのはたしかです。それは厳しい自然を相手に，それこそ地に足をつけながら一生懸命働いていることからくるのではないか」とあり，直前には「仕事や生活のなかで疑問が湧いたり問題が起これば，それを自分の頭で考え，身体を動かさなければ解決しない。ぼんやり見過ごしたり人任せにしたりすると，命の危険にさらされたり，生活が丸ごと崩れてしまう重要な問題も少なくないでしょうから，気がなかなか抜けない」と具体的に説明されているので，ア・イ・ウはあてはまる。エの「立ち直る経験」については，本文にないのであてはまらない。

やや難　問六　直後に「24時間フル稼働といってもいいくらい働いていたことがありました」とあり，直前の「必要なのは，常に自分なりのベストを尽くす」ことの具体例になっているので，エが適切。

やや難　問七　「夜郎自大(やろうじだい)」は，自分の力量をわきまえずに，仲間うちだけで大きな顔をしていばっていることなので，ウが適切。「夜郎」は，昔，中国西南部にいた民族で，漢の強大な力を知らず小さな自らを誇っていた故事による。「自大」は，おごり高ぶって尊大になること。

問八　直前に「どんなトラブルに対しても真正面から力を尽くして取り組めば，必ず心は鍛えられるのです」「かといって，……『俺は仕事でさんざん鍛えられた。だから強い』などと思ったら，そこでお終いです。強いと思った時点で……その人の心の成長は止まるのです」「そもそも人の心の強さをはかる目盛など，どこにもありません。物理的に……といった尺度は存在しません。心は形もなければ，質量もありません」と説明されているので，イ・ウ・エは合致する。アは，直後に「ただこころの強さというものは，何かあったときに自分のなかでしっかりした手応えとして感じるものです」とあることと合致しない。

問九　エは，「仕事や……」で始まる段落に「仕事や人生にはトラブルがつきものですが，そんなトラブルもまた心を鍛えてくれます。問題が起きたときに逃げたりせず，解決しようと努力をし続けることは，心を強くすることにつながります」とあり，本文最後に「日々，できうる努力はとことんする。そんな繰り返しが心を確実に鍛え，強くしてくれることはまちがいありません」とあることと合致する。アの「都会人も漁師や農家の人のように」，イの「心が鍛えられて強くなるというマニュアル」，ウの「面倒な問題をいろいろ経験する」は，本文の内容と合致しない。

二　**（古文―仮名遣い，主語，文脈把握，文と文節，品詞の活用，口語訳，指示語，文学史，大意）**

問一　現代仮名遣いでは，イの「ついゐて」は「ついいて」，ウの「ふと思ひしままに」は「ふと思いしままに」となる。

問二　a　前に「おのおのおりて，埒のきはに寄りたれど(われわれ一同は車からおりて，馬場の柵の所に行こうとしたが)」とあるので，「分け入りぬべきやうもなし(分け入れそうになかった)」の主語は「おのおの」が適切。　b　直前の「『世のしれものかな。かく危き枝の上にて，安き心ありて睡るらんよ』」の話者が主語なので，直前の「見る人」が適切。

問三　主語の「前なる人ども」は，後の「言ひて」「見かえりて」「とて」「去りて」「呼び入れ侍りにき」にかかるので，エの五つが適切。

問四　前の係助詞「こそ」に呼応しているので，「已然形」が適切。強意を表す係助詞「こそ」は，係り結びの法則により，文末は「已然形」になる。

問五　「給へ」は，相手を敬う尊敬表現なので，「お入りなさいませ」とするアが適切。

やや難　問六　「かほどの理」は，【現代語訳】を参照すると，「私が言ったくらいのこと」という意味なので，「私」の言葉を指す。「私」の言葉は「『我等が生死の到来，ただ今にもやあらん。それを忘れて，もの見て暮らす。愚かなる事は，なほまさりたるものを(われわれが死ぬことになるのは今すぐのことかもしれない。それを忘れて見物して日を過ごしている。その愚かさは，あの法師にまさるとも劣らないのに)』」と言う者なので，これらの内容と合致するウが適切。

問七　「時にとりて」は，場合によって，という意味。「なきにあらず」は，ないこともない，という意味なので，「時にはこのように感動することがないわけではない」とするエが適切。

問八　成立時期はそれぞれ，『竹取物語』は平安前期，『枕草子』は平安中期，『平家物語』は鎌倉時代，『徒然草』は鎌倉時代末期，『奥の細道』は江戸時代なので，「竹取物語→枕草子→平家物語→徒然草→奥の細道」の順に並ぶアが適切。

★ワンポイントアドバイス★

漢字，語句の意味，文法，文学史などは，幅広い出題に備えて十分な対策をしておこう！　古文は，文語文法も視野に入れた対策をしておこう！

2022年度

★★★★★★★★★★★★★★★★★★★★★★

入　試　問　題

2022年度

星城高等学校入試問題

【数　学】（40分）　＜満点：20点＞

1　次の問いに答えなさい。

(1)　$-2\times(-3)$ を計算しなさい。

(2)　$(\sqrt{5}-1)(5+\sqrt{5})$ を計算しなさい。

(3)　$(x+3)^2$ を展開しなさい。

(4)　方程式 $\dfrac{x+1}{3}=\dfrac{1}{2}$ を解きなさい。

(5)　$x=\sqrt{2}+1$，$y=\sqrt{2}-1$ のとき，x^2-y^2 の値を求めなさい。

(6)　関数 $y=ax^2$ について，x の値が１から４まで増加するときの変化の割合が10であった。このとき，a の値を求めなさい。

2　次の問いに答えなさい。

(1)　ノート100冊を何人かの生徒に配るとき，１人に３冊ずつ配ると10冊以上余るという。生徒の人数を x 人として，次の問いに答えなさい。

①　x の満たすべき条件を不等式で表したものを次のア～エから１つ選び，記号で答えなさい。

ア　$100-3x\leqq-10$　　イ　$100-3x\geqq-10$　　ウ　$100-3x\leqq10$　　エ　$100-3x\geqq10$

②　１人に４冊ずつ配ると10冊以上不足するという。考えられる生徒の人数をすべて求めなさい。

(2)　大小２つのさいころを同時に投げるとき，次の確率を求めなさい。

①　目の積が６。

②　目の積が偶数。

3　図のように，原点を通る直線 l と，２点A（５，０），B（０，10）を通る直線 m が点Cで交わっている。このとき，次の問いに答えなさい。

ただし，座標の１目盛りを１cmとする。

(1)　直線ABの式を求めなさい。

(2)　x 軸と１辺を共有し，図のように三角形OACに内接する正方形の１辺の長さが２cmであるとき，直線 l の式を求めなさい。

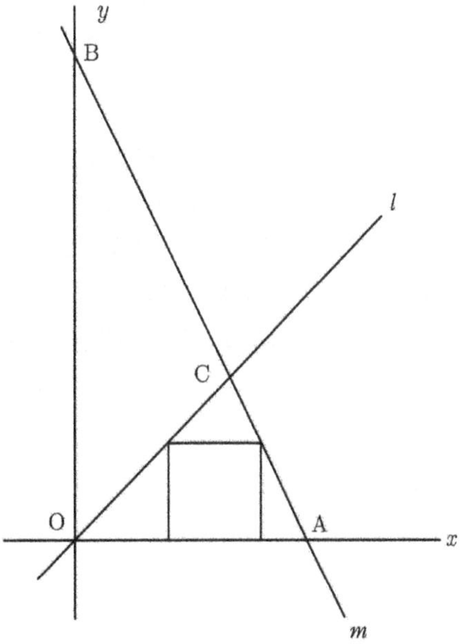

4　点A（2，2）を通る放物線 $y = ax^2$ について，次の問いに答えなさい。ただし，座標の1目盛りを1㎝とする。

(1)　定数 a の値を求めなさい。

(2)　図のように点Aを通る直線が放物線と交れる点をB，直線ABと y 軸との交点をCとする。点Bの x 座標が－1のとき，△OACを y 軸のまわりに1回転してできる立体の体積を求めなさい。

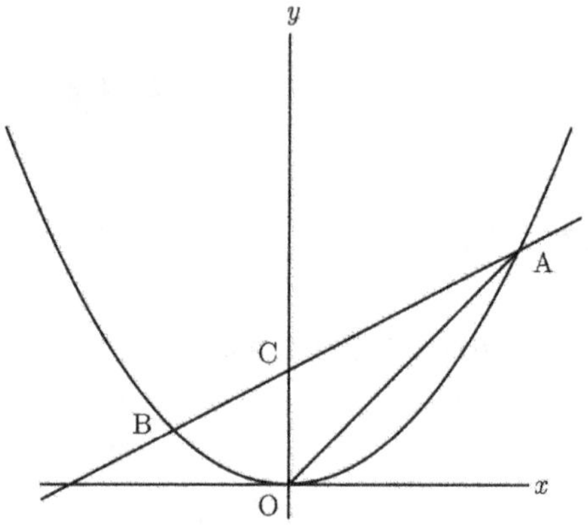

5　図のように，円に内接する四角形ABCDにおいて，直線ABとCDの交点をP，直線ADとBCの交点をQとする。∠APD＝30°，∠DQC＝40°のとき，∠x の大きさを求めなさい。

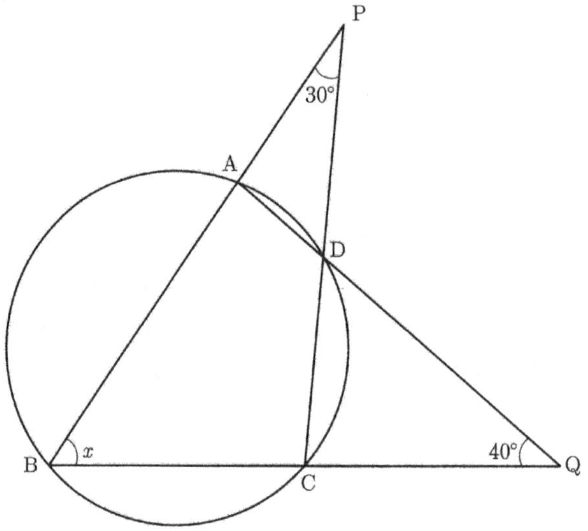

6　半径2㎝の円Oに三角形ABCが内接しており，BC＝2㎝である。次の問いに答えなさい。

(1)　∠BACの大きさを求めなさい。

(2)　図のように弧AB上に点Pがあり，線分PCと辺ABの交点をQとする。PA＝PQのとき，線分QBの長さを求めなさい。

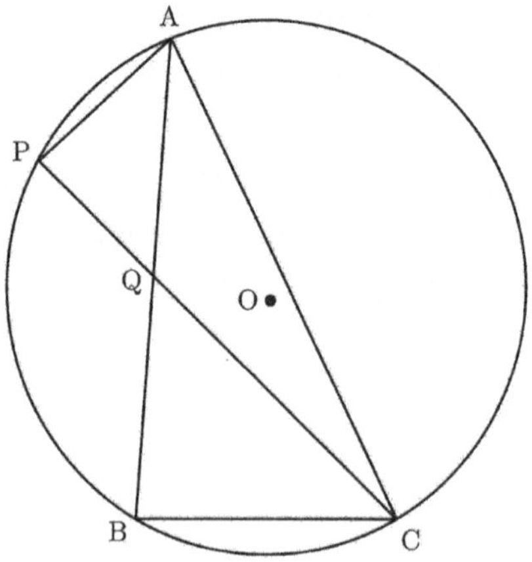

7 図のように，長方形ABCDの対角線の交点をＥとする。この長方形を対角線BDで折り返したとき，点Cは点Ｆに移ったとする。AB＝２㎝，BC＝４㎝のとき，次の問いに答えなさい。

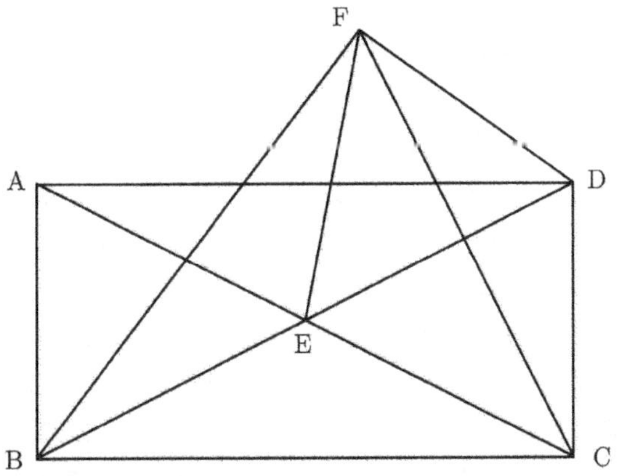

(1) 線分EFの長さを求めなさい。

(2) 線分CFの長さを求めなさい。

8 図のように直方体ABCD－EFGHがあり，AB＝BC＝１㎝，AE＝２㎝で，点Ｐは辺BF上を動く。PF＝x㎝として，三角形DPGが二等辺三角形となるときのxの値をすべて求めなさい。

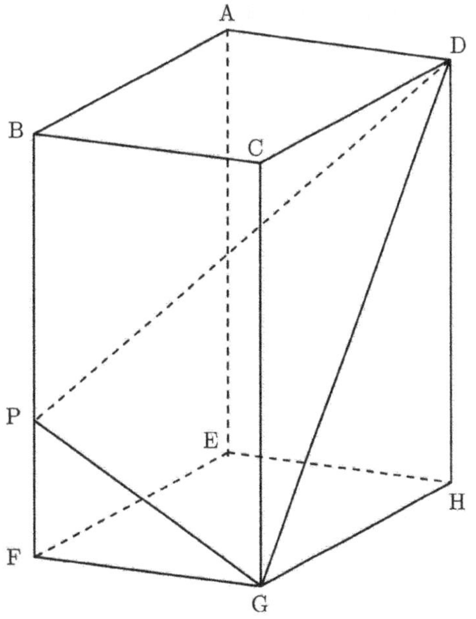

【英　語】（45分）　＜満点：20点＞　※リスニングテストの音声は弊社HPにアクセスの上，音声データをダウンロードしてご利用ください。

1　聞き取りテスト

指示に従って聞き取りテストの問題に答えなさい。

「答え方」

問題は第１問と第２問の２つに分かれています。

第１問は，１番から３番までの３つあります。それぞれについて，最初に会話文を読み，続いて，会話についての問いと，問いに対する答え，ａ，ｂ，ｃ，ｄを読みます。そのあと，もう一度，その会話文，問い，問いに対する答えを読みます。必要があればメモをとってもよろしい。

問いの答えとして正しいものは解答欄の「正」の文字を，誤っているものは解答欄の「誤」の文字を，それぞれ○で囲みなさい。正しいものは，各問いについて１つしかありません。

第２問は，最初に英語の文章を読みます。続いて，文章についての問いと，問いに対する答え，ａ，ｂ，ｃ，ｄを読みます。問いは問１と問２の２つあります。そのあと，もう一度，文章，問い，問いに対する答えを読みます。必要があればメモをとってもよろしい。

問いの答えとして正しいものは解答欄の「正」の文字を，誤っているものは解答欄の「誤」の文字を，それぞれ○で囲みなさい。正しいものは，各問いについて１つしかありません。

それでは，読みます。

メモ欄

2　次の問いに答えなさい。

(1)　次の（　）にあてはまる最も適当な文を，下のア～エからそれぞれ１つずつ選び，記号で答えなさい。

①　*A*：Is your father a teacher?

B：（　　　　　）He teaches music at this school.

ア　Yes, he is.　　　イ　No, he isn't.

ウ　Yes, he does.　　エ　No, he doesn't.

②　*A*：Would you like some more coffee?

B：（　　　　　）I've had enough.

ア　Yes, please.　　イ　No, thank you.

ウ　That's right.　　エ　No, you don't.

③ *A*：Hello.　This is Hiroshi speaking.　Can I talk to Helen?
　B：Sorry.　She is out.
　A：(　　　　)

ア　All right.　I won't come in.　　イ　Can you call me later?
ウ　Can I leave a message?　　エ　Can I go out?

(2)　次の２つの文の内容がほぼ同じになるように，（　）にあてはまる最も適当な語をそれぞれ１つずつ書きなさい。

① { Hiroki will be happy when he hears the news.
　 The news will (　　　) Hiroki happy.

② { The teacher said nothing and went out of the classroom.
　 The teacher went out of the classroom without (　　　) anything.

3　次の文章を読み，（ａ）～（ｄ）にあてはまる最も適当な語を，下のア～カからそれぞれ１つずつ選び，記号で答えなさい。ただし，同じ記号を２回以上用いてはいけない。

Japan is (a) for its many manga. Some manga are so popular that their authors become popular, too. Mizuki Shigeru, the author of *Ge Ge Ge no Kitaro*, is one of those people. His life story was even (b) into a few different TV series.

Mizuki was born in 1922 and was raised in Tottori Prefecture. When he was a child, he didn't like to follow the rules and did things at his own pace. He didn't like to study, but he was good at art and was (c) in *yokai*, or ghosts.

Basically, he only did things that he wanted to do. But he worked very hard on those things.

When Mizuki was 21 years old, he joined the Japanese army. He did not follow the rules, so the older soldiers hit him in the face many times. Soon he was (d) to a dangerous island in Papua New Guinea. Most soldiers there died.

〈注〉 author　著者　　life history　伝記

ア　interested　　イ　sent　　ウ　come　　エ　known　　オ　made　　カ　given

4　次の印刷の始まりについての文を読み，あとの問いに答えなさい。

Before (A) were books, we told stories. Stories were the way we passed on knowledge to our children and their children. Storytellers were an important part of life. We still do ①<u>this</u> today.

Older people shared information through stories and acting. They talked about plants, hunting, weather, seasons, history, and many other things.

At some point, we realized we needed to record our stories and knowledge. People have great memories, but sometimes there is too much to remember.

People needed a way to record things. They needed to write things down. (B) impossible to remember everything!

At first, we drew pictures or used our handprints to record information.

But people could not share this knowledge widely because the information was only in one place. People needed a way to make copies of things and share them.

The ②[stamps / was / oldest / use / way / to]. People cut marks and lines on soft materials in the shapes they wanted. Then they put it in a liquid and pressed it on things.

The stamps (C) for art, to write messages, and to put names on things. These stamps could put patterns on clothes and print pictures and designs. Some people made a few really big stamps to print books.

Later, the Chinese made many small wooden blocks to print Chinese writing. By using one block for each character, they could use the same blocks again and again.

In 1234, the Koreans began to make many small metal blocks for printing. This was the beginning of modern printing.

The first letterpress printing machine was made by Johannes Gutenberg in Germany about 1450.

〈注〉 handprints 掌紋（手のひらを押してできる跡） liquid 液体 patterns 模様
wooden block 版木 character 文字 letterpress printing machine 活版印刷機

(1) (A), (B), (C) にあてはまる最も適当な語（句）を，次のア～エからそれぞれ１つずつ選び，記号で答えなさい。

a ア they イ there ウ these エ those

b ア They're イ That's ウ It's エ It

c ア were used イ were ウ used エ to use

(2) 下線部①の内容として最も適当なものを，次のア～エから１つ選び，記号で答えなさい。

ア 本を書く イ 絵を描く ウ 狩りをする エ 語って伝える

(3) ②の［ ］内の語を正しい順に並べかえ，５番目に来る語を書きなさい。

(4) 本文の内容としてふさわしいものを，次のア～エから１つ選び，記号で答えなさい。

ア ドイツのグーテンベルクが印刷を思いついた最初の人だった。

イ 近代的な印刷は中国で始まった。

ウ 情報を伝える最良の方法は話すことである。

エ 印刷という発想が最初に具体化したのがスタンプである。

【理　科】（40分）　＜満点：20点＞

1　植物の細胞のつくりと，光合成，呼吸についてまとめた。あとの問いに答えなさい。

図1

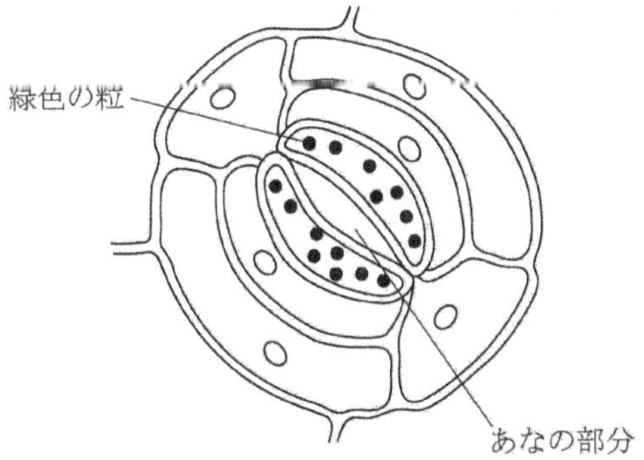

図2

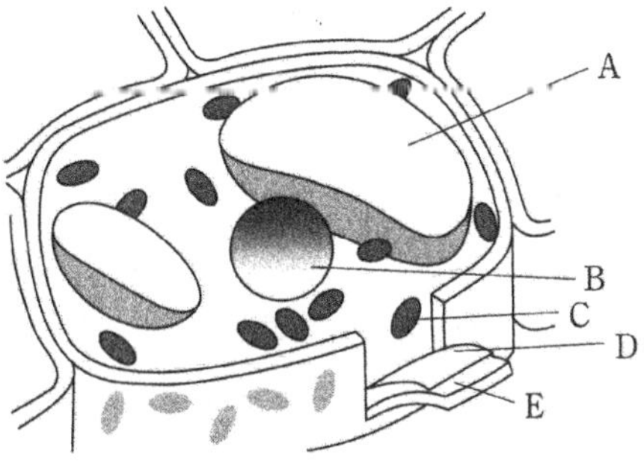

(1)　図1は，ある植物の葉の裏面を拡大した模式図である。図中の細長い細胞の中にある緑色の粒は何か。適当なものを下のア～オから1つ選び，記号で答えなさい。

ア　デンプン　　イ　葉緑体　　ウ　ミトコンドリア　　エ　ゴルジ体　　オ　液胞

(2)　図1中の細長い細胞にはさまれた，二酸化炭素，酸素などの出入り口になっているあなは何か。適当なものを，下のア～オから1つ選び，記号で答えなさい。

ア　気孔　　イ　師管　　ウ　道管　　エ　孔辺細胞　　オ　維管束

(3)　図2は，植物の細胞を拡大した模式図である。図中には，動物の細胞にも共通して存在する部分が2つある。その部分を図2中のA～Eから選び，記号で答えなさい。また，それを何というかを下のア～オから1つずつ選び，記号で答えなさい。

解答は例にならって，アルファベットーカタカナの順で書きなさい。例）A－ア

ア　核　　イ　細胞膜　　ウ　細胞壁　　エ　葉緑体　　オ　液胞

(4)　植物の光合成と呼吸のようすについてまとめた。

①　植物に十分に強い光が当たっている昼間のようすを表している文章として適当なものを，下のア～オから1つ選び，記号で答えなさい。

②　植物に光が当たらない，暗黒でのようすを表している文章として適当なものを，下のア～オから1つ選び，記号で答えなさい。

ア　光合成のみ行い，酸素のみ放出される。
イ　呼吸のみ行い，二酸化炭素のみ放出される。
ウ　光合成よりも呼吸の方が活発であり，酸素の放出量よりも二酸化炭素の放出量の方が多い。
エ　呼吸よりも光合成の方が活発であり，二酸化炭素の放出量よりも酸素の放出量の方が多い。
オ　光合成と呼吸が同程度行われ，見かけ上，二酸化炭素や酸素の放出が見られない。

2　身のまわりの気体について，性質を調べる実験を行った。調べた気体は，水素，アンモニア，酸素，二酸化炭素，塩素のいずれかである。結果を下の表１のようにまとめた。あとの問いに答えなさい。

表１　気体の性質

気体	水へのとけ方	密度〔g/L〕(20℃)	におい
A	少しとける	1.84	なし
B	とけにくい	0.08	なし
C	とけにくい	1.33	なし
D	非常にとけやすい	0.72	あり
E	とけやすい	3.00	あり
空気		1.20	なし
ちっ素	とけにくい	1.16	なし

⑴　気体の集め方には図１～３の方法がある。

図１

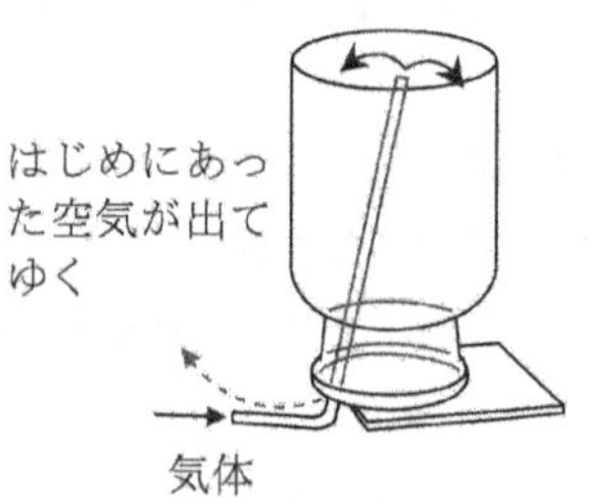

図２

図３

気体を集めるときは，気体の水へのとけやすさや密度の大きさなど，気体の性質に適した方法で集める必要がある。

図２や図３の方法では効率よく集められないので，図１の集め方が最も適している気体を，表１のＡ～Ｅから１つ選び，記号で答えなさい。

また，その気体は何か。下のア～オから１つ選び，記号で答えなさい。解答は例にならって，アルファベット－カタカナの順で書きなさい。例）Ａ－ア

ア　酸素　　イ　二酸化炭素　　ウ　水素　　エ　アンモニア　　オ　塩素

⑵　石灰石とうすい塩酸を使って，気体Ａを発生させ，図２の方法で気体を集めた。気体Ａの性質について正しいものを，下のア～オから１つ選び，記号で答えなさい。

ア　石灰水に通すと，石灰水が白くにごる。

イ　火のついた線香を入れると，線香がよく燃える。

ウ　マッチの火を近づけると気体に火がつく。

エ　ぬれた赤色リトマス紙を入れると，青色に変化する。

オ　空気中に，一番多く含まれている。

⑶　気体Ｂは何か。下のア～オから１つ選び，記号で答えなさい。

ア　酸素　　イ　二酸化炭素　　ウ　水素　　エ　アンモニア　オ　塩素

(4) 気体Cについて述べた文で誤っているものを，下のア～オから１つ選び，記号で答えなさい。

ア　この気体は図３の方法で集めることができる。

イ　ものを燃やすはたらきがある。

ウ　空気に含まれており，その割合はちっ素の次に多い。

エ　オキシドールに二酸化マンガンを入れると発生する。

オ　光合成の材料となる。

3　**地震の揺れのようすと揺れの伝わり方を調べた。図は，A地点での地震計による地面の揺れの記録である。あとの問いに答えなさい。**

A地点 地震計による地面の揺れの記録

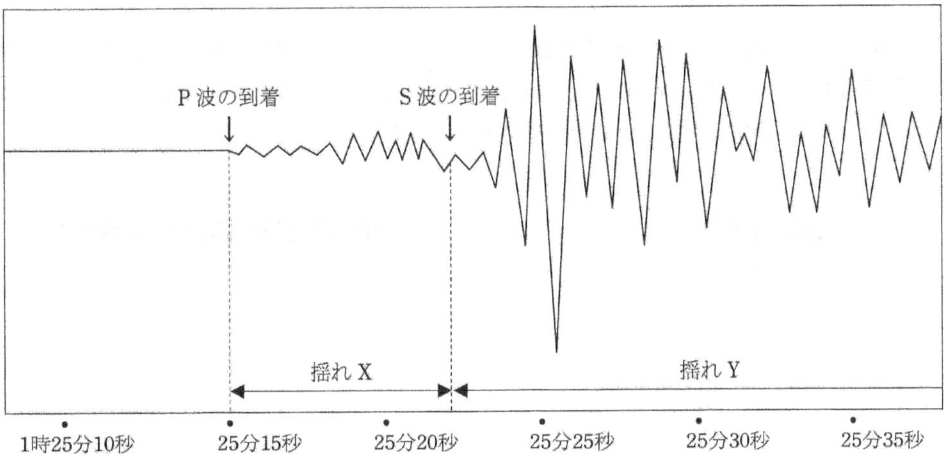

(1) 地震が起こると，速さのちがう２つの波が同時に発生して，まわりに伝わっていく。そのため，ある地点にこの２つの波が届くまでの時刻には時間差が生じ，これを初期微動継続時間という。

上の図の中に示した揺れXと揺れYをそれぞれ何というか，下のア～オからそれぞれ１つずつ選び，記号で答えなさい。

ア　P波　　イ　S波　　ウ　初期微動　　エ　地震波　　オ　主要動

(2) 地震について正しく述べている文を，下のア～オから２つ選び，記号で答えなさい。

ア　地下の地震が発生した場所を，震央という。

イ　地震の揺れの大きさを表すのには，マグニチュードを使う。

ウ　過去にできた断層で，今後も地震を起こす可能性のあるものを活断層という。

エ　初期微動継続時間が長いほど，観測点から震源までの距離は遠い。

オ　主要動は伝わる速さの遅いP波による揺れである。

(3) B地点の初期微動継続時間は20秒だった。このことから考えられる正しい文を，下のア～オから２つ選び，記号で答えなさい。

ア　A地点は液状化しやすい。

イ　初期微動継続時間から，A地点の地盤は，B地点の地盤より固いことが分かる。

ウ　A地点よりB地点の方が，震源から遠いところにあることが分かる。

エ　B地点よりA地点の方が，初期微動継続時間が短い。

オ　A地点よりB地点の方が，地震の揺れが大きいことが分かる。

(4) C地点とD地点での震源までの距離と地震の波が届くまでの時間をまとめたところ，表２のようになった。このときのP波の速さは，７km/sだった。S波の速さを下のア～オから１つ選び，記号で答えなさい。

表２

地点	震源からの距離	P波が届くまでの時間	S波が届くまでの時間
C	70km	10秒	20秒
D	km	8秒	16秒

ア　7km/s　　イ　14km/s　　ウ　3.5km/s　　エ　35km/s　　オ　70km/s

(5) (4)の表２中で，空欄となっている，D地点の震源からの距離を求めなさい。

4　下の図のように，50kg の物体を一定の速さで２m引き上げる仕事を滑車を使って行った。あとの問いに答えなさい。ただし，滑車やロープの重さ，滑車にはたらくまさつ力は考えないものとする。また，質量100ｇの物体にはたらく重力の大きさを１Ｎとする。

図１

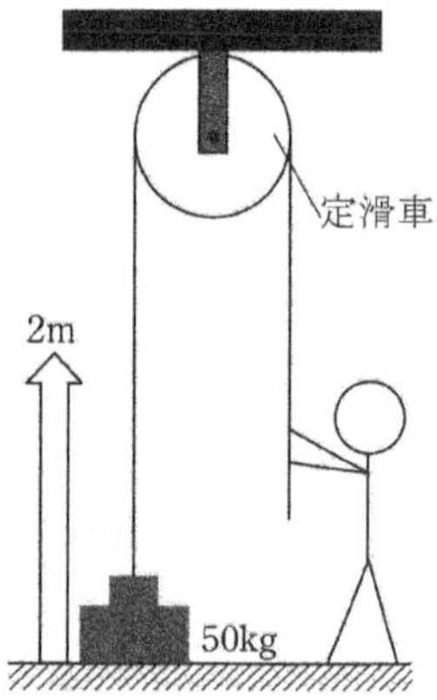

図２

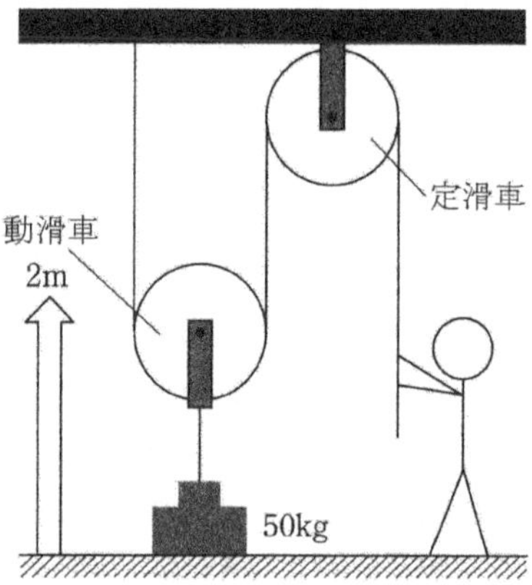

(1) 図１の人がした仕事は何Ｊか。下のア～オから１つ選び，記号で答えなさい。

ア　10Ｊ　　イ　50Ｊ　　ウ　100Ｊ　　エ　500Ｊ　　オ　1000Ｊ

(2) 図１の仕事を10秒で行ったときの仕事率は，何Wか求めなさい。

(3) 図２のように定滑車と動滑車を１つずつ使うとき，人の引く力の大きさ〔N〕とロープを引く距離について，図１の時と比較して正しく述べている文を，下のア～カから１つ選び，記号で答えなさい。

ア　引く力も距離も変わらない。

イ　引く力も引く距離も半分になる

ウ　引く力は半分になり，引く距離は２倍になる。

エ　引く距離は変わらないが，引く力は半分になる。

オ　引く力は変わらないが，引く距離は半分になる。

カ　引く力も引く距離も２倍になる。

(4) 図２の仕事を仕事率200Wで行ったら，物体を２m引き上げるのに何秒かかるか求めなさい。

(5) (4)の仕事を行うとき，人がロープを引く速さは何m/秒か求めなさい。

【社　会】（40分）　＜満点：20点＞

1　ヨーロッパの地理に関係することがらについて，次の地図を見てあとの問いに答えなさい。

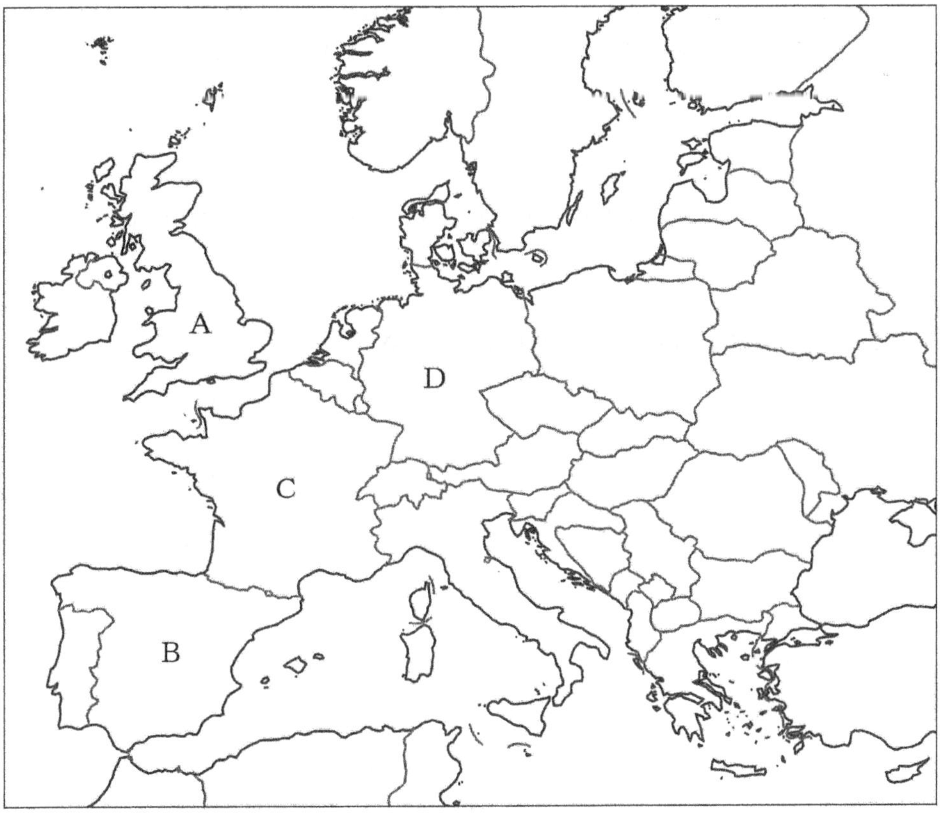

(1)　日本の八郎潟付近の干拓地（秋田県）と同じ北緯40度～41度に首都がある国を，地図中のA～Dから１つ選び，記号を書きなさい。

(2)　次の３つのグラフは，ある生産物と生産国を示している。次のページのア～オから品目の組み合わせの正しいものを選び，記号を書きなさい。

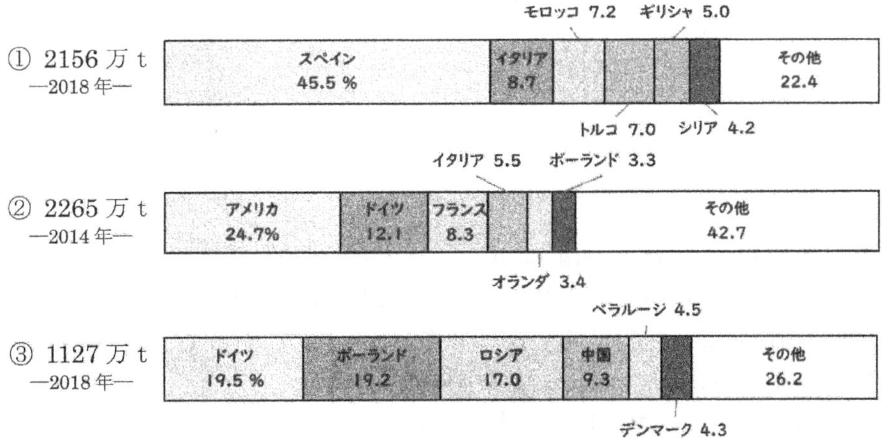

(FAOSTAT)

ア　①綿花　②天然ゴム　③セメント　イ　①大豆　②羊毛　③さとうきび
ウ　①オリーブ　②チーズ　③ライ麦　エ　①ぶどう　②豚肉　③綿糸
オ　①トマト　②石炭　③ビール

(3)　前のページの地図の記号のなかから，農業生産額のもっとも多い国をX，一人当たりの国内総生産額の最も高い国をYとする組み合わせの正しいものを下のア～オから選び，記号を書きなさい。

ア　XはB，YはD　イ　XはC，YはD　ウ　XはC，YはA
エ　XはD，YはC　オ　XはB，YはA

(4)　地図中のB，C，Dの国が加盟するヨーロッパ連合（EU）の共通通貨の名称をカタカナで書きなさい。

2　**次の地図にある府県について，あとの問いに答えなさい。**

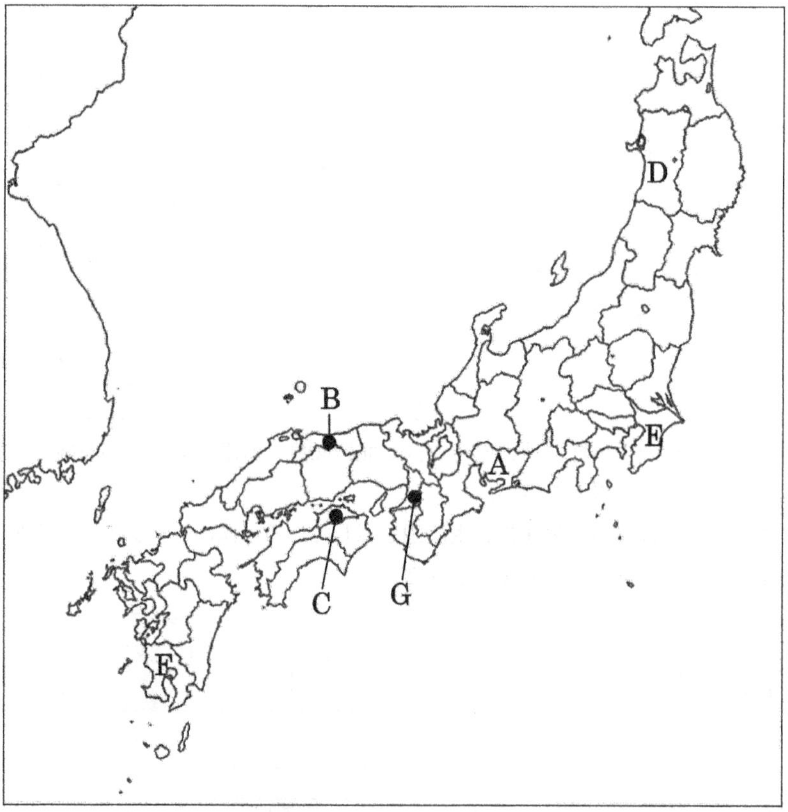

(1)　次のページの表の①～③は，地図中のA，B，Cの県のうち，いずれかの県庁所在地の月平均気温・月降水量を表わしている。下のア～カから正しい組み合わせを選び，記号を書きなさい。

ア　①A　②B　③C　イ　①A　②C　③B
ウ　①B　②A　③C　エ　①B　②C　③A
オ　①C　②A　③B　カ　①C　②B　③A

月平均気温（℃）・月降水量（mm）　　　　（理科年表　平成26年度）

	月	1	2	3	4	5	6	7	8	9	10	11	12	年平均気温 年降水量
①	気温	5.5	5.9	8.9	14.4	19.1	23.0	27.0	28.1	24.3	18.4	12.8	7.9	16.28
	降水量	38.2	47.7	82.5	76.4	107.7	150.6	144.1	85.8	147.6	104.2	60.3	37.3	1082.4
②	気温	4.0	4.4	7.5	13.0	17.7	21.7	25.7	27.0	22.6	16.7	11.6	6.8	14.89
	降水量	202.0	159.8	141.9	108.6	130.6	152.1	200.9	116.6	204.0	144.1	159.4	194.0	1914
③	気温	4.5	5.2	8.7	14.4	18.9	22.7	26.4	27.8	24.1	18.1	12.2	7.0	15.83
	降水量	48.4	65.5	121.8	124.8	156.5	201.1	203.6	126.3	234.4	128.3	79.7	45.0	1535.4

(2) 前のページの地図中のD，E，Fの県について，下の記述ア～カのなかから，正しいものを2つ選び，記号を書きなさい。

ア　Dは東北6県のなかで最も米の生産額が高く，伝統行事である秋田市の竿灯《かんとう》まつりは豊作への願いをこめた祭りである。日本の米の消費量が減って，減反政策が始まったため，「あきたこまち」などの銘柄米の開発が進められた。

イ　Dには，青森のヒバ，木曽のヒノキとならぶ日本三大美林のひとつである秋田杉があり，地元でとれる材料を使った伝統工芸品として天童将棋駒がある。江戸時代から，職人が育成され，農家の副業として発達してきた。

ウ　Eは1960年代から東京湾岸の埋め立て地に鉄鋼，石油化学などの大工場が進出して京浜工業地帯が生まれた。1980年代からは東京だけにさまざまな機能が集中しないようにする計画が進み，その結果，幕張新都心などの開発が進んだ。

エ　Eの畑作地帯では，早くから都市向けに野菜を生産する農業がさかんにおこなわれてきた。消費地に近い条件を生かし，キャベツ，白菜，きゅうりは全国一の生産量となっている。

オ　Fは豚の飼育頭数が全国一位である。高度成長以降，日本で肉の消費量が増加することにともなって畜産がさかんになり，鹿児島港や志布志港に飼料を保管し加工する工場ができ，輸入穀物を飼料として利用する農家がふえた。

カ　Fの桜島は，1914年の大爆発で流れ出た溶岩により，対岸の大隅半島とつながった。この地方には，火山活動にともなう噴出物が積み重なって生まれたカルデラとよばれる地層が広がっている。

(3) 次の文は地図中のGに関連して述べた文である。下線(ア)～(オ)の部分のいずれかに誤りがある。その記号と正しい語句を書きなさい。

江戸時代に，Gでは郊外で栽培される河内《かわち》木綿を使った(ア)綿織物などの手工業がおこった。明治以降，軽工業，次いで重化学工業がさかんになり，阪神工業地帯は発展してきた。

また，江戸時代，Gは沿岸航路で日本の各地と結ばれ，全国の産物があつまる物流の拠点となり，「天下の台所」といわれていた。明治以降も，(イ)中国との貿易や阪神工業地帯の発達により，日本経済の中心であった。

Gの商業の特徴は，(ウ)卸売業の割合が高いことである。西日本を中心に取引をおこない，市内各地に繊維や薬品，電気製品やおもちゃなど，扱う商品ごとに問屋街が形成された。

内陸部には(エ)大企業の工場が集まっている。歯ブラシや自転車のように生活にかかわりの深い製品がつくられている。

鉄道は，郊外にある住宅地で生活し，都心に通勤する生活スタイルを生み出した。そのため，都心は(オ)夜間の人口が少なく，住むための場所というよりも，ビジネスと商業のための場所となった。

(4) 札幌市，仙台市，広島市，福岡市のように日本の各地方において，人口が多く，国の出先機関などが集中していて，その地方の中心的な役割を果たしている都市を何というか，漢字6文字で書きなさい。

3 次の年表を見て，あとの問いに答えなさい。

645年　大化の改新が始まる

710年　都を平城京に移す

………　a

794年　都を平安京に移す

………　b

1192年　源頼朝が征夷大将軍になる

………　c

1338年　足利尊氏が征夷大将軍になる

………　d

1467年　応仁の乱が起こる

………　e

1603年　徳川家康が征夷大将軍になる

………　f

1716年　徳川吉宗の享保の改革が始まる　（A）

………　g

(1) 次のⅠの屏風絵とⅡの像の製作された時代の組み合わせとして，次のページのア～クから正しいものを選び，記号を書きなさい。

Ⅰ　唐獅子図屏風（狩野永徳作）

Ⅱ　興福寺の阿修羅像

ア　ⅠとⅡはいずれもａ　　イ　ⅠとⅡはいずれもｂ　　ウ　ⅠとⅡはいずれもｄ
エ　Ⅰはｂ，Ⅱはｃ　　オ　Ⅰはｃ，Ⅱはｄ　　カ　Ⅰはｅ，Ⅱはａ
キ　Ⅰはｆ，Ⅱはｂ　　ク　Ⅰはｆ，Ⅱはｄ

(2)　前のページの年表のｂの時代の記述として最もふさわしいものを，ア～オのなかから１つ選んで記号を書きなさい。

ア　農民は荘園領主と地頭との二重の支配を受けることになり，地頭のきびしい支配を荘園領主に訴えるなどの動きも見られた。

イ　公家や寺社などがもっていた土地の複雑な権利が否定され，検地帳の登録された農民だけが土地の所有権を認められた。

ウ　国司のなかには任命された国に行かないで代理を送るものも出て，地方の行政は乱れていき，国司の不正を抗議する事件などもおこり始めた。

エ　池をつくるなどの土地の開発は，しだいに村の農民が中心になっておこなうようになり，民衆の団結が強まっていった。

オ　人口が増えて口分田が不足してきたこともあり，朝廷は，あらたに開墾した土地であれば，開墾した者が永久に所有することを認めた。

(3)　年表のｅの時代に，ポルトガルやスペインの人々が平戸など九州各地に来航し，貿易がさかんになったが，この貿易を何というか，漢字４文字で書きなさい。

(4)　年表の（Ａ）の改革の内容としてふさわしくないものを，ア～オのなかから１つ選んで記号を書きなさい。

ア　旗本や御家人に質素，倹約の生活と武芸を勧めた。

イ　旗本の大岡忠相を町奉行に取り立てるなど，有能な人材を登用した。

ウ　株仲間を解散させて商人の自由な取り引きを認め，物価の引き下げをはかった。

エ　公事方御定書という裁判の基準となる法律を定め，庶民の意見を聞く目安箱を設置した。

オ　新田の開発を進めて米の値段の安定につとめたり，豊作や不作に関係なく一定の年貢を取り立てたりした。

4　**次の(1)～(4)の文を読んで，あとの問いに答えなさい。**

(1)　1904年，日露戦争が始まると，日本軍は苦戦を重ねながらも戦況を有利に進め，イギリスやアメリカも戦費の調達に協力して日本を支援した。日本海海戦で勝利をおさめたのを機に，アメリカの仲介によりポーツマス条約が結ばれた。

問）　この条約の内容としてふさわしくないものを，ア～オのなかから１つ選んで記号を書きなさい。

ア　遼東半島，台湾，澎湖諸島を日本にゆずりわたす。

イ　北緯50度以南の樺太（サハリン）を日本に割譲する。

ウ　沿海州，カムチャツカ半島沿岸の日本の漁業権を認める。

エ　旅順，大連の租借権，長春以南の満州鉄道の利権を日本にゆずりわたす。

オ　韓国における日本の優越権を認める。

(2)　栃木県の足尾銅山は，明治に入ってから飛躍的に生産量を増やし，製銅業の拠点のひとつになったが，渡良瀬川に鉱毒が流れ出し，下流の田畑の作物が枯れ，魚が死ぬなどの被害が広がった。

問） 当時の衆議院議員で，農民とともに鉱山の操業停止や被災民の救済を訴えた人物の名を漢字で書きなさい。

(3) 国際連盟の常任理事国となった日本は，アメリカ・イギリスなどと国際協調を重視する外交を進めた。政府は，中国への武力行使を抑制する政策をとり，陸軍や海軍の軍縮もおこなった。

問） 次の(あ)～(う)は，(3)のころの記述である。古い方から順に並べた組み合わせを，ア～カのなかから１つ選んで記号を書きなさい。

(あ) 蔣介石が南京に国民政府をつくる。

(い) ニューヨークでの株価の大暴落をきっかけに世界恐慌が起こる。

(う) ソビエト社会主義共和国連邦が成立する。

ア (あ)・(い)・(う)　　イ (あ)・(う)・(い)　　ウ (い)・(あ)・(う)

エ (い)・(う)・(あ)　　オ (う)・(あ)・(い)　　カ (う)・(い)・(あ)

(4) 1950年，ソ連の支援を受けた北朝鮮が，武力統一をめざし，北緯38度線を越えて南下したのをきっかけに，朝鮮戦争が始まった。アメリカは日本本土や沖縄の米軍基地を使い，大量の物資を日本に発注した。

問） この年に起こったできごとを，ア～エのなかから１つ選んで記号を書きなさい。

ア アラブの産油国が，イスラエルを支援するアメリカなどに対して石油の輸出を禁じたため，石油危機がおこった。

イ アメリカは日本国内の治安を維持するという理由で，日本政府に警察予備隊をつくらせた。

ウ アメリカの冷戦政策を支持する日本の保守勢力は，革新勢力の動きに危機感をいだいて，自由民主党を結成した。

エ 日本政府は韓国とのあいだに日韓基本条約を結び，韓国政府を朝鮮半島の唯一の政府として承認した。

5 **次の(1)～(4)の文中の下線(A)，(B)，(C)，(D)のなかにそれぞれ一ヵ所ずつ誤りがある。誤りの語句の記号（アルファベット）と【語群】から最もふさわしい語句を選び，解答は例にならって，アルファベット－カタカナの順で書きなさい。例）Ａ－ア**

(1) 国会は国権の最高機関であって，三権のなかでも中心的な地位を占める。国会は，(A)内閣総理大臣を指名し，とくに衆議院は内閣不信任決議を行うことができる。内閣は，最高裁判所の長官を指名し，その他の裁判官を任命する。国会は，(B)検察審査会を設けて問題のある裁判官をやめさせることができる。最高裁判所の裁判官に対して，国民は任命の可否についての(C)国民審査を行う。

国会も内閣や裁判所による統制を受ける。内閣には(D)衆議院の解散権が与えられている。裁判所は，国会の定めた法律に対する違憲審査を行う。内閣もまた，裁判所による違憲審査の対象となるなど裁判所の統制を受ける。

(2) 政府の収入は主として税金によってまかなわれている。所得税には所得が多くなればなるほど，税率が高くなる(A)累進課税の方法がとられている。これに対して，(B)間接税は低所得者ほど所得にしめる税負担の割合が高くなる傾向がある。

地方公共団体が独自性を発揮して活動するには，それを可能にする財政が必要である。地方税などの財源のみでは，地方公共団体の支出をまかなうことはできない。不足分は，義務教育や道路整備など特定の費用の一部について，国から(C)国庫支出金が支払われ，地方公共団体間の財政格差をなくすために地方交付税交付金が配分される。地方公共団体の借金である(D)国債の発行残高も高い水準にある。

(3) 世界の国々は，ふつう中央銀行とよばれる特別の働きをする銀行をもっている。日本の中央銀行は(A)日本銀行である。ここでは，(B)発券銀行として，紙幣を発行するほか，政府の銀行として政府の資金の出し入れを行ったり，銀行の銀行として，一般の銀行に不足する資金の貸し出しを行ったりしている。

中央銀行が一般の銀行の資金量を変化させ，貸出量を操作することによって，景気や物価に影響を与えようとすることを(C)財政政策という。その中心は(D)公開市場操作で，市中銀行に対して国債などを売買している。

(4) これまで日本の企業の多くでは，就職してから定年まで同一の企業で働く(A)年功序列を保障してきたが，経済の(B)グローバル化が進み，競争が激しくなると，これを見直す企業も出てきた。例えば(C)非正規労働者を増やすなど，その動きは，(D)バブル経済の崩壊以降，一層強まってきた。

【語群】

ア	天皇	イ	正規労働者	ウ	最高裁判所長官	エ	参議院
オ	金融政策	カ	消費税	キ	逆進性	ク	投資銀行
ケ	裁判員制度	コ	地方債	サ	下級裁判所	シ	直接税
ス	弾劾裁判所	セ	公共事業	ソ	終身雇用	タ	両院協議会

多く走り合ひて、捕らへてうち伏《ふ》せて縛《しば》りて、＊光遠《みつとほ》がもとにゐて行《ゆ》きたれば、（下略）

＊光遠　姫君の兄で、人気力士。

【現代語訳】　ちょうど陰暦九月のころなので、姫君は薄い綿入れの着物を一枚着て、片方の手で口をおおい、一方の手で男が刀を抜いて突きつけている腕を、やんわりとつかんでいるようすだった。

男は、ぞっとするような大きな刀を逆手に取って、姫君のお腹に突きつけて、両足を組んで後ろから抱きすくめていた。

姫君は、右手で男が刀を突きつけている手をやんわりと握るようにして、左の手で顔を隠していた。しおらしく泣いているようだったが、その左手をはずして、目の前に荒削りの矢竹が二、三十本散らばっているのを取って、手なぐさみに、節のあたりを指で板の間に押し当ててすりつぶすようにした。すると、あの硬い矢竹が、まるで柔らかな枯れ木を押し砕くように、バリバリと砕けてしまった。

のぞき見していた家来の目は点になったが、姫君を人質にした強盗も目をむいて見つめていた。

家来はこの光景を目にして、「兄君が騒ぎ立てないのも当然のことだ。すばらしい大力の兄君でも、金槌を使って打ち砕かなくては、矢竹はあんなふうにはなるまい。あんなことができるなんて、この姫君はどれほどの力があるのだろう。姫君を人質にとったやつは、今にひねりつぶされてしまうぞ」と、わくわくしていた。

人質にしていた強盗のほうも、姫君の怪力を見せつけられて、体から力が抜けてしまい、「（　　※　　）。この女の力じゃあ、突いた腕をひねり折ってしまうだろう。これはどの怪力じゃあ、手足がバラバラにされてしまうぞ。お手上げだ。逃げるが勝ちだ」と観念した。そして、監視のすきをうかがって、姫君をほうり出すと、部屋から宙を飛ぶように走って逃げた。だが、すぐに大勢の家来が追いかけて、捕まえ、縛りあげて、光遠のもとへ連行した。（下略）

（角川書店編　ビギナーズ・クラシックス　今昔物語集）

※は、問題の関係で空欄としている。

問一　傍線部①「九月」は、陰暦である。陰暦九月の異名を次のア～エから一つ選び、記号で答えなさい。

ア　卯月　　イ　神無月　　ウ　葉月　　エ　長月

問二　傍線部②「口覆《くちおほ》ひをして」を、現代かなづかいにして、すべてひらがなで書きなさい。

問三　二重傍線部ア～エの「の」のうち、用法の異なるものを一つ選び、記号で答えなさい。

問四　傍線部a「さし当てて」、傍線部b「見る」の動作をした人物を原文中から抜き出して答えなさい。

問五　傍線部③「これ」の指示するものを原文中から抜き出して答えなさい。

問六　傍線部④「これを見て思はく」の思った内容が書いてある部分を原文中から抜き出し、はじめと終わりの五文字をそれぞれ答えなさい。（句読点も一字とする。）

問七　傍線部⑤「よも突かれじ」の現代語訳として最も適当なものを、次のア～エから一つ選び、記号で答えなさい。

ア　きっと突かれないだろう。　　イ　まさか突かれないだろう。

ウ　もちろん突かれないだろう。　　エ　おそらく突かれないだろう。

問六　傍線部⑤「依然として南極大陸上空のオゾンホールはなかなか小さくなっていない」の原因として考えられるものとして適当でないものを、次のア～エから一つ選び、記号で答えなさい。

ア　大気中のフロン濃度が減少しているとはいえない。

イ　国際的なフロンの使用の規制や取引の禁止が守られていないことがある。

ウ　クーラーやスプレーからの無秩序な放出がある。

エ　触媒としての塩素原子は、簡単には減少しない。

問七　二重傍線部**ア**～**エ**のうち、品詞が他と異なるものを一つ選び、記号で答えなさい。

問八　傍線部⑥「オゾン層の破壊が進行していけば、将来どうなるのだろう?」について、筆者の心配している究極の姿が書かれている部分を本文中から三十五字以内で抜き出し、はじめと終わりの五文字をそれぞれ答えなさい。（句読点も一字とする。）

問九　傍線部⑦「杞憂」は、故事成語である。次のア～エの四字熟語から故事成語を一つ選び、記号で答えなさい。

ア　四苦八苦　　イ　二者択一　　ウ　三寒四温　　エ　朝三暮四

問十　本文の内容と合致するものを次のア～エから一つ選び、記号で答えなさい。

ア　オゾンに含まれる強い紫外線が、皮膚の細胞やＤＮＡを破壊したり、遺伝子に突然変異を引き起こしたりする。

イ　大気が安定して分布できるのは、上空にオゾン層が広がっているおかげである。

ウ　オゾンホールが最初に発見されたのは南極大陸上空であるが、北極上空でも大きなものが観測されている。

エ　オゾン層の破壊を防ぐには、科学・技術の活用を積極的に行うことが必要である。

二　**次の文章を読んで、あとの問いに答えなさい。**

【原文】

①九月ばかりのことなれば、女房《にょうぼう》は薄《うす》き綿《わた》**ア**の衣《きぬ》ひとつばかりを着、片手しては②口覆《くちおほ》ひをして、いま片手しては男《をのこ》の刀を抜きてさし当《あ》つる肱《かひな》を、やはら捕らへたるやうにて居《ゐ》たり。

男《をのこ》、大《おほ》きなる刀の恐ろしげなるを逆手《さかて》に取りて、腹**イ**の方にaさし当てて、足をもつて後ろよりあぐまへて抱《いだ》きて居《ゐ》たり。

この姫君《ひめぎみ》、右の手して、男《をのこ》**ウ**の刀抜きてさし当てたる手を、やはら捕《と》らへたるやうにして、左**エ**の手にて顔の塞《ふさ》ぎたるを、泣く泣くその手をもつて、前に矢《や》篠《の》の荒造《あらづく》りしたるが二、三十ばかりうち散《ち》らされたるを、手まさぐりに節《ふし》のほどを指をもつて板敷《いたじ》きに押しにじりければ、朽《く》ち木などの柔《やは》らかならむを押し砕《くだ》かむやうにみしみしとなるを、あさましとb見るほどに、③これを質《しち》に取りたる男《をのこ》も目をつけて見る。

このぞく男《をのこ》も、④これを見て思《おも》はく、兄《あに》の主《ぬし》、うべ騒《さわ》ぎ給《たま》はざるは理《ことわり》なりけり、いみじからむ兄の主、鉄槌《かなづち》をもつて打ち砕かばこそ、この竹はかくはならめ、この姫君はいかばかりなる力にてかくはおはするにかあらむ、この質に取りたる男《をのこ》はひしがれなむずと見るほどに、この質に取りたる男《をのこ》もこれを見て、益《やく》なく思《おぼ》えて、たとひ刀をもつて突くとも⑤よも突かれじ、肱取《かひなと》りひしがれぬべき女房《にょうぼう》の力にこそありけれ、かばかりにてこそ支体《したい》も砕《くだ》かれぬべかめり、由《よし》なし、逃《に》げなむと思《おも》ひて、人目をはかりて棄《す》てて走り出でて、飛ぶがごとくに逃げけるを、人、末《すゑ》に取り組みが開始された。

ひとつは一九八五年にbサイタクされた、国際的な協力によってオゾン層の保護を図ることを目的としたウィーン条約。もうひとつは一九八七年にサイタクされた、オゾン層破壊物質の生産削減などの規制c措置を取り決めたモントリオール議定書である。また、一九九〇年のロンドン会議では、15種のフロンを二〇〇〇年までに完全廃止することを取り決めている。

このようなフロンの使用や取引が禁止されたにもかかわらず、⑤依然として南極大陸上空のオゾンホールはなかなか小さくなっていない。また、緯度が高くなるほど、オゾンの減少率が大きくなっており、南極ほどは冷え込まない北極上空にも、オゾンホールが観測されている。

国際的な規制によって、大気中のフロン濃度は減少傾向になっているが、代替フロンやハロンの濃度は増加しており、また密輸や冷蔵庫やクーラーやスプレーからの無秩序な放出もあり、なお深刻な状況が続いている。

塩素原子は触媒として働くため、簡単に減少しない。アそのため、オゾン層の破壊は続いており、オゾンホールは二〇二〇年頃までは存続すると予想されている。

⑥オゾン層の破壊が進行していけば、将来どうなるのだろう?

イまず考えられることは、皮膚がんに罹る人が増加し、さらに遺伝子の突然変異が増加して、さまざまな肉体的障害が生じる可能性も考えられる。いずれも、人間の平均寿命を短くすることにつながるだろう。

ウむろん、動物だけでなく、植物も強い紫外線で育ちにくくなり、DNA障害で不稔（花が受精しても種子が出できない）も増える。現在、収穫したジャガイモの発芽を防ぐためにX線照射しているが、それが自然のなかで行われるようになるのである。

思いがけないこととしては、オゾンが紫外線を吸収することによって成層圏を安定化させている効果が消えると、成層圏が降下することがある。古代中国では、杞の国の人が天が落ちてくる心配をしたことを「⑦杞憂」と言い、取り越し苦労のことを指すが、オゾン層が破壊されれば、現実に天が落ちてくる可能性もある。

エもし、オゾンが完全に破壊されてしまうと、陸上には生物が棲《す》めなくなり、水中の生物だけになってしまいかねない。オゾン層の破壊は、フロンの禁止条約が機能して、なんとか食い止められそうだが、このような問題はまだ多く起こるかもしれず、科学・技術の安易な使用を慎まねばならない。（池内了著『科学は、どこまで進化しているか』祥伝社新書より）

問一　傍線部a、bのカタカナは漢字に直して書き、cの漢字は読みをひらがなで書きなさい。

問二　傍線部①「生命活動を維持することができないのだ」の部分を文節に分け、文節の数を算用数字で答えなさい。

問三　傍線部②「そして、長い時間をかけて、海のなかの海藻の光合成反応によって、ゆっくりと酸素が供給され、それが大気中に溜まって濃度が上がった。」の文の中には重複した表現がある。その部分を抜き出して答えなさい。

問四　傍線部③「それ」の指しているものを、「こと」につながる形で本文中から抜き出して答えなさい。

問五　傍線部④「オゾン破壊のメカニズム」について説明している一文を本文中から抜き出し、はじめの五文字を答えなさい。

【国　語】（四〇分）〈満点：二〇〇点〉

一　次の文章を読んで、あとの問いに答えなさい。

「オゾン」は酸素が3個結合した分子であり、波長の短い紫外線を吸収する性質がある。

　地球が誕生して40億年以上、地球の大気中の酸素は少なく、当然オゾンも作られなかった。そのため、太陽の光に含まれる紫外線が地表にまで到達し、生物は地上に進出することができなかった。強い紫外線が、皮膚の細胞やＤＮＡ（デオキシリボ核酸）を破壊したり、遺伝子に突然変異を引き起こしたり、皮膚がんになったりして、①生命活動を維持することができないのだ。その間、生物は紫外線の届かない海のなかでしか生きられなかった。

　②そして、長い時間をかけて、海のなかの海藻の光合成反応によって、ゆっくりと酸素が供給され、それが大気中に溜まって濃度が上がった。やがて、酸素分子が紫外線の働きで、酸素原子が3個結合したオゾンに転換されるようになった。

　オゾンが増えるにつれ、紫外線が上空でシャットアウトされるようになった。③それが5億年ほど前のことである。そのような状況になって、まず植物が陸上へ進出し、後を追って昆虫、そして脊椎動物（魚類）が上陸していった。魚類は、恐竜類、爬虫類、両生類を経て哺乳類へと進化してきたが、オゾン層があればこそ、脊椎動物が私たち人類にまで進化できたと言える。

　オゾン層が太陽からの高エネルギー紫外線を吸収しているため、成層圏（高度10～50キロメートル）では上空ほど温度が高くなっており、対流運動が起こらないので、安定した上層大気層が存在する。オゾン層が広がっているおかげで、大気は安定して分布できるのだから、オゾン層が地上の生物の命を守っているのだ。

　熱帯地域で皮膚がんに罹《かか》る人の割合が多いのは、赤道付近ではもともとオゾン層が薄く、そのため紫外線を浴びる割合が多いためではないかと考えられている。

　オゾン層は、地球の大気圏（高度０～１０００キロメートル）下層部、地表から15～50キロメートル上空の成層圏に薄く分布している。オゾンがどれくらい存在しているかを表わす単位として、「ドブソンユニット」が使われている。

　これは、大気の下端から上端までのオゾン全量を地表に集め、０度で1気圧にした時の厚みをセンチメートル単位で表わし、それを１０００倍した量と定義される。そうすると、たとえば３００ドブソンユニットは、オゾンの厚みが3ミリメートルということになる。四月の数値で比べると、札幌で４００、鹿児島で３１０、那覇で２８０と、低緯度で低いことがわかる。

　一九八五年、南極大陸の上空で、オゾンの濃度が特に低い領域が穴のように広がっていることが発見され、「オゾンホール」と呼ばれるようになった。その主要な原因物質は、冷媒として使われているフロン（正確にはクロロフルオロカーボン）に含まれる塩素原子である。塩素原子は、冬の南極の上空で形成される極成層圏雲の氷の上に、春に差し込む太陽の光による不均一化学反応で放出され、オゾンを破壊する。

　この④オゾン破壊のメカニズムは、すでに化学者によって予言・ａケイコクされていたこともあり、ただちにオゾン層保護のための国際的な

MEMO

大切なことはメモしておこうネ！

2022年度

解　答　と　解　説

《2022年度の配点は解答欄に掲載してあります。》

＜数学解答＞

1 (1) 6　(2) $4\sqrt{5}$　(3) x^2+6x+9　(4) $x=\frac{1}{2}$　(5) $4\sqrt{2}$　(6) $a=2$

2 (1) ① エ　② 28, 29, 30人　(2) ① $\frac{1}{9}$　② $\frac{3}{4}$

3 (1) $y=-2x+10$　(2) $y=x$　**4** (1) $a=\frac{1}{2}$　(2) $\frac{4}{3}\pi\,\text{cm}^3$

5 55度　**6** (1) 30度　(2) 2cm

7 (1) $\sqrt{5}$ cm　(2) $\frac{8\sqrt{5}}{5}$ cm　**8** $2-\sqrt{3}$, $\frac{5}{4}$, 2cm

○配点○

各1点×20　計20点

＜数学解説＞

基本 **1** (数の計算，平方根の計算，式の展開，1次方程式，式の値，変化の割合)

(1) $-2\times(-3)=6$

(2) $(\sqrt{5}-1)(5+\sqrt{5})=(\sqrt{5}-1)(\sqrt{5}+5)=(\sqrt{5})^2+(-1+5)\sqrt{5}+(-1)\times5=5+4\sqrt{5}-5=4\sqrt{5}$

(3) $(x+3)^2=x^2+2\times3\times x+3^2=x^2+6x+9$

(4) $\frac{x+1}{3}=\frac{1}{2}$　$2(x+1)=3$　$2x+2=3$　$2x=3-2=1$　$x=\frac{1}{2}$

(5) $x^2-y^2=(x+y)(x-y)=\{(\sqrt{2}+1)+(\sqrt{2}-1)\}\{(\sqrt{2}+1)-(\sqrt{2}-1)\}=2\sqrt{2}\times2=4\sqrt{2}$

(6) $\frac{a\times4^2-a\times1^2}{4-1}=\frac{16a-a}{6}=\frac{15a}{3}=5a$　$5a=10$から，$a=2$

2 (連立不程式の応用問題，確率)

(1) ① ノート100冊を，1人に3冊ずつx人に配ったときの余りは，$100-3x$(冊)　それが10冊以上になるから，$100-3x\geqq10$

② ①より，$100-3x\geqq10$　$100-10\geqq3x$　$90\geqq3x$　$30\geqq x$　1人に4冊ずつ配ると10冊以上不足することから，$4x-100\geqq10$　$4x\geqq110$　$x\geqq\frac{110}{4}=27.5$　よって，$27.5\leqq x\leqq30$　xは整数より，28，29，30人

(2) ① 大小2つのさいころの目の出方は全部で，$6\times6=36$(通り)　そのうち，目の積が6になる場合は，(大，小)=(1，6)，(2，3)，(3，2)，(6，1)の4通り。よって，求める確率は$\frac{4}{36}=\frac{1}{9}$

② 目の積が奇数になる場合は，(大，小)=(1，1)，(1，3)，(1，5)，(3，1)，(3，3)，(3，5)，(5，1)，(5，3)，(5，5)の9通り。よって，目の積が偶数になる場合は，$36-9=27$(通り)　したがって，求める確率は，$\frac{27}{36}=\frac{3}{4}$

3 (図形と関数・グラフの融合問題)

基本 (1) 直線ABの傾きは，$\dfrac{0-10}{5-0}=\dfrac{-10}{5}=-2$ 切片は，10 よって，直線ABの式は，$y=-2x+10$

重要 (2) 直線ABと正方形との接点をDとすると，点Dのy座標は2だから，直線ABの式に$y=2$を代入して，$2=-2x+10$ $2x=8$ $x=4$ よって，D(4, 2) 直線ℓと正方形との接点をEとすると点Eのx座標は，$4-2=2$ よって，E(2, 2) 直線ℓは原点を通る直線だから，$\dfrac{2}{2}=1$より，$y=x$

4 (図形と関数・グラフの融合問題)

基本 (1) $y=ax^2$に点Aの座標を代入して，$2=a\times2^2$ $4a=2$ $a=\dfrac{2}{4}=\dfrac{1}{2}$

重要 (2) $y=\dfrac{1}{2}x^2$に$x=-1$を代入して，$y=\dfrac{1}{2}\times(-1)^2=\dfrac{1}{2}$ よって，$\mathrm{B}\left(-1,\ \dfrac{1}{2}\right)$ 直線ABの式を$y=px+q$として点A，Bの座標を代入すると，$2=2p+q$…① $\dfrac{1}{2}=-p+q$…② ①－②から，$\dfrac{3}{2}=3p$ $p=\dfrac{1}{2}$ これを①に代入して，$2=2\times\dfrac{1}{2}+q$ $q=1$ よって，直線ABの式は$y=\dfrac{1}{2}x+1$だから，C(0, 1) 求める立体の体積は，底面が半径2の円で高さが2の円すいの体積から，底面が半径2の円で高さが$2-1=1$の円すいの体積をひいたものだから，$\dfrac{1}{3}\times\pi\times2^2\times2-\dfrac{1}{3}\times\pi\times2^2\times1=\dfrac{8}{3}\pi-\dfrac{4}{3}\pi=\dfrac{4}{3}\pi\ (\mathrm{cm}^3)$

5 (平面図形の計量問題―円の性質，角度)

円に内接する四角形の定理から，$\angle\mathrm{PDA}=\angle\mathrm{ABC}=\angle x$ △ABQにおいて内角と外角の関係から，$\angle\mathrm{PAD}=\angle x+40^\circ$ △PADにおいて内角の和の関係から，$\angle x+\angle x+40^\circ+30^\circ=180^\circ$ $2\angle x=110^\circ$ $\angle x=55^\circ$

6 (平面図形の計量問題―円の性質，角度)

(1) 補助線OB，OCを引くと，OB＝OC＝BC＝2から，△OBCは正三角形になるので，$\angle\mathrm{BOC}=60^\circ$ 円周角の定理から，$\angle\mathrm{BAC}=\dfrac{60^\circ}{2}=30^\circ$

重要 (2) △PAQは二等辺三角形だから，∠PAQ＝∠PQA 円周角の定理から，∠BCQ＝∠PAQ 対頂角から，∠BQC＝∠PQA よって，∠BCQ＝∠BQC したがって，△BQCは二等辺三角形になるので，QB＝CB＝2(cm)

7 (平面図形の計量問題―三平方の定理)

(1) $\mathrm{AC}=\sqrt{2^2+4^2}=\sqrt{20}=2\sqrt{5}$ $\mathrm{EF}=\mathrm{EC}=\dfrac{\mathrm{AC}}{2}=\dfrac{2\sqrt{5}}{2}=\sqrt{5}\ (\mathrm{cm})$

重要 (2) EDとFCの交点をGとすると，EC＝EF，GC＝GFから，ED⊥FC EG＝xとすると，$\mathrm{DG}=\sqrt{5}-x$ △FEGと△FDGにおいて，FGの関係から，$\mathrm{FE}^2-\mathrm{EG}^2=\mathrm{FD}^2-\mathrm{DG}^2$ $(\sqrt{5})^2-x^2=2^2-(\sqrt{5}-x)^2$ $5-x^2=4-(5-2\sqrt{5}x+x^2)$ $2\sqrt{5}x=6$ $x=\dfrac{6}{2\sqrt{5}}=\dfrac{3}{\sqrt{5}}$ $\mathrm{FG}^2=5-\left(\dfrac{3}{\sqrt{5}}\right)^2=5-\dfrac{9}{5}=\dfrac{16}{5}$ $\mathrm{FG}=\sqrt{\dfrac{16}{5}}=\dfrac{4\sqrt{5}}{5}$ よって，$\mathrm{CF}=2\mathrm{FG}=2\times\dfrac{4\sqrt{5}}{5}=\dfrac{8\sqrt{5}}{5}\ (\mathrm{cm})$

重要 **8** （空間図形の計量問題－三平方の定理）

$DG=\sqrt{1^2+2^2}=\sqrt{5}$　点PからCGへ垂線PIを引くと，$PI=1$，$CI=2-x$　$DP=\sqrt{1^2+1^2+(2-x)^2}=\sqrt{x^2-4x+6}$　DP＝DGとなるとき，$DP^2=DG^2$から，$x^2-4x+6=5$　$x^2-4x+1=0$　二次方程式の解の公式から，$x=\dfrac{-(-4)\pm\sqrt{(-4)^2-4\times1\times1}}{2\times1}=\dfrac{4\pm\sqrt{12}}{2}=\dfrac{4\pm2\sqrt{3}}{2}=2\pm\sqrt{3}$　$x<2$から，$x=2-\sqrt{3}$　PG＝PDとなるとき，$PG^2=PD^2$から，$x^2+1=x^2-4x+6$　$4x=5$　$x=\dfrac{5}{4}$　PG＝DGとなるとき，点Pは点B上にあるから，$x=2$　よって，$x=2-\sqrt{3}$，$\dfrac{5}{4}$，2(cm)

★ワンポイントアドバイス★

8で，三角形DPGが二等辺三角形になるには3通りある。場合分けして，考えていこう。

＜英語解答＞

1　第1問　1番　a 正　b 誤　c 誤　d 誤
　　　　　2番　a 誤　b 誤　c 誤　d 正
　　　　　3番　a 誤　b 誤　c 誤　d 正
　　第2問　問1　a 誤　b 誤　c 誤　d 正
　　　　　問2　a 誤　b 誤　c 誤　d 正

2　(1)　① ア　② イ　③ ウ　(2)　① make　② saying

3　a エ　b オ　c ア　d イ

4　(1)　A イ　B ウ　C ア　(2)　エ　(3)　use　(4)　エ

○配点○

各1点×20(1第1問1番～3番，第2問問1・問2各完答)　計20点

＜英語解説＞

1　(リスニング)

(第1問)　1番　Mother　: Are you all right, Katsumi? You look so sleepy.

Katsumi : Yes. Mom. I went to bed after midnight and had to get up very early this morning. I still have something to do before breakfast.

Mother　: When can you come down for breakfast?

Katsumi : Very soon. Mom, can you water the flowers for me this morning?

Question : Where is Katsumi?

a　He is in his room.

b　He is in the garden.

c　He is in the kitchen.

d　He is in the living room.

2番　Jane　: What are you doing, Mike?

Mike : Oh, Jane. I'm studying for the test.

Jane ：But you told me yesterday that you would help me buy a new bag.

Mike：I'll help you, but can you wait for 30 minutes? Jane, how about walking around in the park until I'm ready? The cherry blossoms are at their best. Come back in thirty minutes, please.

Question：Where are Jane and Mike going?

a They are going to school.
b They are going to the park.
c They are going to a restaurant.
d They are going to a shop.

3番 Ken ：It's very hot today, Meg. Let's buy something cold at that shop.

Meg：I'd like to, but I don't have any money with me now.

Ken ：Last time I didn't, and you paid for me. Let me pay for you this time.

Meg：Great thanks, Ken. Then let's go.

Question：What would happen after this?

a They would go home without having anything to drink.
b Only Meg would buy something cold to drink.
c Only Ken would buy something cold to drink.
d Both Meg and Ken would buy something cold to drink.

第1問 1番 母 ：大丈夫，カツミ。あなたはとても眠そうよ。

カツミ：うん。お母さん。僕は夜半後に寝に行って，今朝はとても早く起きなければならなかったんだ。朝食の前に，僕にはまだするべきことがあるよ。

母 ：あなたはいつ朝食に降りてこられるの。

カツミ：すぐに。お母さん，今朝は僕の代わりに花に水をやってくれるかい。

質問：カツミはどこにいるか。

a 彼は彼の部屋にいる。
b 彼は庭にいる。
c 彼は台所にいる。
d 彼は居間にいる。

2番 ジェーン：あなたは何をしているの，マイク。

マイク ：ああ，ジェーン。僕はテストのために勉強しているんだ。

ジェーン：でも，あなたは昨日，私に私が新しいかばんを買うのを手伝うつもりだ，と言ったわ。

マイク ：僕は君を手伝うつもりだけれど，30分間待ってくれるかい。ジェーン，僕の準備ができるまで，公園を散歩するのはどうだい。桜の木が満開だよ。30分で帰ってきてよ。

質問：ジェーンとマイクはどこへ行くつもりか。

a 彼らは学校へ行くつもりだ。
b 彼らは公園へ行くつもりだ。
c 彼らはレストランへ行くつもりだ。
d 彼らは店へ行くつもりだ。

3番 ケン：今日はとても暑いね，メグ。あの店で何か冷たいものを買おう。

メグ：そうしたいけれど，私は今，お金を全く持っていないのよ。

ケン：この前，僕が持っていなかったとき，君が僕の分を支払ったね。今回は僕に君の分を支払わせてよ。

メグ：どうもありがとう，ケン。それじゃ，行こう。
質問：この後，何が起こったか。
a　彼らは何も飲む物を持たずに家へ帰った。
b　メグだけが冷たい飲み物を買った。
c　ケンだけが冷たい飲み物を買った。
d　メグとケンの両方が冷たい飲み物を買った。

（第2問） Tatsuo received a telephone call from his grandmother. Tatsuo's grandfather died last year and she lived alone. She wanted him to visit her. She said she had something she wanted to give him, but she didn't say what it was. On Sunday, Tatsuo visited her. She was very happy to see him. She gave him what he wanted for a long time. It was a camera. Tatsuo didn't know how she came to know what he wanted.

問1　Why did Tatsuo's grandmother want him to visit her?
a　She was very ill and wanted to talk to him.
b　She had something she wanted him to do for her friend.
c　She lived alone and wanted someone to talk to.
d　She wanted to give him something.

問2　Which was true?
a　Tatsuo's grandmother wrote to him.
b　Tatsuo's grandparents lived happily.
c　Tatsuo was not happy when he saw his grandfather.
d　Tatsuo was happy with the present he got from his grandmother.

第2問　タツオは彼の祖母からの電話を受けた。タツオの祖父は去年死に，彼女は1人で暮らしていた。彼女は彼に彼女を訪問してほしかった。彼女は，彼女が彼にあげたい物がある，と言ったが，それが何か言わなかった。日曜日に，タツオは彼女を訪問した。彼女は彼に会えてとてもうれしかった。彼女は，彼が長い間欲しかったものを彼にあげた。それはカメラだった。彼女がどのように彼が欲しかったものを知るようになったのか，タツオは知らなかった。

問1　タツオの祖母は，なぜ彼に彼女を訪ねてほしかったのか。
a　彼女はとても具合が悪くて，彼と話したかった。
b　彼女は彼に彼女の友達のためにして欲しいことがあった。
c　彼女は1人で住んでいて，誰か話す人が欲しかった。
d　彼女は彼に何かあげたかった。

問2　どれが正しいか。
a　タツオの祖母は彼に手紙を書いた。
b　タツオの祖父母は幸せに暮らしていた。
c　彼の祖母に会ったとき，タツオはうれしくなかった。
d　タツオは彼の祖母からもらったプレゼントに満足した。

2　**（英問英答，書き換え：語句補充）**

（1）①　A：あなたのお父さんは先生ですか。
B：はい，そうです。彼はこの学校で音楽を教えます。
ア「はい，そうです」（○）　イ「いいえ，違います」（×）　ウ「はい，します」（×）　エ「いいえ，しません」（×）
②　A：コーヒーをもう少しいかがですか。

B：いいえ，結構です。私は十分にいただきました。

ア 「はい，お願いします」(×)　イ 「いいえ，結構です」(○)　ウ 「その通り」(×)

エ 「いいえ，あなたはしません」(×)

③ A：もしもし。ヒロシです。ヘレンをお願いします。

B：すみません。彼女は外出しています。

A：伝言を残してもよいですか。

ア 「わかりました。私は入りません」(×)　イ 「あなたは私に後で電話してくれますか」(×)

ウ 「伝言を残してもよいですか」(○)　エ 「私は外出してもよいですか」(×)

重要 (2) ① 従属節(when ～)から「AをBにする」という意味の第5文型〈make ＋A＋B〉への書き換え。 ② 〈否定の文＋ and ～〉から〈～ without ＋動名詞〉への書き換え。どちらも「～しないで」の意味。without は前置詞。前置詞の目的語に動詞が来る場合，その動詞は原則として動名詞〈動詞の原形＋ ing〉となる。

基本 **3 (長文読解・伝記：語句補充)**

(全訳) 日本はそのたくさんの漫画でa有名だ。漫画がとても有名なのでそれらの著者も有名になる漫画もある。『ゲゲゲの鬼太郎』の著者，水木しげるはそれらの人々の1人だ。彼の伝記はいくつかの様々な一連のテレビにさえbされた。

水木は鳥取県で1922年に生まれて，育てられた。子どもだったとき，彼は規則に従うことが好きではなく，自分のペースで物事をした。彼は勉強することが好きではないが，美術が得意で妖怪やお化けにc興味をもっていた。基本的に，彼は彼がしたいことだけをした。しかし，彼はそれらのことにとても一生懸命に取り組んだ。

水木は21歳のとき，日本の陸軍に入った。彼は規則に従わなかったので，年上の兵士は何度も彼の顔を殴った。まもなく，彼はパプアニューギニアの危険な島にd送られた。ほとんどの兵士はそこで死んだ。

(a) be known for ～ は「～で知られている」の意味。known は know の過去分詞形。

(b) be made into ～「～になる」

(c) be interested in ～「～に興味を持っている」

(d) be sent to ～「～に送られる」

4 (長文読解・論説文：空欄補充，指示語，語句整序，内容吟味)

(全訳) 記録がある以前，私たちは話をした。話は私たちが私たちの子どもや彼らの子どもに知識を伝える方法だった。話す人は生活の重要な一部だった。私たちは今日まで①これをする。

より古代の人々は話や行動を通して情報を共有した。彼らは植物や狩り，天気，季節，歴史やたくさんの他のことについて話した。

あるとき，私たちは私たちの話や知識を記録する必要がある，と私たちは気づいた。人々は偉大な記憶を持っているが，時には多すぎて覚えられないこともあった。

人々は物事を記録する方法を必要とした。彼らは物事を書き留める必要があった。全てのことを覚えることは不可能だ。

最初は，私たちは情報を記録するために絵を描いたり掌紋を使ったりした。

しかし，情報が1つの場所にしかないので，人々はこの知識を広く共有することができなかった。人々は物事の写しを作ってそれらを共有する方法を必要とした。

②最も古い方法は，押し型を使うことだった。人々は柔らかい素材に彼らが望む記号や線を掘り抜いた。それから，彼らはそれを液体の中に入れ，物の上に押しつけた。

その押し型は芸術や，伝言を書くため，物に名前を記入するためにC使われた。これらの押し型は布に模様を書きつけたり，絵や図案を押したりすることができた。本に押すためのいくつかの本当に大きな押し型を作った人々もいた。

後に，中国人は中国の書体を押すためのたくさんの小さな版木を作った。それぞれの文字に1つの版木を使うことによって，彼らは同じ版木を何度も何度も使うことができた。

1234年に，韓国人は印刷のためのたくさんの小さな金属の版木を作り始めた。これは近代印刷の始まりだった。

最初の活版印刷機は1450年にドイツでヨハネス・グーテンベルクによって作られた。

(1)　(A)　主語が不特定なもので「…が～にある」という意味を表す場合，〈There ＋be動詞＋数量[a／an]＋名詞＋場所を示す前置詞句〉の形にする。　(B)　〈It is ～ to …〉で「…することは～だ」という意味。この it は形式上の主語なので「それ」などと訳に出てくることはない。意味上の主部である真主語は〈to ＋動詞の原形～〉である。　(C)　〈be動詞＋動詞の過去分詞形〉の形で「～される」という意味の受動態になる。used は use「使う」の過去分詞形。

(2)　this は先行する文の内容を指す。ここでは下線部①の直前の1文の内容である。

やや難　(3)　(The) oldest way was to use stamps(.)　「最も古い方法は，押し型を使うことだった」不定詞〈to ＋動詞の原形〉の文。ここでは「～すること」という意味の名詞的用法で用いられている。

(4)　ア　最終段落参照。グーテンベルクが作ったのは活版印刷機である。(×)　イ　第10段落参照。韓国人が始めたのである。(×)　ウ　最良の方法についての記述はない。(×)　エ　第7段落第1文参照。(○)

★ワンポイントアドバイス★

語句整序問題は，1語目から並べていくことにこだわらず，構文や熟語，不定詞などの文法事項や文型に注目し，小さいまとまりを作っていくことから始めるとよい。

＜理科解答＞

1　(1)　イ　(2)　ア　(3)　B－ア　D－イ　(4)　①　エ　②　イ

2　(1)　D－エ　(2)　ア　(3)　ウ　(4)　オ

3　(1)　X　ウ　Y　オ　(2)　ウ，エ　(3)　ウ，エ　(4)　ウ　(5)　56km

4　(1)　オ　(2)　100W　(3)　ウ　(4)　5秒　(5)　0.8m/秒

○配点○

1　各1点×6　2　各1点×4　3　各1点×5((1)～(3)各完答)　4　各1点×5　計20点

＜理科解説＞

1　(植物の体のしくみ－植物の細胞)

基本　(1)　あなを取り囲む細胞を孔辺細胞といい。その中の緑色の粒は葉緑体である。

基本　(2)　あなの部分を気孔という。これを通して気体が出入りする。

重要　(3)　Aは液胞，Bは核，Cは葉緑体，Dは細胞膜，Eは細胞壁である。これらのうち動物細胞と共通するものは，核と細胞膜である。

重要　(4)　①　十分に光が当たっていると，光合成が活発に行われるために酸素が放出される。しかし，光合成が行われるかどうかにかかわらず，呼吸によって二酸化炭素が放出される。強い光が当たっていると，光合成で放出される酸素の量が呼吸で放出される二酸化炭素の量を上回る。

② 暗黒の下では光合成が行われず，呼吸によって二酸化炭素だけが放出される。

2 （気体の発生とその性質―気体の発生と性質）

重要 (1) 図1の集め方が適する気体は，水に溶け空気より軽い気体である。空気より軽い気体は，空気の密度1.20g/Lより密度の小さな気体である。この二つの条件を満たす気体はDである。Dは空気より軽くにおいがある気体なので，アンモニアである。

重要 (2) 気体Aは二酸化炭素である。二酸化炭素は石灰水に通すと石灰水が白くにごる。イは酸素，ウは水素，エはアンモニア，オは窒素である。

基本 (3) Bは水に溶けにくく，最も軽い気体なので水素である。

基本 (4) Cは水に溶けにくく，空気より少し重くにおいがない。これより酸素である。酸素は光合成の材料ではなく，光合成で生じる気体である。

基本 3 （大地の動き・地震―地震波）

(1) P波による揺れを初期微動といい，S波による揺れを主要動という。

(2) 地震の発生した場所は震源という。地震の揺れの大きさを示すのは震度であり，震度は0から7まで，5弱，5強，6弱，6強を含めて10段階で示す。主要動はS波による揺れである。

(3) 図より，A地点での初期微動継続時間は7秒程度である。初期微動継続時間が長いほど震源から の距離が長い。

(4) C地点までの70kmをS波は20秒かかって到達するので，S波の速さは70÷20＝3.5(km/s)である。

(5) D地点にP波が伝わるのに8秒かかるので，震源からD地点までの距離は7×8＝56(km)である。

4 （仕事―仕事と仕事率）

基本 (1) 50kgの物体に働く重力は500Nであり，これを2m持ち上げるので，このとき行った仕事は500×2＝1000(J)である。

基本 (2) 仕事率は仕事をかかった時間で割ると求まる。1000÷10＝100(W)である。

重要 (3) 定滑車ではおもりの重さと引く力の大きさは同じであり，おもりの移動する距離と引く距離も同じであるが，動滑車は引く力がおもりの重さの半分になり，引く距離が2倍になる。

基本 (4) 動滑車を使うと250Nの力で持ち上げられるが移動距離は4mになり，行なった仕事は1000Jで図1と変わらない。1000Jの仕事を200Wの仕事率で行うので，1000÷200＝5秒かかる。

基本 (5) おもりを4m引き上げるのに5秒かかるので，ロープを引く速さは4÷5＝0.8(m/秒)である。

★ワンポイントアドバイス★

大半の問題が基本レベルで難問はない。教科書レベルの基礎的な知識をしっかりと理解し，計算問題の演習なども練習しておこう。

＜社会解答＞

1 (1) B　(2) ウ　(3) イ　(4) ユーロ

2 (1) カ　(2) ア，オ　(3) (記号) エ　(語句) 中小企業　(4) 地方中枢都市

3 (1) カ　(2) ウ　(3) 南蛮貿易　(4) ウ

4 (1) ア　(2) 田中正造　(3) オ　(4) イ

5 (1) B−ス　(2) D−コ　(3) C−オ　(4) A−ソ

○配点○

各1点×20(2(2)，(3)各完答)　計20点

＜社会解説＞

1 (地理—世界の地形・気候・人口，諸地域の特色，産業)

重要 (1) ヨーロッパの主要国は，日本がある緯度の範囲よりも，高緯度にあることを地図帳で確かめておこう。日本の八郎潟付近の干拓地と同じ北緯40度～41度にあるのはスペインの首都マドリードである。

(2) オリーブは地中海沿岸国で盛んに生産されている。したがって，スペイン，イタリアなどが当てはまる①が該当する。チーズは酪農等で生産される。したがって，アメリカ，ドイツ，フランスなどが当てはまる②が該当する。ライ麦は混合農業で使われる。したがって，ドイツなどが当てはまる③が該当する。

(3) 略地図のヨーロッパの主要4カ国の中で，農業生産額が最も多いのは，Cのフランス，一人当たりの国内総生産額が最も高いのは，Dのドイツである。

(4) EU内では，多くの国が共通通貨のユーロを使うようになり，ほかの国で，両替する必要がなくなった。

2 (日本の地理—諸地域の特色，産業，その他)

(1) ①は一年中温暖で降水量の少ない瀬戸内の気候で，Cの香川県の高松である。②は冬に雪などで降水量が多い日本海側の気候で，Bの鳥取県の鳥取である。③は夏に太平洋からふく季節風によって降水量が多い太平洋側の気候で，Aの愛知県の名古屋である。

(2) 東北6県の中で最も米の生産額が高いのは秋田県である。豚の飼育頭数が最も多いのは鹿児島県である。

(3) Gの大阪府を中心とした阪神工業地帯の内陸部には，生活必需品等を生産する中小企業の工場が多くある。

(4) 地方中枢都市とは，それぞれの地方の中心的な都市のことで，中央官庁の出先機関や大企業の支社・支店などが集中している。中枢は「物事の中心となる，最も重要な所」のことという意味である。

3 (日本の歴史—各時代の特色，政治・外交史，文化史，日本史と世界史の関連)

基本 (1) Ⅰの唐獅子図屏風は桃山文化のものなので，eにあたる。Ⅱの興福寺阿修羅像は天平文化のものなのでaにあたる。

重要 (2) 平安時代には，国司は6年(後に4年)で交代していたが，賄賂を受け取っていたり租税の徴収に関して嘘の記載をして不正に自分の儲けを増すなどの不正を行っていたものもいた。桓武天皇は，国司の不正を取りしまった。

(3) eの時代の16世紀半ばから17世紀にかけて，ポルトガル人，スペイン人ら南蛮人と行われた貿易を南蛮貿易という。その結果，日本に大航海時代の文化が流入した。

基本 (4) 株仲間の解散は，水野忠邦の天保の改革の政策なので，ウがふさわしくない。

4 (日本と世界の歴史―政治・外交史，日本史と世界史の関連)

(1) アは，日清戦争後の下関条約で決められたことなので，ふさわしくない。

(2) 足尾銅山鉱毒事件で国会で訴えてもだめだと知った正造は，明治天皇への直訴をした。この直訴事件ががきっかけとなって世論が盛り上がり，政府は鉱毒調査会をつくったが，この調査会が示した計画は，渡良瀬川・思川・巴波川の合流する地点の谷中村をつぶして遊水地をつくり，洪水を防ぐというものであった。

やや難 (3) ソビエト社会主義共和国連邦成立(1922年)→南京国民政府成立(1927年)→世界恐慌が起こる(1929年)。

(4) 1950年8月「わが国の平和と秩序を維持し，公共の福祉を保障するのに必要な限度内で，国家地方警察及び自治体警察の警察力を補うため」に警察予備隊が創設された。朝鮮戦争を契機に，占領軍の要請のもとに創設された。

5 (公民―政治のしくみ，経済生活，日本経済，その他)

(1) 国会は，弾劾裁判所を設け，問題のある裁判官をやめさせることができる。弾劾裁判は国会の仕事の1つである。

(2) 国債は国の借金，地方債は地方公共団体の借金である。

やや難 (3) 中央銀行(日本銀行)の金融政策とは，公開市場操作(オペレーション)などの手段を用いて，金融市場における金利の形成に影響を及ぼし，通貨および金融の調節を行うことである。

(4) 「年功序列」とは，「年功賃金」とも呼ばれるように，年齢や勤続年数が高い社員ほど「賃金」が高くなり，同時に課長・部長といった「役職」も高くなりやすい人事制度である。終身雇用とは，企業が定年の年を迎えるまで正社員を雇用する人事制度のことである。

★ワンポイントアドバイス★

1(4) EU加盟国の中でも，デンマークのように，ユーロを導入しないで独自の通貨を使っている国もある。3(3) 南蛮貿易では，日本は，生糸，鉄砲，火薬などを輸入し，主に銀を輸出した。

＜国語解答＞

一 問一 a 警告 b 採択 c そち 問二 4 問三 海のなかの海藻
問四 [オゾンが増えるにつれ，]紫外線が上空でシャットアウトされるようになった(こと)
問五 塩素原子は 問六 ア 問七 ア 問八 (はじめ) 陸上には生
(終わり) かねない。 問九 エ 問十 イ

二 問一 エ 問二 くちおおいをして 問三 ウ 問四 a 男 b のぞく男
問五 姫君[女房] 問六 (はじめ) 兄の主，う (終わり) がれなむず
問七 イ

○配点○

各1点×20(一問八，二問六各完答) 計20点

＜国語解説＞

一　(論説文―漢字の読み書き，文節，表現，指示語，文脈把握，内容吟味，故事成語，要旨)

問一　a「警告」は，人に前もって注意すること。「警」を使った熟語はほかに「警戒」「警鐘」など。　b「採択」は，よいものとして選び取ること。「採」を使った熟語はほかに「採集」「採用」など。訓読みは「と(る)」。　c「措置」は，取りはからうこと，処置，という意味。「措」の訓読みは「お(く)」。

問二　「生命活動を／維持する／ことが／できないのだ」と4文節に分けられる。

やや難　問三　「海藻」は，海のなかの藻，という意味なので，「海のなかの海藻」は重複表現となる。

問四　直前の「オゾンが増えるにつれ，紫外線が上空でシャットアウトされるようになった」を指すので，「紫外線が上空でシャットアウトされる(こと)」とするのが適切。

問五　「オゾン層破壊」については，直前に「塩素原子は，冬の南極の上空で形成される極成層圏雲の氷の上に，春に差し込む太陽の光による不均一化学反応で放出され，オゾンを破壊する。」と一文で説明されているので，冒頭の「塩素原子は(5字)」を抜き出す。「オゾンホール」の主要な原因物資はフロンに含まれる塩素原子で，塩素原子は南極の上空で形成されて放出されオゾンを破壊する，と説明されている。

やや難　問六　原因については，直後の段落に「国際的な規制によって，大気中のフロン濃度は減少傾向になっているが，代替フロンやハロンの濃度は増加しており，また密輸や冷蔵庫やクーラーやスプレーからの無秩序な放出もあり，なお深刻な状況が続いている」と説明されているので，イ・ウ・エはあてはまる。アの「フロン濃度が減少しているとはいえない」は，本文中に「大気中のフロン濃度は減少しているが」とあることと合致しない。

問七　アの「そのため」は，順接を表す「接続詞」。イの「まず」，ウの「むろん」，エの「もし」は「副詞」。

やや難　問八　筆者の心配は，直後に「皮膚がんに罹る人が増加し，さらに遺伝子の突然変異が増加して，さまざまな肉体的障害が生じる可能性も考えられる」「植物も強い紫外線で育ちにくくなり，……も増える。現在，収穫したジャガイモの発芽を防ぐためにX線照射しているが，それが自然のなかで行われるようになる」とあり，「究極の姿」については，最終段落に「もし，オゾンが完全に破壊されてしまうと，陸上には生物が棲めなくなり，水中の生物だけになってしまいかねない。」と述べられているので，「陸上には生物が棲めなくなり，水中の生物だけになってしまいかねない。」を抜き出す。

問九　「杞憂(きゆう)」は，心配する必要のないことを心配する取り越し苦労のこと。中国の杞の国の人が，点が落ちてこないかと心配したという，『列子』の故事による。「朝三暮四(ちょうさんぼし)」は，目の前の利益にとらわれて結果が同じになることに気づかないこと。サルにトチの実を与えるのに，朝に三つ暮れに四つ与えようと言ったら怒ったので，朝に四つ暮れに三つ与えようと言ったら喜んだという，『荘子』『列子』の寓話による。四字熟語の「四苦八苦(しくはっく)」は，苦労に苦労を重ねること。「二者択一(にしゃたくいつ)」は，二つのもののうち，どちらか一つを選ぶこと。「三寒四温(さんかんしおん)」は，寒い日が三日続いた後には四日ほど暖かい日が来るという冬の天候のこと。

問十　アは，冒頭近くに「太陽の光に含まれる紫外線」とあることと合致しない。イは，「オゾン層が……」で始まる段落に述べられている内容と合致する。ウは，「一九八五年，南極大陸の上空で，オゾンの濃度が特に低い領域が穴のように広がっていることが発見され，『オゾンホール』と呼ばれるようになった」とあるが，「北極上空でも……」という説明はないので合致しない。エは，本文最後に「科学・技術の安易な使用を慎まなければならない」とあることと合致しない。

二　(古文―月の異名，仮名遣い，品詞・用法，動作主，文脈把握，指示語，現代語訳)

問一　月の異名は，一月は「睦月(むつき)」，二月は「如月(きさらぎ)」，三月は「弥生(やよい)」，四月は「卯月(うづき)」，五月は「皐月(さつき)」，六月は「水無月(みなづき)」，七月は「文月(ふづき・ふみづき)」，八月は「葉月(はづき)」，九月は「長月(ながつき)」，十月は「神無月(かんなづき)」，十一月は「霜月(しもつき)」，十二月は「師走(しわす)」。

問二　すべてひらがなにすると「くちおほひをして」となる。現代仮名遣いでは，語頭以外の「はひふへほ」は「わいいえお」となるので，「ほ」は「お」，「ひ」は「い」に直して，「くちおおいをして」となる。

問三　ウの「男の」の「の」は，主語であることを表す用法で，「が」に置き換えることができる。ア「棉の」，イ「腹の」，エ「左の」の「の」は，直後の体言(名詞)にかかり，その文節が連体修飾語になる用法。

やや難　問四　a　前に「男」とあるので，動作主は「男」。　b　直後に「こののぞく男」とあるので，動作主は「のぞく男」。のぞき見をしていた男が，「男」に人質にされた「姫君」が，その男の「節のほどを指をもつて板敷に押しにじりければ，朽ち木などの柔らかならむを押し砕かむやうにみしみしとなる」様子という様子を見て驚いているのである。

やや難　問五　直後に「質にとりたる」とあるので，人質にされている「姫君」を指す。また，本文冒頭に「女房は薄き綿の衣ひとつばかりを着」とあり，「女房」は「姫君」を指すので，「女房」としてもよい。

問六　直後の「兄の主，……」から始まり，引用の助詞「と」の直前までが該当する。思った内容にあてはまるのは「兄の主，うべ騒ぎ給はざるは，理なりけり。……この質に取りたる男はひしがれなむず」なので，「兄の主，う」と「がれなむず」を抜き出す。

問七　「よも」は，あとに打ち消し推量を伴って，まさか～ないだろう，という意味になるので「まさか突かれないだろう」とするイが適切。

★ワンポイントアドバイス★

現代文の読解の中に知識問題が含まれ幅広く出題されるので，確実に得点できる力をつけよう！　古文は，現代語訳と照らし合わせて文脈を的確に把握し，大意をとらえる練習をしよう！

2021年度

★★★★★★★★★★★★★★★★★★★★★★★★★★★★

入　試　問　題

2021年度

星城高等学校入試問題

【数　学】（45分）　＜満点：22点＞

1　次の問いに答えなさい。

(1)　$6 \div (-3)^2 - \dfrac{1}{3}$ を計算しなさい。

(2)　$\sqrt{2}(\sqrt{12} - \sqrt{3})$ を計算しなさい。

(3)　$(x+2)(x-2)$ を展開しなさい。

(4)　$x(y+1) - y - 1$ を因数分解しなさい。

(5)　$a = \dfrac{1}{\sqrt{5}} + 2$，$b = \dfrac{1}{\sqrt{5}} - 2$ のとき，$a^2 + 2ab + b^2$ の値を求めなさい。

(6)　$x = 2$ のとき $y = 4$ で，x の増加量が2のときの y の増加量が -3 である一次関数の式を求めなさい。

(7)　高さ h，底面の半径 r の円錐の体積を V_1 とし，この円錐の高さを半分に，底面の半径を2倍にした円錐の体積を V_2 とするとき，V_2 は V_1 の何倍になるか求めなさい。

2　次の問いに答えなさい。

(1)　二次方程式 $x^2 + ax - 12 = 0$ の1つの解が -2 のとき，a の値は［　①　］で，他の解は［　②　］である。①，②にあてはまる数を求めなさい。

(2)　関数 $y = ax^2$ について，x の値が -1 から3まで増加するときの変化の割合が -4 であった。a の値を求めなさい。

(3)　2つの自然数 m，n がある。m を n で割ると商が4で余りが3，m を7で割ると商が3で余りが n という関係がある。m，n の値を求めなさい。

(4)　男子3人，女子2人の中から2人の代表をくじで決めるとき，次の確率を求めなさい。

①　男子1人，女子1人が選ばれる。

②　少なくとも1人は女子が選ばれる。

3　放物線 $y = \dfrac{1}{2}x^2$ 上の2点A，Bの x 座標は，それぞれ2と -1 である。次の問いに答えなさい。ただし，座標の1目盛りを1cmとする。

(図は，次のページにあります。)

(1)　直線ABの式を求めなさい。

(2)　点Oを通り直線ABに平行な直線が放物線と交わる点をPとするとき，△PABの面積を求めなさい。

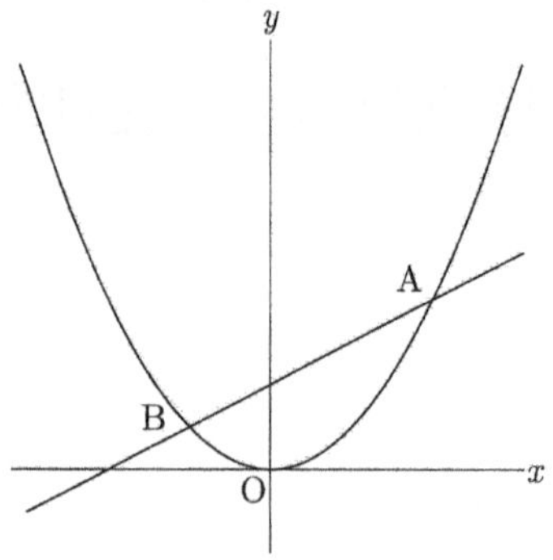

4　図のように，平行四辺形ABCDがあり，点Eは辺CDの中点，点Fは辺AD上でAF：FD＝１：２である。

対角線ACと線分BE，BFとの交点をそれぞれP，Qとするとき，AQ：QPを求めなさい。

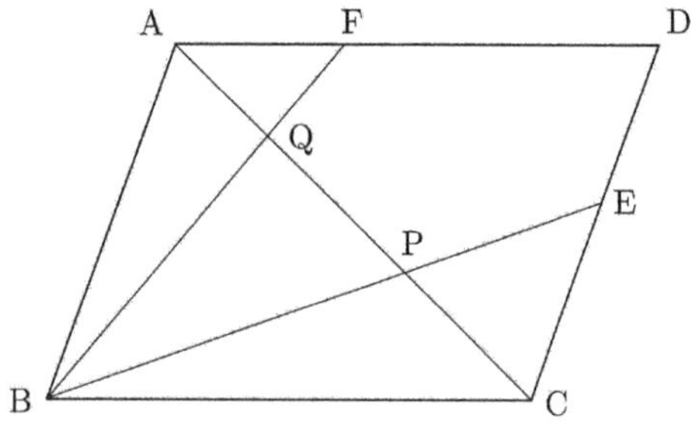

5　**次の問いに答えなさい。**

⑴　図のように，円Oの円周上に点A，Cがあり，点Bは，点Cにおける円Oの接線と直線AOとの交点である。∠ABC＝44°のとき，∠xの大きさを求めなさい。

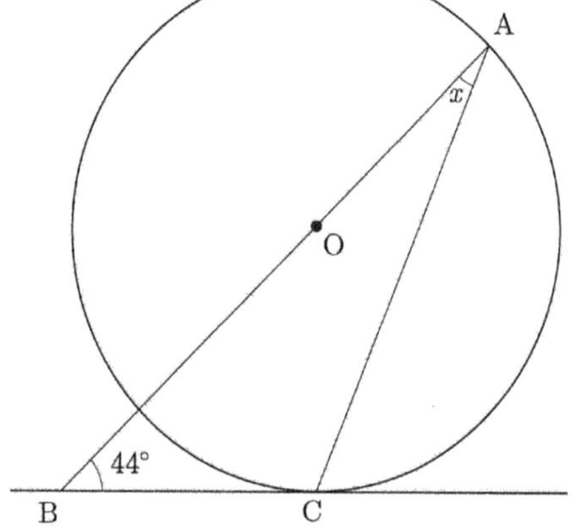

⑵　図のように，線分AB上に点D，線分AC上に点Eがあり，線分BEと線分CDの交点をFとする。∠A＝48°，∠B＝37°，∠C＝43°のとき，∠xの大きさを求めなさい。

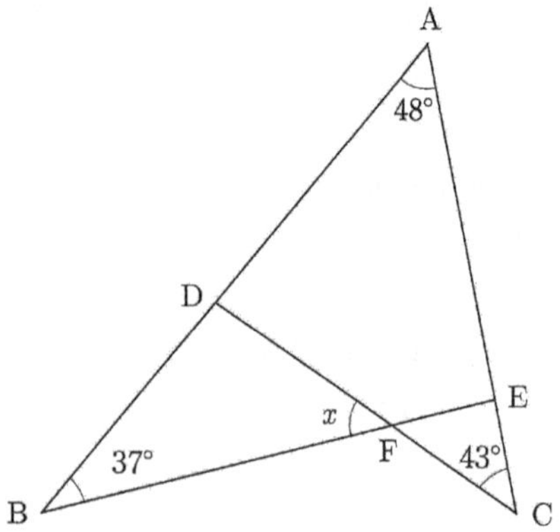

次のことをふまえ6，7の問いに答えなさい。
直角三角形において，次の関係が成り立つ。
$a^2+b^2=c^2$

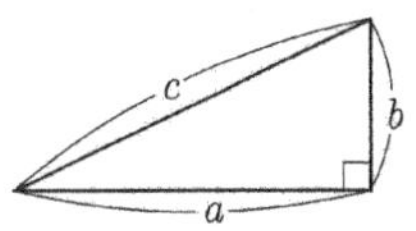

6　図のように，ABを直径とする円Oに四角形ABCDが内接しており，AB＝7㎝，CD＝2㎝，DA＝3㎝である。直線ADとBCの交点をPとするとき∠PCD＝∠PABとなった。このとき，次の問いに答えなさい。

(1)　線分BDの長さを求めなさい。

(2)　△PDCの面積は△PABの面積の何倍かを求めなさい。

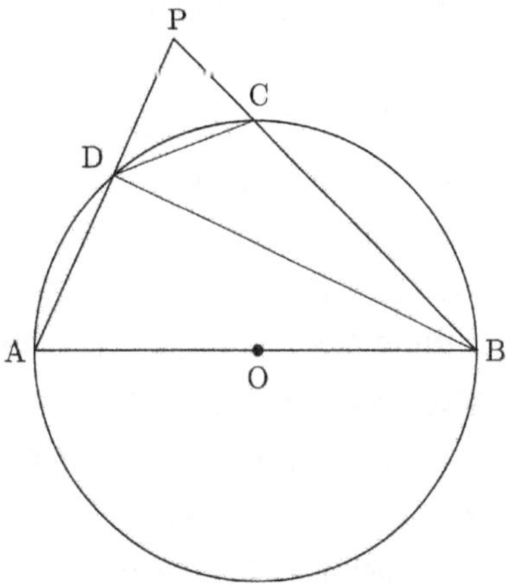

7　図のように，直方体ABCD－EFGHの辺EF上に点Pがある。DC＝4㎝，CG＝2㎝である。△CDPが正三角形であるとき，次の問いに答えなさい。

(1)　辺FGの長さを求めなさい。

(2)　四角錐PCDHGの体積を求めなさい。

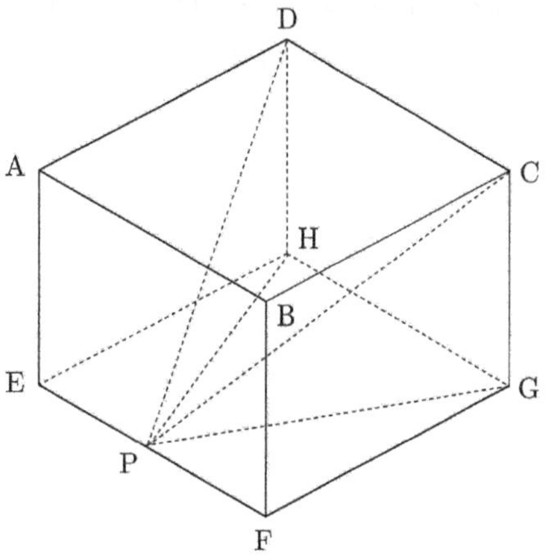

【英　語】（50分）　＜満点：22点＞　※リスニングテストの音声は弊社HPにアクセスの上，音声データをダウンロードしてご利用ください。

1　聞き取りテスト

指示に従って聞き取りテストの問題に答えなさい。

「答え方」

問題は第１問と第２問の２つに分かれています。

第１問は，１番から３番までの３つあります。それぞれについて，最初に会話文を読み，続いて，会話についての問いと，問いに対する答え，ａ，ｂ，ｃ，ｄを読みます。そのあと，もう一度，その会話文，問い，問いに対する答えを読みます。必要があればメモをとってもよろしい。

問いの答えとして正しいものは解答欄の「正」の文字を，誤っているものは解答欄の「誤」の文字を，それぞれ○で囲みなさい。正しいものは，各問いについて１つしかありません。

第２問は，最初に英語の文章を読みます。続いて，文章についての問いと，問いに対する答え，ａ，ｂ，ｃ，ｄを読みます。問いは問１と問２の２つあります。そのあと，もう一度，文章，問い，問いに対する答えを読みます。必要があればメモをとってもよろしい。

問いの答えとして正しいものは解答欄の「正」の文字を，誤っているものは解答欄の「誤」の文字を，それぞれ○で囲みなさい。正しいものは，各問いについて１つしかありません。

それでは，読みます。

メモ欄

2　次の問いに答えなさい。

⑴　質問の答えとして最もふさわしいものを，次のア～エからそれぞれ１つずつ選び，記号で答えなさい。

①　How often do you go to the library in a month?

ア　Yes, I often do.　　イ　No, I won’t.

ウ　Three and a half hours.　　エ　Well, three or four times.

②　What do you do in your free time ?

ア　I take this.　How much?

イ　I don’t like oranges.　I like bananas better.

ウ　I play sports like tennis and basketball.

エ　Nothing.　I’m all right.　Don’t do anything, please.

③ Can I go home a little earlier than usual?

ア Yes, but anything wrong?

イ Yes, you're, but only once.

ウ No, you have to get up at once.

エ No, not yet. You can do it over there.

(2) 次の２つの文の内容がだいたい同じになるように（ ）にあてはまる最も適当な語をそれぞれ１つずつ書きなさい。

① We can see many beautiful pictures in this museum.
Many beautiful pictures can be (   ) in this museum.

② If you use this key, you can open the door.
Use this key, (   ) you can open the door.

3 次の文章を読み，あとの(1)～(7)までの問いに答えなさい。

My dream was to win the marathon in the world championships. In high school, I got third place in the national competition and was chosen to join a special training program. I ran every day and only thought about the marathon. I became so fast, and I was sure I could go to the world championships. But I was (A). Just before our team left, I hurt my leg. That was the end of my career as a marathon runner. After ①that, I became empty inside, just like an empty box. I didn't even have the energy to get out of bed.

The person who saved me was my coach. He waited until I was ready to start a new life. He never told me to do anything but was always by my side. After a few months, I noticed that I wasn't an empty box anymore. Little (B) little, my coach helped me find myself again. He became the love of my life, and we got married. He still coached runners, but he never talked about running in front of me. Maybe he didn't want to make me feel bad.

A few years later, another person came into my life: a baby that looked just like my husband. I was so happy. But suddenly my happiness ended.

②The love of my life died. He left for work one day and never came home. I became afraid. I lost my love. "What if I lose my baby, too? Then, I will become that empty box again," I thought. "I have to do everything to make my child happy." After that, I worked very hard. I worked so hard that ③(I / time / didn't / have / feel / to) sad that my child's father had died.

Five years passed. One day, I was getting ready to move to a new city, and I found the love of my life's diary. It was in the closet. In the diary, he said, "I really want to see her run one more time ...." This made me cry so hard. Why didn't he tell me ④this when he was alive? After reading his diary, I made ⑤a decision. I was going to run again. So I started to prepare for a local marathon. I wanted to show him that I was doing okay.

〈注〉 the national competition　全国大会　　saved　救ってくれた　　noticed　気づいた
had died　死んでしまった　　closet　押し入れ　　local　地元の

⑴ （A）にあてはまる最も適当な語を，次のア～エから１つ選び，記号で答えなさい。
ア　right　　イ　wrong　　ウ　left　　エ　poor

⑵ 下線部①の内容として最も適当なものを，次のア～エから１つ選び，記号で答えなさい。
ア　全国大会で３位になったこと
イ　特別なトレーニング計画に選ばれたこと
ウ　脚のケガをしたこと
エ　チームが出発したこと

⑶ （B）にあてはまる最も適当な語を，次のア～エから１つ選び，記号で答えなさい。
ア　by　　イ　in　　ウ　with　　エ　to

⑷ 次の文が下線部②の内容と同じになるように，（　）にあてはまる最も適当な語を，次のア～エから１つ選び，記号で答えなさい。
My (　　　) died.
ア　baby　　イ　husband　　ウ　wife　　エ　father

⑸ 本文の内容に合うように，③の（　）内の語を正しく並べかえなさい。

⑹ 下線部④の内容として正しいものを，次のア～エから１つ選び，記号で答えなさい。
ア　マラソンの世界大会で優勝したかったこと
イ　マラソンの全国大会で優勝したかったこと
ウ　二人の間にできた子供が走る姿を見たかったこと
エ　私が走る姿をもう一度見たかったこと

⑺ 下線部⑤の内容として正しいものを，次のア～エから１つ選び，記号で答えなさい。
ア　子供を立派なマラソンの選手にすること
イ　自分がまたマラソンの選手として走ること
ウ　子供と自分が一緒にマラソンの大会で走ること
エ　自分がマラソンのコーチになること

4 **次の会話文を読み，あとの⑴，⑵の問いに答えなさい。**

Hideki: Do you have any pets, Kate?

Kate: Yes, I have a cat. Her name is Miki. I love her. When she hears me arrive home, she comes to the door and waits (　A　) me. She's very cute. How (　a　) you?

Hideki: Yes, I also have a pet, but it's not a cat but a dog. His name is Ryu. He's very friendly. I usually take him (　B　) a walk early in the morning.

Kate: Oh, you like dogs. (　b　) do you think of cats?

Hideki: Well, I don't like them. In fact, I hate them. When I was a young boy, my mother bought me two goldfish. I put them in a goldfish bowl and (　c　) good care of them. Every morning I fed them and was happy to see them growing bigger and bigger. One day, when I got home, I saw a cat run out of my room. When I looked at the bowl, I was shocked to see it was empty. That's the reason I hate them.

Kate: You (d) your important goldfish because of the cat. I'm very sorry to hear that.

〈注〉 goldfish bowl （ガラス製の）金魚鉢

(1) （A），（B）に共通にあてはまる1語を書きなさい。

(2) （a）～（d）にあてはまる最も適当な語を，次のア～エからそれぞれ1つずつ選び，記号で答えなさい。

a	ア do	イ are	ウ is	エ about
b	ア Which	イ What	ウ Who	エ How
c	ア took	イ gave	ウ did	エ paid
d	ア bough	イ watched	ウ liked	エ lost

【理　科】（45分）　＜満点：22点＞

1　7種の植物（トウモロコシ，ゼニゴケ，ツユクサ，タンポポ，イヌワラビ，アブラナ，クロマツ）を下の図1ように仲間分けした。あとの問いに答えなさい。

図1

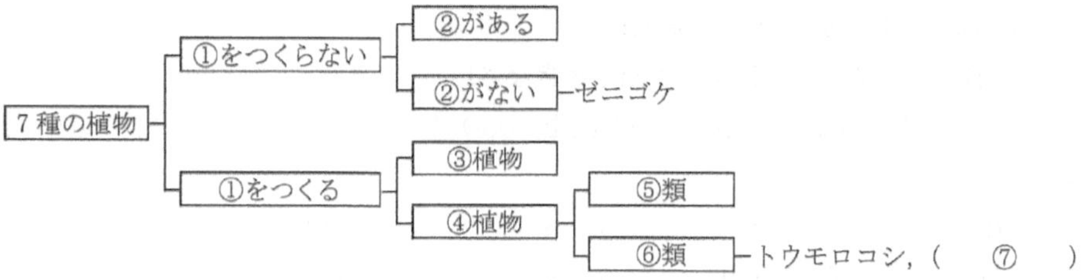

図2

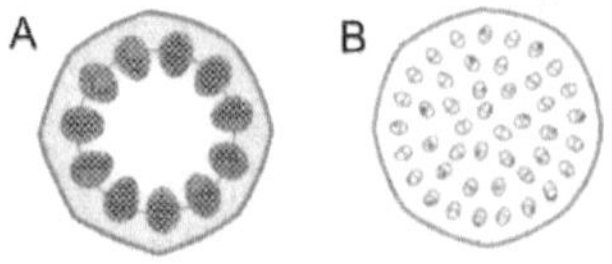

⑴　図1の①に当てはまる語句として適当なものを，下のア～オから1つ選び，記号で答えなさい。

ア　子房　　イ　種子　　ウ　維管束　　エ　胞子　　オ　仮根

⑵　図1の②に当てはまる語句として適当なものを，下のア～オから1つ選び，記号で答えなさい。

ア　子房　　イ　種子　　ウ　維管束　　エ　胞子　　オ　仮根

⑶　図1の③，④，⑤に当てはまる語句の組み合わせとして正しいものを，下のア～オから1つ選び，記号で答えなさい。

	③	④	⑤
ア	裸子	被子	双子葉
イ	被子	裸子	単子葉
ウ	種子	被子	双子葉
エ	シダ	被子	双子葉
オ	裸子	被子	単子葉

⑷　図1の⑤類と⑥類の違いを説明した文章として正しいものを，下のア～オから1つ選び，記号で答えなさい。

ア　子葉の枚数が⑤類は1枚，⑥類は2枚である

イ　胚珠が⑤類ではむきだしであり，⑥類では子房の中にある

ウ　根のつくりが⑤類ではひげ根であり，⑥類では主根と側根である

エ　葉脈が⑤類では網状脈，⑥類では平行脈である

オ　⑤類は根，茎，葉の区別があるが，⑥類ではない

⑸　図2は植物の茎の横断面を拡大した模式図である。図1の⑥類の茎の横断面を観察するとどのようにみえるか。下のア～オから1つ選び，記号で答えなさい。

ア　A　　　　　　　　　　　　イ　B

ウ　茎の上の方はA，下の方はB　　エ　茎の下の方はA，上の方はB

オ　A，Bのどちらでもない

⑹　⑦に当てはまる植物名として適当なものを，下のア～オから1つ選び，記号で答えなさい。

ア　ツユクサ　　イ　タンポポ　　ウ　イヌワラビ　　エ　アブラナ　　オ　クロマツ

2　下の図ように，電源装置，抵抗器A，スイッチ，電流計，電圧計を接続した回路を作成した。この回路を用いて，電源装置の電圧を変えたときの，抵抗器Aにかかる電圧と流れる電流を測定した。その結果は表1のようになった。あとの問いに答えなさい。

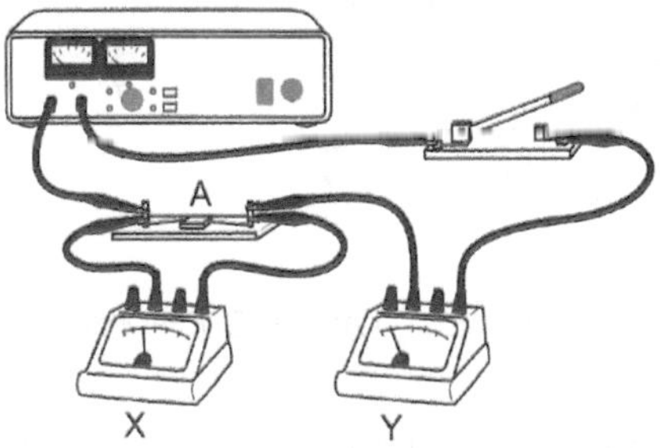

表1　抵抗器Aを使って測定

電圧〔V〕	0	2.0	4.0	6.0	…………
電流〔mA〕	0	80	160	240	…………

(1)　図の実験器具の接続の仕方で正しいものを，下のア～オから1つ選び，記号で答えなさい。

ア　XもYも電流計である。

イ　XもYも電圧計である。

ウ　Xは電圧計でYは電流計である。

エ　Xは電流計でYは電圧計である。

オ　XとYどちらが電流計でも電圧計でもかまわない。

(2)　電圧の測定値が9.0Vであるとき，抵抗器Aに流れる電流の大きさは何mAになるか答えなさい。

(3)　抵抗器Aの抵抗の大きさは何Ωか答えなさい。

(4)　図のように実験器具を接続し，電圧計が示す値を4.0Vにしたまま，10分間電流を流したとき，抵抗器Aで消費する電力量は何Jか答えなさい。

(5)　抵抗器Aを抵抗器Bにかえて同じ実験をすると，表2のような結果になった。抵抗器Aと抵抗器Bを直列につないだとき，全体の抵抗の大きさとして正しいものを，下のア～オから1つ選び，記号で答えなさい。

表2　抵抗器Bを使って測定

電圧〔V〕	0	2.0	4.0	6.0	…………
電流〔mA〕	0	40	80	120	…………

ア　20Ω　　イ　25Ω

ウ　50Ω　　エ　60Ω

オ　75Ω

3　下の図は，日本付近の天気図の一部を示している。あとの問いに答えなさい。

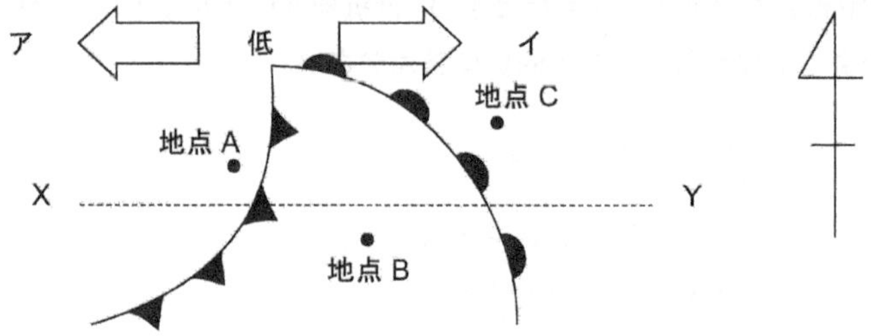

⑴　前線をともなった図のような低気圧を何というか。下のア～オから１つ選び，記号で答えなさい。

ア　熱帯低気圧　　イ　停滞低気圧　　ウ　温帯低気圧　　エ　寒冷低気圧　　オ　温暖低気圧

⑵　図中のＸ－Ｙの断面を見ると，大気の様子はどうなっているか。下のア～エから１つ選び，記号で答えなさい。

ア
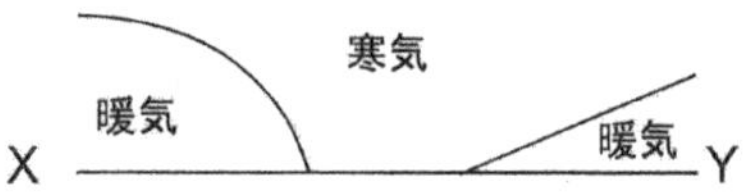

イ
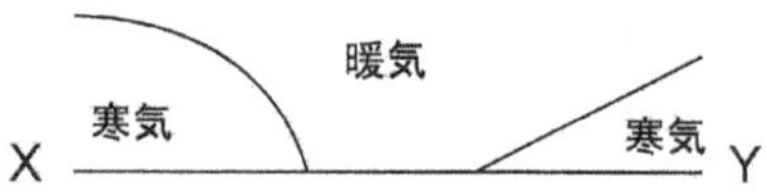

ウ
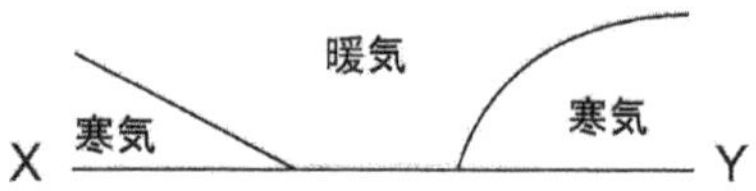

エ

⑶　この図から予測される事がらとして正しい説明を，下のア～オから２つ選び，記号で答えなさい。

ア　時間がたつと，この低気圧は，アの方向へ移動する。
イ　時間がたつと，この低気圧は，イの方向へ移動する。
ウ　地点Ａは曇りで，地点Ｂより気温が高い。
エ　時間がたつと，地点Ｂは気温が下がり，激しい雨になる。
オ　地点Ｃは気温が高く，雨が降っている。

⑷　寒冷前線が温暖前線に追いついてできる前線を何というか答えなさい。

⑸　地点Ａの上空にある雲を何というか。下のア～オから１つ選び，記号で答えなさい。

ア　乱層雲　　イ　高積雲　　ウ　巻積雲
エ　巻層雲　　オ　積乱雲

⑹　前線について，次の文の（①）と（②）に入る語句の組み合わせとして正しいものを，あとのア～カから１つ選び，記号で答えなさい。

暖気と寒気の勢力がほぼ同じで，上空の風の向きが前線と平行になると前線は動かなくなる。このような前線は（　①　）と呼ばれ，その付近では厚い雲ができ，動きの遅いことが特徴である。初夏にできやすい梅雨前線はこの前線の一種であり，小笠原気団と（　②　）がぶつかることによって発生する。

ア ① 停滞前線 ② 揚子江気団
イ ① 停滞前線 ② シベリア気団
ウ ① 停滞前線 ② オホーツク海気団
エ ① へいそく前線 ② 揚子江気団
オ ① へいそく前線 ② シベリア気団
カ ① へいそく前線 ② オホーツク海気団

4 下の図のように，うすい塩酸に亜鉛板と銅板を入れた電池に，モーターを接続した装置を作成したところ，モーターが回転した。あとの問いに答えなさい。

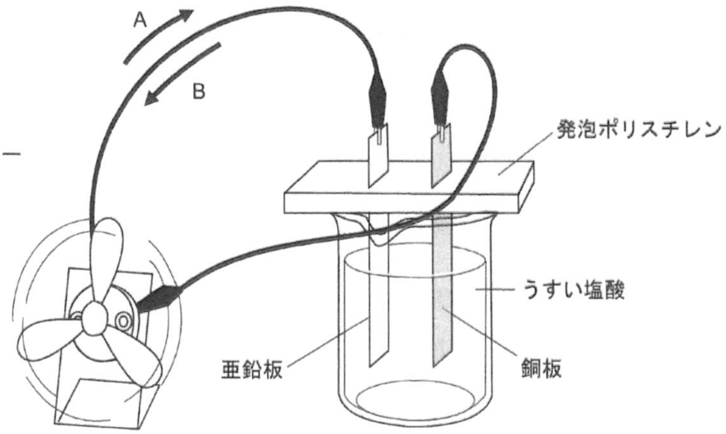

(1) 亜鉛板につないだ導線中の電子の移動の向きは，図中のA，Bのどちらか。また，電池の＋極は亜鉛板，銅板のどちらか。正しい組み合わせを，下のア～オから１つ選び，記号で答えなさい。

ア 電子：A ＋極：銅板
イ 電子：A ＋極：亜鉛板
ウ 電子：B ＋極：銅板
エ 電子：B ＋極：亜鉛板
オ 電子：Aの時もBの時もある ＋極：亜鉛板の時も銅板の時もある

(2) この実験では気体が発生する。気体が発生するのは亜鉛板，銅板どちらか。また，発生する気体を化学式で表した。正しい組み合わせを，下のア～オから１つ選び，記号で答えなさい。

ア 亜鉛板と銅板からO_2　　イ 亜鉛板からCl_2
ウ 銅板からH_2　　エ 亜鉛板からH_2
オ 亜鉛板からCl_2，銅板からH_2

(3) この実験で気体の発生とともに生じるイオンのイオン式を，下のア～オから１つ選び，記号で答えなさい。

ア Zn^{+}　イ Cl^{-}　ウ Cu^{2+}　エ H^{+}　オ Zn^{2+}

(4) 装置を次のA，B，Cのように変更すると，モーターの回転はどうなるか。正しい組み合わせを次のページのア～オから１つ選び，記号で答えなさい。

A 亜鉛板と銅板を入れかえた。
B うすい塩酸をエタノールの水溶液にかえた。
C 亜鉛板を銅板にかえ，銅板と銅板にした。

	A	B	C
ア	回転した	回転した	回転した
イ	回転した	回転した	回転しなかった
ウ	回転した	回転しなかった	回転しなかった
エ	回転しなかった	回転した	回転した
オ	回転しなかった	回転しなかった	回転した

⑸　水に溶かすとその水溶液に電流が流れる物質を何というか。下のア～オから１つ選び，記号で答えなさい。

ア　電離　　イ　電解質　　ウ　イオン　　エ　非電解質　　オ　電気分解

【社　会】（45分）　　＜満点：22点＞

1　次の地図に関係する文を読んで，あとの問いに答えなさい。

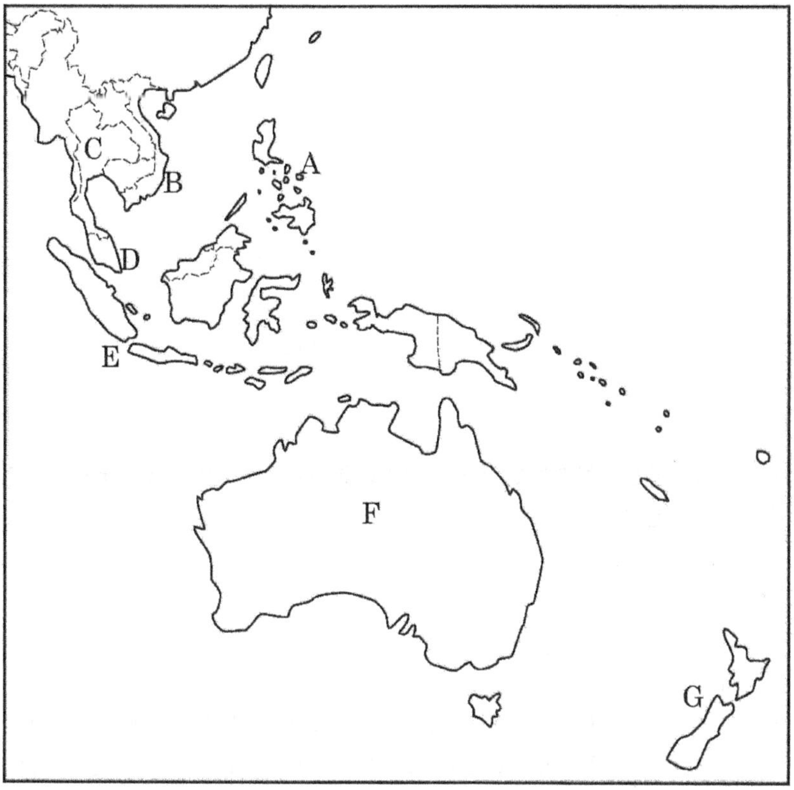

（　①　）には，18世紀後半から移民がやってくるようになった。そのころ，約30万人いた先住民族アボリジニの数は，現在ではこの国の人口約2100万人のおよそ１％になっている。また，本国の産業革命以後，羊毛が重要な輸出品になり，19世紀中ごろには金鉱が発見されて，人口が急速に増加した。

東アジア，東南アジアの国々の多くは複数民族で構成される（　あ　）国家であるが，（　②　）も人口の約６割がマレー系，約３割が華人系，約１割がインド系である。植民地時代からゴムのプランテーションやすずの採掘がおこなわれており，イスラム教が国教として信仰されている。

1949年に独立を承認された（　③　）の人口は，中国，インド，アメリカに次ぐ世界第４位である。ASEANの盟主であり，首都にASEANの本部がある。ユネスコの世界遺産に登録された仏教寺院の遺跡群があり，人口の８割以上はイスラム教徒である。

1976年に南北が統一された（　④　）も，かつて植民地支配を経験している。統治体制は共産党による一党独裁制である。この国の貿易の最大相手国である中国とは，領土・領海紛争問題で対立が続いている。

⑴　文中の（あ）に入る適語を漢字３文字で答えなさい。

⑵　（①）を，かつて植民地として支配していた国を，次のページのア～キの中から一つ選び，記号を書きなさい。

ア　アメリカ　　イ　イギリス　　ウ　中国　　エ　オランダ
オ　フランス　　カ　ドイツ　　キ　ロシア

⑶　(②) に該当する国の首都の年平均気温と年間降水量を表したグラフはどれか，次のア～エの中から一つ選び，記号を書きなさい。

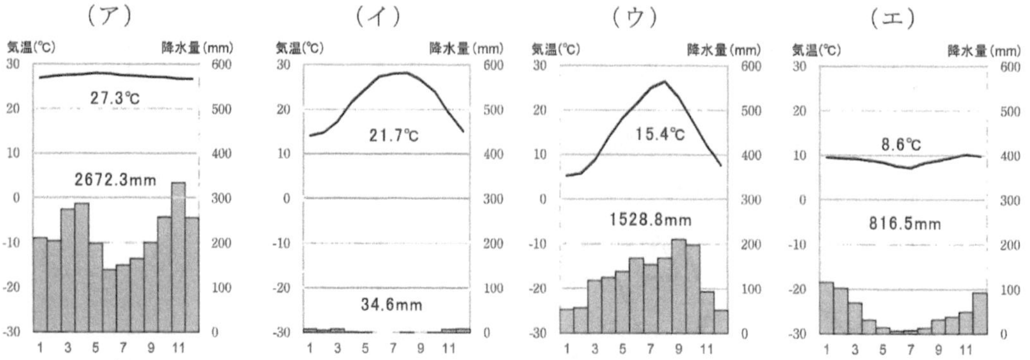

(理科年表)

⑷　地図中のA～Gに示した国の中で，(③)・(④) に該当する国の組み合わせとして正しいものを，ア～クの中から一つ選び，記号を書きなさい。

ア　③F，④D　　イ　③B，④A
ウ　③E，④C　　エ　③D，④A
オ　③E，④B　　カ　③A，④B
キ　③G，④A　　ク　③F，④C

⑸　次のⅠ～Ⅲのグラフはそれぞれ，ある品目の日本における貿易輸入相手国を示しています。品目とグラフの組み合わせとして正しいものを，ア～カの中から一つ選び，記号を書きなさい。

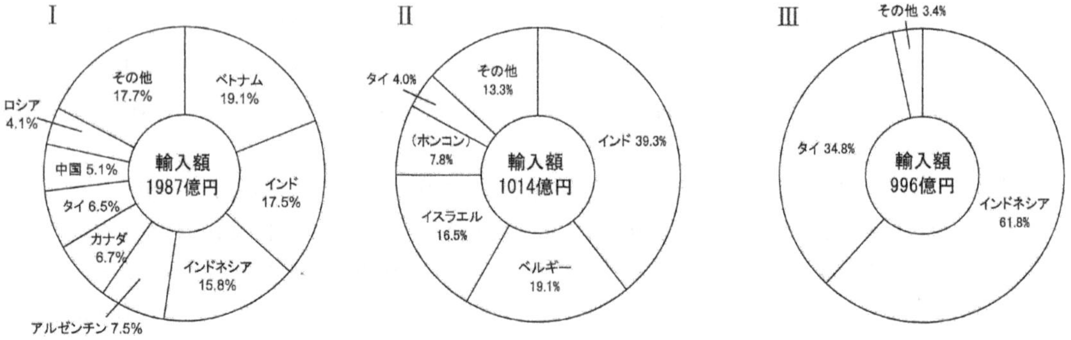

(2018年財務省調べ)

ア　Ⅰ　ダイヤモンド　Ⅱ　えび　Ⅲ　天然ゴム
イ　Ⅰ　ダイヤモンド　Ⅱ　天然ゴム　Ⅲ　えび
ウ　Ⅰ　天然ゴム　Ⅱ　ダイヤモンド　Ⅲ　えび
エ　Ⅰ　天然ゴム　Ⅱ　えび　Ⅲ　ダイヤモンド
オ　Ⅰ　えび　Ⅱ　天然ゴム　Ⅲ　ダイヤモンド
カ　Ⅰ　えび　Ⅱ　ダイヤモンド　Ⅲ　天然ゴム

2 次の地図に関連するあとの問いに答えなさい。

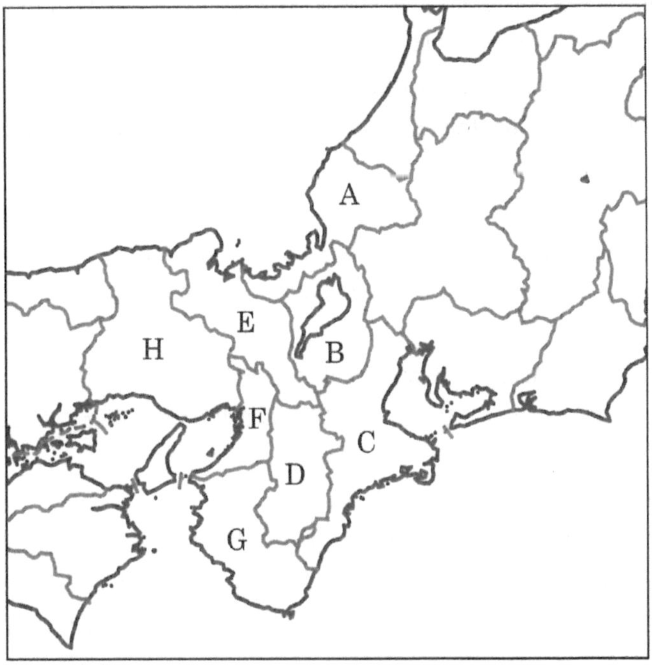

(1) 次の表は，ある農産物の生産比率を示したものである。(あ) に入る府県の地図上の記号と，その府県名を書きなさい。

ある農産物の生産比率(年間88万t)

(あ) 20%	愛媛 15%	静岡 14%	熊本 11%	長崎 7%	佐賀 6%	愛知 3%	広島 3%	福岡 3%	その他 18%

(2014年農林水産統計表ほか)

(2) 地図中の各府県の説明文として，正しく説明しているものを，あとのア～クから二つ選び，記号を書きなさい。

ア　Aには白山国立公園がある。また，小浜市を中心にめがねフレームなど，全国生産の90%以上を生産している。越前和紙や越前漆器，若狭塗などの伝統工芸品も生産されている。

イ　Bには奈良時代に最澄が開いた金剛峯寺がある。また，江戸時代には多くの近江商人を輩出した。現在は，医薬品を含めた地場産業が存在する。環境先進県としても知られている。

ウ　Cにある尾鷲は多雨地帯であり，年降水量の平均は4,000ミリ程度に達する。また，熊野は伝統工芸の筆の生産で知られている。四日市では，かつて石油化学コンビナートが排出した亜硫酸ガスによる大気汚染でぜんそくの被害が広がった。

エ　Dの北部は大阪や京都への交通が便利で，ベッドタウンとなっている。法隆寺地域の仏教建造物や古都の文化財，紀伊山地の霊場と参詣道がユネスコの世界遺産に登録されている。南部の基幹産業は林業で，吉野杉のブランドで知られている。

オ　Eの南部にはさまざまな寺院がり，観光業が盛んである。舞鶴港は中国や韓国，ロシアへの定期コンテナの航路がある。伝統工芸品は西陣織，京友禅，信楽焼や京仏壇など多彩である。

カ　Fの全域が瀬戸内式気候に属し，年間を通して温暖である。淀川河口の地は平安時代に京都と水運でむすばれた。江戸時代には，全国からの航路が集まり，経済の中心地としてさかえて，「天下の台所」と称され，諸藩の上屋敷が建ち並んだ。

キ　Gの北部は阪神工業地帯に属する一方，沖に親潮が流れるため漁業も盛んである。また，古くからスギやヒノキを中心とした林業が盛んであったが，間伐の遅れによる森林の荒廃や林業労働力の高齢化が著しくなっている。

ク　Hの中央部には中国山地が東西に横たわっている。瀬戸内海沿岸部は日本有数の重化学工業地帯であるが，中部や北部は農林水産業が主であり，過疎地や豪雪地帯を抱えることから，日本の縮図といわれることがある。

⑶　地図中のDにある近鉄奈良駅と東大寺との間の距離はおよそ2.0㎞である。２万5000分の１の地図と５万分の１の地図とでは，２万5000分の１の地図のほうが何㎝長く表記されるか書きなさい。

⑷　次の文中の（い）に入る適語を書きなさい。

地図中のEにある京都市内では，江戸時代や明治時代に建設されたものを含む古い木造住宅を（　い　）とよぶ。所有者の多くは高齢者であり，残したいとの思いをもつ一方で，維持改修費用などの問題点を懸念する声もある。市はこれらの保存と活用を図っており，空き家の利用希望者を募集するなどさまざまな施策を打ち出している。

3　次の写真Ⅰ～Ⅳを見て，あとの問いに答えなさい。

Ⅰ　唐招提寺金堂

Ⅱ　金閣

Ⅲ　日光東照宮

Ⅳ　富嶽三十六景「神奈川沖浪裏」

⑴　Ⅰが建立された時代にあてはまる文章を，下のア～カから一つ選び，記号を書きなさい。

ア　平清盛は，太政大臣となって一族を高い役職や国司につけた。

イ　天皇や貴族，民衆の和歌を広く集めた『万葉集』がまとめられた。

ウ　座禅によって自分でさとりを開く禅宗が，宋から伝えられた。

エ　中大兄皇子と中臣鎌足らが蘇我氏を倒して，政権をにぎった。

オ　和歌が再び盛んになり，紀貫之らにより『古今和歌集』がまとめられた。

カ　冠位十二階の制度によって，世襲による役人の採用をさけることにした。

⑵　Ⅱを建てた足利将軍の保護を受けた観阿弥，世阿弥親子が大成させた芸能は何か，漢字で書きなさい。

⑶　Ⅲにまつられた人物が開いた幕府に関係するできごとＡ～Ｃについて，古いものから年代順に正しく配列したものを，ア～カから一つ選び，記号を書きなさい。

Ａ　大坂夏の陣で豊臣氏が滅ぶ。

Ｂ　オランダ人を出島に移す。

Ｃ　朝鮮との国交を回復する。

ア　Ａ・Ｂ・Ｃ　　イ　Ａ・Ｃ・Ｂ　　ウ　Ｂ・Ａ・Ｃ

エ　Ｂ・Ｃ・Ａ　　オ　Ｃ・Ａ・Ｂ　　カ　Ｃ・Ｂ・Ａ

⑷　Ⅳの作者が生きた時代にあてはまる文章を，Ａ～Ｅから二つ選び，その組み合わせとして正しいものを，下のア～コから一つ選び，記号を書きなさい。

Ａ　将軍徳川慶喜は，天皇のもとに大名の議会をつくり，自ら議長として実権を持ち続けようと考え，政権を天皇に返すことを申し出た。

Ｂ　老中水野忠邦は，株仲間を解散させて商人の自由な取引を認め，物価の引き下げをはかった。

Ｃ　大阪町奉行所の役人大塩平八郎は，奉行所や大商人が貧しい人々の救済を考えないことにいきどおり，大阪で乱をおこした。

Ｄ　将軍徳川吉宗は，江戸に目安箱を設けて民衆の意見を政治の参考にし，公事方御定書という法令集をつくって裁判の基準にした。

Ｅ　大老井伊直弼は，尊皇攘夷運動が発展すると，これを厳しく取り締まり，吉田松陰などを処刑した。

ア　ＡとＢ　　イ　ＡとＣ　　ウ　ＡとＤ　　エ　ＡとＥ　　オ　ＢとＣ

カ　ＢとＤ　　キ　ＢとＥ　　ク　ＣとＤ　　ケ　ＣとＥ　　コ　ＤとＥ

4　次の年表を見て，あとの問いに答えなさい。

1868年～1869年	戊辰戦争…①
1894年～1895年	日清戦争…②
1904年～1905年	日露戦争
1914年～1918年	第一次世界大戦…③
1939年～1945年	第二次世界大戦…④

⑴　①の戦争が終わった年に，海外でおこったできごとは何か，次のページのア～カから一つ選び，記号を書きなさい。

ア　ヨーロッパ連合が発足する。

イ　アメリカ独立宣言が発表される。

ウ　アヘン戦争が始まる。

エ　イタリア王国が成立する。

オ　イギリスで蒸気鉄道が開通する。

カ　スエズ運河が開通する。

⑵　②に関係する文中の（A）（B）に入る適語をア～オから選び，記号を書きなさい。

近代国家を目ざす日本にとって，外交上の重要な課題は幕末に欧米諸国と結んだ不平等条約を改正することであった。日本が立憲政治を実現すると，イギリスはロシアの東アジアへの進出に対抗するために，日本との条約改正に応じ，（　A　）が撤廃された。次いで，他の諸国とも同じような条約が結ばれたが，（　B　）の完全な回復は，日露戦争後のことであった。

ア　居住権

イ　治外法権

ウ　交戦権

エ　関税自主権

オ　違憲審査権

⑶　③の時期におこったできごとを記述したア～オのなかで，適当でないものを一つ選び，記号を書きなさい。

ア　日本はサイパンやパラオなど，太平洋にあるドイツ領の南洋諸島を占領した。

イ　ロシアではソビエトという自治組織が結成され，帝政は倒れた。

ウ　はじめ中立であったトルコは領土獲得を条件に連合国側について参戦した。

エ　イギリスは自治を約束するかわりに，インドから兵士を動員した。

オ　日本政府は，中国政府に対して二十一か条の要求を提出した。

⑷　④に関連して，日本への空襲が激しくなると，都市部の小学生は親もとを離れ，地方の農村などに集団で移住したがこれを何というか，漢字４文字で書きなさい。

5　**次の設問に答えなさい。**

⑴　日本国憲法第７条に規定する天皇の国事行為としてふさわしくないものをア～カから一つ選び，記号を書きなさい。

ア　国会を召集すること

イ　衆議院を解散すること

ウ　国会議員の総選挙の施行を公示すること

エ　法律及び政令に，内閣総理大臣とともに連署すること

オ　外国の大使及び公使を接受すること

カ　批准書及び法律の定めるその他の外交文書を認証すること

⑵　次のページの図は日本国憲法改正の手続きを示している。（A），（B）に入る適語をア～オから選び，記号を書きなさい。

憲法改正案
↓　提出
衆参両議院において，総議員の（　A　）の賛成
↓　改正の発議
国民投票　有効投票の（　B　）の賛成
↓
承認
↓
公布

ア　4分の3以上　　イ　3分の2以上　　ウ　過半数
エ　3分の1以上　　オ　4分の1以上

⑶　次の文中の5か所の下線を施した語句に一つ間違いがある。それにかわる正しい語句を，ア～クから選び，記号を書きなさい。

人権とは，人が生まれながらにして持っている人間としての権利のことである。人権の保障が宣言されるまでには，人々の長年にわたる努力があった。近代の人権宣言で保障されたのは，表現の自由や信教の自由などの生存権であった。

19世紀には財産権にもとづく自由な経済活動がさかんになったが，それとともに，貧富の差が広がり，労働者は長時間で低賃金の労働をしいられた。

20世紀に入ると，人々の社会生活を経済的に保障しようとする社会権が人権規定のなかに取り入れられるようになった。

ア　自由権　　イ　教育の自由　　ウ　短時間　　エ　行政権
オ　公共の福祉　　カ　参政権　　キ　納税の義務　　ク　幸福追求権

6　次の設問に答えなさい。

⑴　日本の財政に関連することについて述べた文として正しいものを，ア～カから一つ選び，記号を書きなさい。

ア　間接税には，所得が多くなるほど，税率が高くなる方法がとられている。
イ　税金を納める義務のある人を担税者，実際に負担する人を納税者という。
ウ　地方交付税交付金は，地方公共団体間の財政格差をおさえるために配分されている。
エ　政府は税収の不足を補うため，地方債を発行して借り入れをおこなっている。
オ　相続税，法人税，固定資産税は直接税であり，かつ都道府県税である。
カ　好景気のときには，政府は減税や公共投資の削減によって景気をおさえようとする。

⑵　次の文の（a）～（c）にあてはまる語句の組み合わせとして正しいものを，次のページのア～クから一つ選び，記号を書きなさい。

A：1ドル＝　105円　　　B：1ドル＝115円

為替相場が，AからBに変化するような状況を（　a　）といい，輸出品の価格が（　b　）ので，輸出に（　c　）になる。

ア	a	円高	b	上がる	c	有利	イ	a	円高	b	上がる	c	不利
ウ	a	円高	b	下がる	c	有利	エ	a	円高	b	下がる	c	不利
オ	a	円安	b	上がる	c	有利	カ	a	円安	b	上がる	c	不利
キ	a	円安	b	下がる	c	有利	ク	a	円安	b	下がる	c	不利

人と呼んでいいのだ。

エ　嘘を言ったとしても、もともと賢人ならば賢人として扱うべきである。

問六　この話と合致することわざとして適当なものを次のア～エの中から一つ選び、記号で答えなさい。

ア　悪事千里を走る　　イ　朱に交われば赤くなる

ウ　魚心あれば水心　　エ　うそも方便《ほうべん》

問七　『徒然草』は、古典の中でも『方丈記』、『　A　』とともに三大随筆と言われている。『A』に入る作品名を次のア～エの中から一つ選び、記号で答えなさい。

ア　源氏物語　　イ　古事記　　ウ　枕草子　　エ　伊勢物語

問八　昨今、ＳＮＳ上での誹謗《ひぼう》中傷が社会問題視されている。ではこの「誹謗中傷」の意味に当たる語を原文より三文字で抜き出して書きなさい。

二 次の文章を読んで、あとの問いに答えなさい。

【原文】 人の心素直《すなほ》ならねば、①偽《いつは》りなきにしもあらず。されどもおのづから正直《しやうぢき》の人、などかなからむ。

②己《おのれ》素直ならねど、人の賢《けん》を見て羨《うらや》むは尋常《よのつね》なり。至りて愚《おろ》かなる人は、たまたま賢なる人を見て、これを憎む。大《おほ》きなる利を得《え》むがために少しきの利を受けず、偽り飾りて名を立てむとすとそしる。己が心に違《たが》へるによりて、このあざけりをなすにて知りぬ。③この人は下愚《かぐ》の性移《せいうつ》るべからず。偽りて小利《せうり》をも辞《じ》すべからず、仮にも賢を学ぶべからず。

狂人《きやうじん》のまねとて大路《おほち》を走らば、すなはち狂人なり。悪人のまねとて人を殺さば、悪人なり。④驥《き》を学ぶは驥のたぐひ、舜《しゆん》を学ぶは舜の徒《ともがら》なり。

⑤偽りても賢を学ばむを賢といふべし。

【現代語訳】 人間の心はまっすぐではないから、（　　※　　）。ただし、生まれつきの正直者がいないわけではない。

不正直なのに、他人の正直を羨ましく思うのが人間というもの。大ばか者は、まれにいる正直者を見ると、かえって憎しみを抱《いだ》く。内心はもっとでかい利益をねらっているので、小さい利益はわざと受け取らず、いいかっこうをして評判をあげる魂胆《こんたん》なのだと言う。自分の本心とは合わないからといって、こう嘲笑《ちょうしょう》するのでよくわかる。この人は死んでも直らない。たとえ嘘でも、小さな利益を断れないし、賢人《けんじん》のまねさえできない。

狂人のまねだといって大通りを走れば、本物の狂人になる。悪人のまねだといって人を殺せば、本物の悪人になる。駿馬《しゅんめ》をまねる馬は駿馬の仲間、中国の聖人舜《せいじんしゅん》をまねる人は聖人の仲間に入る。

（　　※　　）

（角川書店編　ビギナーズ・クラシックス　徒然草（第八十五段））

※は、問題の関係で空欄としている。

問一 傍線部①「偽りなきにしもあらず」の現代語訳として適当なものを、次のア～エの中から一つ選び、記号で答えなさい。

ア　嘘をつくことはありえない　　イ　嘘をついてはいけない

ウ　嘘をつく　　エ　嘘をつかない

問二 傍線部②「己素直ならねど」は、助詞が省略されている。補うべき助詞として正しいものを次のア～エの中から一つ選び、記号で答えなさい。

ア　は　　イ　と　　ウ　へ　　エ　を

問三 傍線部③「この人」とは誰のことを指すのか。次のア～エの中から一つ選び、記号で答えなさい。

ア　正直の人　　イ　素直な人　　ウ　愚かなる人　　エ　賢なる人

問四 傍線部④「驥を学ぶは驥のたぐひ、舜を学ぶは舜の徒なり。」のような表現技法を何というか、次のア～エの中から一つ選び、記号で答えなさい。

ア　倒置法　　イ　対句法　　ウ　比喩法　　エ　擬人法

問五 傍線部⑤「偽りても賢を学ばむを賢といふべし。」の現代語訳として適当なものを次のア～エの中から一つ選び、記号で答えなさい。

ア　いい加減な気持ちで賢人になろうとしても、決して賢人にはなれない。

イ　嘘をついてもいいから、賢人から賢さを盗むべきである。

ウ　たとえ本心からではなくても、賢人を見習おうと努める者は、賢

ア　会議　イ　介護　ウ　世界　エ　開催

問二　①に入るひらがな二文字の副詞を書きなさい。

問三　傍線部②「そうした」が指している部分を「～の本」につなげる形で、本文中から二十文字で抜き出して書きなさい。

問四　本文中の A ～ D には、それぞれ接続詞が入るが、一つだけ逆接の接続詞でないものがある。それをA～Dの中から一つ選び、記号で答えなさい。

A　B　C　D

問五　傍線部③「潤いを与えてくれる」とあるが、その説明として**間違っているもの**を次のア～エの中から一つ選び、記号で答えなさい。

ア　懐かしい思いに浸らせてくれる。
イ　誇らしい気分にさせてくれる。
ウ　未来を夢見させてくれる。
エ　過去を忘れさせてくれる。

問六　傍線部④「自嘲」の意味として正しいものを、次のア～エの中から一つ選び、記号で答えなさい。

ア　自分で自分を軽べつしあざ笑うこと。
イ　自分で自分を賢くないものと思うこと。
ウ　自分で自分を懐かしく思うこと。
エ　自分で自分を嫌に思うこと。

問七　傍線部⑤「ずくめ」の意味として正しいものを、次のア～エの中から一つ選び、記号で答えなさい。

ア　ばかり　イ　など　ウ　のような　エ　らしい

問八　傍線部⑥「主観的」の対義語を本文中から抜き出して書きなさい。

問九　傍線部⑦「こんな心理実験」とあるが、実験の内容にあたる部分を本文中から抜き出し、最初と終わりの五文字をそれぞれ書きなさい。（句読点も一字とする。）

問十　傍線部⑧「愚痴っぽい人」の例から、筆者が導き出した結論に**合致しないもの**を次のア～エの中から一つ選び、記号で答えなさい。

ア　愚痴っぽい人はわざわざ嫌なエピソードばかりを選んで記憶している。
イ　ネガティブなエピソードばかりを語るのは、自分を奮い立たせるためである。
ウ　自分の気分に馴染む出来事が記憶に刻まれやすい。
エ　自分の気分に馴染む出来事は、記憶から引き出しやすい。

問十一　空欄 E に入る言葉を本文中から抜き出し、六文字で書きなさい。

問十二　本文の内容と合致するものを次のア～エの中から一つ選び、記号で答えなさい。

ア　記憶の重要な役割は、記憶力であり、日々の生活では記憶を維持することをまず考えるのが大事である。
イ　今の自分の現実に照らすと、過去の栄光は、自分に自信をもたらしてくれるものにはなり得ない。
ウ　そのときの気分の違いによって記憶にズレが生じると考えてよいのではないか。
エ　気分一致効果は、記銘時と想起時のどちらにも作用し、どちらか一方に強く働く傾向がみられる。

する。［　C　］、それぞれの部屋の人たちに、同じ物語を読ませる。その物語には、楽しいエピソードや悲しいエピソードがいろいろと描かれている。

翌日になって、前日に読んだ物語について、思い出すことを箇条書きでできるだけたくさん思い出してもらった。その結果、楽しい気分で読んだ人と悲しい気分で読んだ人で、思い出すエピソードの量に差はみられなかったが、思い出す内容にはⅡ顕著な違いがみられた。

楽しい気分で読んだ人は楽しいエピソードを多く思い出し、悲しい気分で読んだ人は悲しいエピソードを多く思い出したのだ。

ここからわかるのは、自分の気分に馴染《なじ》むエピソードは記憶に刻まれやすく、自分の気分にあまり馴染まないエピソードは記憶に刻まれにくい、ということである。

こうした実験結果から言えるのは、記憶というのはとても主観的なものであり、私たちは目の前の現実を自分の気分に合わせて都合よく歪《ゆが》めて記憶しているということだ。

気分が異なれば、同じ物語を読んでも記憶していることが違うのである。同じ話を聞いても覚えていることが違ったり、同じ場に居合わせたはずなのにそこで起こった出来事についての記憶にズレがあったりするのは、そのときの気分の違いによるところが大きいのではないか。

⑧愚痴っぽい人がいる。会えば必ず嘆きが始まる。こんな嫌なことがあった、こんな目に遭《あ》ってほんとうに嫌になるなどと、ネガティブなことばかりを口にする。ポジティブなエピソードについてはめったに語ることがない。

でも、そういう人はほんとうにそんなに嫌な目にばかり遭っているのだろうか。その人の身のまわりでは、ポジティブな出来事はまったく起こっていないだろうか。

どうもそうではないようだ。家族や職場の人の話を聞くと、その人はけっして嫌な目にばかり遭っているわけではなく、ポジティブな出来事も経験している。愚痴っぽい人は、経験するさまざまなエピソードの中から、わざわざ嫌なエピソードばかりを選んで記憶しているのである。そして嘆く。

［　D　］、本人にはそんな自覚はない。自分はほんとうに嫌な目にばかり遭っていると思い込んでいる。そこには、先ほど紹Ⅲカイした［　E　］が絡んでいる。

愚痴っぽくてネガティブな気分で過ごしているから、ネガティブな出来事ばかり記憶に刻む。ポジティブな出来事も経験しているはずなのに、それはあまり記憶に刻まれない。自分の気分に馴染《なじ》む出来事が記憶に刻まれやすいからだ。

このような気分一致効果は、記銘《きめい》時（記憶に刻む時点）のみならず、想起時（記憶を引き出す時点）にも作用することがわかっている。そのときの気分に馴染む出来事が記銘される、つまり記憶に刻まれるだけでなく、そのときの気分に馴染む出来事が想起される、つまり記憶が引き出されるのである。

（榎本博明著『なぜイヤな記憶は消えないのか』角川新書より）

問一　傍線部Ⅰのカタカナは漢字に直して書きなさい。また、傍線部Ⅱの漢字はその読みをひらがなで書きなさい。また、傍線部Ⅲの「カイ」と同じ漢字を含む熟語を次のア～エの中から一つ選び、記号で答えなさい。

【国　語】（四五分）〈満点：二二点〉

一　次の文章を読んで、あとの問いに答えなさい。

　記憶というのは、私たちにあまりに密着しているため、普段はあまり意識しないかもしれないが、「［　①　］、自分に記憶がなくなったら」と想像することで、改めてその偉大さに気づくことができる。

　記憶というと、記憶力の悪さやその衰えを気にする人が多く、私たちの生活のさまざまな局面で記憶が重要な役割を担っているということは、あまり意識されていない。その証拠に、世に出回っている記憶関係の本も、どうしたら記憶力を高められるかといった類《たぐい》のものが圧倒的に多く、②そうした本が売れ筋となっている。

　［　A　］、記憶は、私たちの生活に③潤いを与えてくれる重要な役割を担っている。過去を懐かしんだり、未来を夢みたりできるのも、記憶のお陰である。

　本や映画を見て、懐かしい思いに浸ったり、感動し、ときに涙を流したりするのも、自分の過去の経験と重ね合わせることができるからだ。

　もし、過去を懐かしむことができなかったら、私たちの人生は、どんなに味気ないものになるだろう。目の前の現実をひたすら生きるだけだとしたら、それはまるで必要なⅠキノウを果たすだけのロボットのような生活だ。

　過去の記憶が前向きなものに整理されていない人は、過去を懐かしむことができないだけでなく、未来を夢みることもできない。未来予想図は、過去の実績をもとに、思い描かれるものだからだ。

　過去の栄光には、誇らしい気分にさせてくれ、自分に自信をもたせてくれる面がある。自分の過去を自慢げに語る人がいる。その人にとって、過去の記憶は、誇りと自信の源泉になっているのだろう。

　一方で、過去の栄光を投げやりに、④自嘲《じちょう》気味に語る人もいる。今の自分の現実が納得のいかないものである場合、「あの輝いていた頃の自分に比べて、今の自分は……」といった感じに落ち込むことになる。

　このように、過去の栄光を誇らしく思ったり、過去を悔やんだりするのも、記憶のお陰である。自分に自信がもてたり、もてなかったりするのも、その根拠は記憶にある。

　良いことなど何もなかったという人もいる。［　B　］、私が面接を進めていくと、そんなに悪いこと⑤ずくめの人生ではないことがみえてくる。

　そうかと思えば、客観的な出来事を並べてみると、かなり恵まれない人生であっても、ゆったりと充足した感じで人生を振り返る人もいる。記憶の中の過去は、非常に⑥主観的に色づけられている。考えてみれば、そもそも幸福感も不幸感も、まさに主観的世界のことである。

　かつて一緒に旅行をした友だちと、旅行の思い出を語り合っていると、記憶していることがあまりにも違うのに驚くことがある。こちらが鮮明に記憶していることについて、向こうはまったく記憶にないという。逆に、向こうが記憶していることをこっちはあまり覚えていない。

　なぜ、そんなことが起こるのか。

　そこには、記憶する人の気分と一致する感情価をもつ事柄が記憶に定着しやすいという、気分一致効果が絡んでいる。

　たとえば、⑦こんな心理実験がある。

　ある部屋では、楽しいことを思い出させることで、幸せな気分に誘導

MEMO

大切なことはメモしておこうネ！

2021年度

解　答　と　解　説

《2021年度の配点は解答欄に掲載してあります。》

＜数学解答＞

1　(1)　$\frac{1}{3}$　(2)　$\sqrt{6}$　(3)　x^2-4　(4)　$(x-1)(y+1)$　(5)　$\frac{4}{5}$

(6)　$y=-\frac{3}{2}x+7$　(7)　2倍

2　(1)　①　-4　②　6　(2)　$a=-2$　(3)　$m=27$，$n=6$　(4)　①　$\frac{3}{5}$　②　$\frac{7}{10}$

3　(1)　$y=\frac{1}{2}x+1$　(2)　$\frac{3}{2}\text{cm}^2$　**4**　$3:5$　**5**　(1)　$\angle x=23$度　(2)　$\angle x=52$度

6　(1)　$2\sqrt{10}\,\text{cm}$　(2)　$\frac{4}{49}$倍　**7**　(1)　$2\sqrt{2}\,\text{cm}$　(2)　$\frac{16}{3}\sqrt{2}\,\text{cm}^3$

○配点○

各1点×22　計22点

＜数学解説＞

基本　**1**　(数の計算，平方根の計算，式の展開，因数分解，式の値，一次関数，体積比)

(1)　$6\div(-3)^2-\frac{1}{3}=6\div9-\frac{1}{3}=\frac{2}{3}-\frac{1}{3}=\frac{1}{3}$

(2)　$\sqrt{2}(\sqrt{12}-\sqrt{3})=\sqrt{24}-\sqrt{6}=2\sqrt{6}-\sqrt{6}=\sqrt{6}$

(3)　$(x+2)(x-2)=x^2-2^2=x^2-4$

(4)　$x(y+1)-y-1=x(y+1)-(y+1)=(x-1)(y+1)$

(5)　$a^2+2ab+b^2=(a+b)^2=\left(\frac{1}{\sqrt{5}}+2+\frac{1}{\sqrt{5}}-2\right)^2=\left(\frac{2}{\sqrt{5}}\right)^2=\frac{4}{5}$

(6)　この一次関数の傾きは，$-\frac{3}{2}$　求める一次関数の式を$y=-\frac{3}{2}x+b$として$(2,\ 4)$を代入すると，$4=-\frac{3}{2}\times2+b$　$b=4+3=7$　よって，$y=-\frac{3}{2}x+7$

(7)　$V_1=\frac{1}{3}\pi r^2h$　$V_2=\frac{1}{3}\pi\times(2r)^2\times\frac{h}{2}=\frac{2}{3}\pi r^2h$　よって，V_2はV_1の2倍になる。

2　(二次方程式，2乗に比例する関数，連立方程式の応用問題，確率)

(1)　$x^2+ax-12=0$に$x=-2$を代入して，$(-2)^2+a\times(-2)-12=0$　$4-2a-12=0$　$2a=-8$　$a=-4$　$x^2-4x-12=0$　$(x+2)(x-6)=0$　$x=-2,\ 6$　よって，他の解は，6

(2)　$\frac{a\times3^2-a\times(-1)^2}{3-(-1)}=-4$　$\frac{8a}{4}=-4$　$8a=-16$　$a=-2$

(3)　$m=4n+3$…①　$m=7\times3+n=21+n$…②　①と②からmを消去すると，$4n+3=21+n$　$3n=18$　$n=6$　これを②に代入して，$m=21+6=27$

(4)　①　男子3人をA，B，C，女子2人をX，Yとすると，代表の選び方は，(A，B)，(A，C)，(A，X)，(A，Y)，(B，C)，(B，X)，(B，Y)，(C，X)，(C，Y)，(X，Y)の10通り　そのうち，

男子1人，女子1人が選ばれる場合は6通り　　よって，求める確率は，$\frac{6}{10}=\frac{3}{5}$

② 2人とも男子が選ばれる場合は3通り　　よって，少なくとも1人は女子が選ばれる場合は，$10-3=7$(通り)　　したがって，求める確率は，$\frac{7}{10}$

3 (図形と関数・グラフの融合問題)

(1) $y=\frac{1}{2}x^2$…①　①に$x=2$，-1を代入して，$y=\frac{1}{2}\times 2^2=2$，$y=\frac{1}{2}\times(-1)^2=\frac{1}{2}$　よって，A(2, 2)，B$\left(-1, \frac{1}{2}\right)$　直線ABの傾きは，$\left(2-\frac{1}{2}\right)\div\{2-(-1)\}=\frac{3}{2}\div 3=\frac{1}{2}$　直線ABの式を$y=\frac{1}{2}x+b$として点Aの座標を代入すると，$2=\frac{1}{2}\times 2+b$　$b=2-1=1$　よって，直線ABの式は，$y=\frac{1}{2}x+1$

(2) $\triangle \mathrm{PAB}=\triangle \mathrm{OAB}=\frac{1}{2}\times 1\times(2+1)=\frac{3}{2}$ (cm^2)

重要 4 (平面図形の計量問題―平行線と線分の比の定理)

平行線と線分の比の定理から，AQ：QC＝AF：BC＝AF：AD＝1：3　AP：PC＝AB：EC＝DC：EC＝2：1　1＋3＝4，2＋1＝3からACを4と3の最小公倍数12とみると，AQ：QC＝3：9，AP：PC＝8：4　よって，AQ：QP＝AQ：(AP－AQ)＝3：(8－3)＝3：5

5 (平面図形の計量問題―円の性質，角度)

(1) 補助線OCを引くと，$\angle \mathrm{OCB}=90°$　$\angle \mathrm{BOC}=180°-44°-90°=46°$　円周角の定理から，$\angle x=46°\div 2=23°$

(2) △ADCにおいて内角と外角の関係から，$\angle \mathrm{BDF}=48°+43°=91°$　△BDFにおいて内角の和の関係から，$\angle x=180°-(37°+91°)=180°-128°=52°$

6 (平面図形の計量問題―三平方の定理，三角形の相似)

(1) ABは直径だから，$\angle \mathrm{ADB}=90°$　直角三角形ABDにおいて三平方の定理を用いると，$\mathrm{BD}=\sqrt{\mathrm{AB}^2-\mathrm{AD}^2}=\sqrt{7^2-3^2}=\sqrt{40}=2\sqrt{10}$ (cm)

重要 (2) △PDCと△PBAにおいて，∠Pは共通，仮定から∠PCD＝∠PABより2組の角がそれぞれ等しいので，△PDC∽△PBA　相似比は，DC：BA＝2：7　よって，面積比は，△PDC：△PBA＝$2^2:7^2=4:49$　したがって，△PDCの面積は△PABの面積の$\frac{4}{49}$倍

7 (空間図形の計量問題―三平方の定理，体積)

(1) FG＝$x$cmとすると，PC＝DCより，$\sqrt{x^2+2^2+2^2}=4$　$\sqrt{x^2+8}=4$　$x^2+8=16$　$x^2=8$　$x>0$から，$x=\sqrt{8}=2\sqrt{2}$ (cm)

(2) $\frac{1}{3}\times 4\times 2\times 2\sqrt{2}=\frac{16}{3}\sqrt{2}$ (cm^3)

★ワンポイントアドバイス★

4のように連比を使う問題は，全体が，それぞれの比の和の最小公倍数になるようにして考えよう。

＜英語解答＞

1 第1問 1番 a 誤 b 誤 c 正 d 誤
2番 a 誤 b 誤 c 正 d 誤
3番 a 誤 b 誤 c 誤 d 正
第2問 問1 a 正 b 誤 c 誤 d 誤
問2 a 誤 b 正 c 誤 d 誤

2 (1) ① エ ② ウ ③ ア (2) ① seen ② and

3 (1) イ (2) ウ (3) ア (4) イ (5) I didn't have time to feel
(6) エ (7) イ

4 (1) for (2) a エ b イ c ア d エ

○配点○
各1点×22 計22点

＜英語解説＞

1 (リスニング)

(第1問)

1番 Nick : Keiko, do you know who that man is?
Keiko : Which one? The man with an umbrella in his hand?
Nick : Yes, that man.
Question : What is Keiko going to say next?
a He is reading a book.
b He doesn't want to walk in the park.
c He is Mr. Kuroda. He is an artist.
d He has a lot of things to do.

2番 Ben : Meg, I feel thirsty. I want something to drink.
Meg : Me, too, Ben. We still have 30 minutes till our train comes.
Ben : Then why don't we go to that coffee shop over there?
Meg : That's great.
Question : Where are they?
a In a hospital. b In a baker's. c In a station. d In an airport.

3番 Jane : I hope you can come here to stay with us next year, Mark.
Mark : Oh, Jane. I can't wait so long. I'd like to come sooner.
Jane : When can you come then?
Mark : Let me ask my parents.
Question : When will Mark stay with Jane?
a Next year. b Next month. c Next week. d He has no idea.

(第1問)

1番 ニック：ケイコ，あの男性が誰か知っているかい。
ケイコ：どの人。彼の手に傘を持っている男性。
ニック：そう，あの男性。
質問：ケイコは次に何を言うだろうか。

a　彼は本を読んでいるわ。

b　彼は公園で歩きたくないわ。

c　彼はクロダさんよ。彼は芸術家なの。

d　彼にはたくさんすることがあるわ。

2番　ベン：メグ，僕はのどが渇いたよ。何か飲むものが欲しいな。

メグ：私もよ，ベン。私たちの電車が来るまでまだ30分あるわ。

ベン：それじゃ，向こうのあのコーヒー店に行くのはどうだい。

メグ：良いわね。

質問：彼らはどこにいるか。

a　病院に。　b　パン店に。　c　駅に。　d　空港に。

3番　ジェーン：来年，あなたたちが私たちの家に泊まりにここに来られると良いと私は思うわ，マーク。

マーク　：ああ，ジェーン。僕はそんなに待てないな。僕はもっとすぐに行きたいよ。

ジェーン：それじゃ，あなたたちはいつ来られるの。

マーク　：僕の両親に尋ねさせて。

質問：マークはいつジェーンの所に泊まるだろうか。

a　来年。　b　来月。　c　来週。　d　彼にはわからない。

(第2問)

Ken got up at five o'clock in the morning. He looked out of the window and was happy to find it was a sunny day. He went fishing in the river near his house. He had prepared what he needed for fishing the day before. He asked Koji to go with him, but Koji said he couldn't come.

It took 15 minutes to walk to the river. He met three people before he got there. Before noon, he left the river for home. He had caught ten fish. He was pleased.

問1　Where did Ken go fishing?

a　In the river near his house.

b　In the river in the next town.

c　In the sea near his house.

d　In the sea in which he doesn't like any sports.

問2　How many fish did he catch?

a　5 fish.

b　10 fish.

c　15 fish.

d　He didn't catch any.

(第2問)

ケンは今朝，5時に起きた。彼は窓の外を見て，晴れた日だとわかってうれしかった。彼は彼の家の近くの川に釣りに行った。彼は前日に釣りのために必要なものを準備した。彼はコウジに彼と一緒に来るように頼んだが，コウジは，来られない，と言った。

川まで歩いて15分かかった。彼はそこへ着く前に3人の人に会った。正午前に，彼は家へ向かって川を出発した。彼は10匹の魚を捕まえた。彼はうれしかった。

問1　ケンはどこへ釣りに行ったか。

a　彼の家の近くの川に。

b　隣町の川に。

c　彼の家の近くの海に。

d　彼が全く好きな所がない海に。

問2　彼は何匹の魚を捕まえたか。

a　5匹。　　b　10匹。　　c　15匹。　　d　彼は全く捕まえなかった。

2　（英問英答，書き換え・語句補充）

(1)　①「あなたは1ヶ月にどのくらい図書館へ行きますか」　ア「はい，よく行きます」(×)　イ「いいえ，行きません」(×)　ウ「3時間半です」(×)　エ「そうですね，3～4回です」(○)

②「あなたは自由時間に何をしますか」　ア「これをもらいます。いくらですか」(×)　イ「オレンジは好きではありません。私はバナナの方が好きです」(×)　ウ「テニスやバスケットボールのようなスポーツをします」(○)　エ「何も。心配いりません。何もしないでください」(×)

③「いつもより少し早く家へ帰っても良いですか」　ア「はい，でもどうしたの」(○)　イ「はい，でも一回だけですよ」(×)　ウ「いいえ，あなたはすぐに起きなくてはなりません」(×)　エ「いいえ，まだです。あなたは向こうでそれをすることができます」(×)

(2)　①　能動態から受動態〈be動詞＋動詞の過去分詞形〉「～される」への書き換え。see の過去分詞形は seen である。

②　if you ～「もし～すれば」の文から，〈命令文, and ～〉「～しなさい，そうすれば～」への書き換え。

3　（長文読解・随筆文：語句補充，指示語，内容吟味，語句整序）

（全訳）　私の夢は世界大会でマラソンで勝つことだった。高校では，私は全国大会で3位になり，特別なトレーニング計画に参加するために選ばれた。私は毎日走り，マラソンについて考えるだけだった。私はとても速くなり，私はきっと世界大会に行かれると思った。しかし，私はA誤っていた。私たちのチームが出発する直前，私は私の脚をけがした。それがマラソン走者としての私の成功の終わりだった。①その後，空の箱のように，私は中が空っぽになった。私にはベッドから出る活力さえなかった。

私を救った人は私のコーチだった。私が新しい人生を始める準備ができるまで，彼は待った。彼は私に何かをするように決して言わず，いつも私のそばにいた。数ヶ月後，私はもう空の箱ではない，と私は気づいた。少しずつ，私のコーチは私が再び私自身を見つけるのを手伝った。彼は私の最愛の人になり，私たちは結婚した。彼はまだ走者を指導したが，私の前では走ることについて決して話さなかった。彼は私の気分を悪くしたくなかったのかもしれない。

数年後，私の人生に別の人が来た。私の夫にそっくりの赤ちゃんだ。私はとても幸せだった。しかし，突然私の幸せは終わった。

②私の最愛の人は死んだ。彼はある日仕事に向かって出かけ，決して家に帰らなかった。私は怖くなった。私は私の最愛の人を失った。「もし私の赤ちゃんも失ったらどうしよう。そのとき，私はまたあの空の箱になるだろう」と私は思った。「私の子どもを幸せにするために何でもしなくてはならない」その後，私はとても一生懸命に働いた。とても一生懸命に働いたので，私の子どもの父親が死んで悲しい③と感じる時間が私にはなかった。

5年が過ぎた。ある日，私は新しい都市に引っ越すための準備をしていて，私の最愛の人の日記を見つけた。それは押し入れの中にあった。日記の中で，「私は本当は彼女がもう1度走るのを見たい…」と彼は言った。これは私をとても激しく泣かせた。生きていたときに，なぜ彼は④これを私に言わなかったのか。彼の日記を読んだ後，私は⑤決心した。私はまた走るつもりだった。それから，私は地元のマラソンの準備をし始めた。私は問題なくやっている，と私は彼に見せたかった。

(1)　ア　「正しい」(×)　イ　「誤った」(○)　「世界大会に行かれると思った」(空欄Aの直前の1文)のに「脚をけがした」(空欄Aの直後の1文)ために「成功の終わり」(第1段落最後から3文目)になってしまったのである。　ウ　leave「置き去りにする」の過去分詞形。(×)　エ　「かわいそうな」(×)

(2)　that は先行する文(の一部)の内容を指している。ここでは直前の2文の内容である。

(3)　step by step「少しずつ」

(4)　下線部②の主語である the love of my life について第2段落第6文には，「彼」は私の最愛の人になり，「私たちは結婚した」とあるから husband「夫」であると考えられる。

重要　(5)　(I worked so hard that) I didn't have time to feel (sad ～.)　〈so ＋形容詞[副詞]＋ that ～〉で「とても(形容詞[副詞])なので～」の意味。that は接続詞。that でくくられた意味のかたまりは1組の主語－述語を含む。不定詞〈to ＋動詞の原形〉の文。ここでは「～するための」という意味の形容詞的用法で用いられている。

(6)　this は先行する文の内容を指す。ここでは下線部④の直前の2文目の内容である。

(7)　decision「決心」をした私は「また走るつもりだった」(最終段落最後から3文目)のである。

4 (長文読解・会話文：空欄補充)

(全訳)　ヒデキ：君は何かペットを飼っているかい，ケイト。

ケイト：うん。私はネコを飼っているわ。彼女の名前はミキよ。私は彼女が大好きなの。私が家に着いたのを彼女が聞くと，扉の所に来て私を待つの。彼女は本当にかわいいわ。あなたはどうなの。

ヒデキ：うん，僕もペットを飼っているけれど，それはネコではなくイヌなんだ。彼の名前はリュウだよ。彼はとても友好的なんだ。僕はたいていは朝早く彼を散歩に連れていくよ。

ケイト：あら，あなたはイヌ好きなのね。あなたはネコについてはbどう思うの。

ヒデキ：そうだな，僕はそれらが好きではない。はっきり言えば，僕はそれらが大嫌いなんだ。僕が幼い少年だったとき，僕の母が僕に2匹の金魚を買ってくれた。僕はそれらを金魚鉢に入れて，よくそれらの世話をしたんだ。毎朝，僕はそれらにエサをやって，それらがだんだん大きくなるのを見てうれしかった。ある日，僕が家に着くと，ネコが僕の部屋から走り出るのを僕は見た。僕が鉢を見ると，それが空なのを見て僕はショックを受けた。それが，僕がそれらが大嫌いな理由だよ。

ケイト：ネコのせいで，あなたはあなたの大切な金魚をd失ったのね。私はそれ聞いてとても残念よ。

基本　(1)　wait for ～ で「～を待つ」，take ～ for a walk で「～を散歩に連れて行く」の意味。

やや難　(2)　a　〈How about ～?〉「～はいかがですか」　b　日本語で「どう」と聞く場合に，英語では how か what を用いるが，使い分けがある。how は状態や方法を尋ねるのに用い，それ以外を尋ねる場合は what を用いる。ここでは「どう思うか」で，状態や方法を尋ねているのではないから what とするのが適切。　c　take care of ～「～の世話をする」　d　「ネコが僕の部屋から走り出」て，「鉢を見ると，それが空」だった(ヒデキの最後の発言最後から2文目)，つまり，ネコが鉢の中の金魚をとって行った，ということである。lost は lose「失う」の過去形。

★ワンポイントアドバイス★

長文を読むときは，国語の読解問題を解く要領で指示語などの指す内容や，話の展開に注意するように心がけよう。

＜理科解答＞

1　(1)　イ　(2)　ウ　(3)　ア　(4)　エ　(5)　イ　(6)　ア

2　(1)　ウ　(2)　360mA　(3)　25Ω　(4)　384J　(5)　オ

3　(1)　ウ　(2)　イ　(3)　イ，エ　(4)　へいそく前線　(5)　オ　(6)　ウ

4　(1)　ウ　(2)　ウ　(3)　オ　(4)　ウ　(5)　イ

○配点○

各1点×22(3(3)完答)　計22点

＜理科解説＞

1　(植物の種類とその生活―植物の分類)

重要　(1)　大きな分類は種子をつくるかつくらないかである。①の分類がこれに当たる。

重要　(2)　種子をつくらない植物には，コケ類，シダ類などがあり，その違いはコケ類には維管束がないがシダ類にはあること。

重要　(3)　種子植物は胚珠が子房でおおわれた被子植物と，むき出しの裸子植物に分けられれる。被子植物はさらに，双子葉類と単子葉類に分類される。トウモロコシは単子葉類に属する。

重要　(4)　双子葉類は子葉の数が2枚で，葉脈は網状脈，維管束は環状に配列されており，根は主根と側根である。単子葉類は子葉の数が1枚で，葉脈は平行脈，維管束は散在状で，根はひげ根である。図1の⑤が双子葉類，⑥が単子葉類である。ア，ウの記述は⑤と⑥が逆になっており，イの記述は被子植物と裸子植物の区別を示しており，オの記述はシダ類とコケ類の区別の説明である。

(5)　⑥類は単子葉類であり，茎の維管束は散在状である。それでBの絵のようになる。Aは双子葉類の茎の図で，維管束が環状になっている。

(6)　単子葉類に属するのはツユクサである。

2　(電流と電圧―回路と抵抗・電流)

基本　(1)　電流計は直列に接続し，電圧計は並列に接続する。図ではXが並列につながれているので電圧計であり，Yが直列につながれているので電流計である。

基本　(2)　抵抗の大きさが同じなので，電流と電圧は比例する。2.0Vのとき80mAの電流が流れるので，9.0Vでは，2.0：80＝9.0：x　x＝360mAの電流が流れる。

基本　(3)　オームの法則より抵抗＝電圧÷電流なので，2.0÷0.08＝25Ωである。

重要　(4)　電力(W)＝電圧×電流より，4.0×0.160＝0.64W　電力量(J)＝電力×時間(秒)より，0.64×10×60＝384Jである。

重要　(5)　抵抗Bの大きさは2.0÷0.040＝50Ω　抵抗AとBを直列につなぐと，全体の抵抗の大きさは25＋50＝75Ωになる。

3　(天気の変化―前線)

基本　(1)　日本列島の位置する温帯地方で発生する低気圧を温帯低気圧という。

(2)　温暖前線の後ろ側に暖気があり，その前にある寒気の上にせり上がっていく。寒冷前線の後

ろ側の寒気は，暖気の下にもぐり込む。

重要 (3) 日本列島付近では風は西から東に吹いており，低気圧も西から東に移動する。寒冷前線の通過するAでは激しい雨が降り気温が下がる。地点Bではこの後寒冷前線が通過し，気温が下がり激しい雨が降る。地点Cはこの後温暖前線が通過すると気温が上昇する。

(4) 寒冷前線が温暖前線に追いついてできる前線をへいそく前線という。

基本 (5) 寒気は暖気の下にもぐりこみ，暖かい空気は軽いので上昇気流ができて上空に運ばれ積乱雲ができる。このため激しい雨が降りやすい。

基本 (6) 前線が動かなくなったものを停滞前線という。初夏に太平洋高気圧とオホーツク高気圧にはさまれて停滞する前線を梅雨前線といい，梅雨の原因となる。

4 （電池―ボルタ型電池）

重要 (1) 亜鉛板と銅板を希塩酸につけると電流が発生する。この電池では亜鉛板が負極，銅板が正極になり，電子は亜鉛板上で発生し銅板側に移動する。

重要 (2) 銅板側に移動した電子は，銅板上で希塩酸から生じる水素イオンに受け取られ水素が発生する。

(3) 負極では亜鉛が溶け出すので，水溶液中に亜鉛イオンが生じる。亜鉛イオンのイオン式はZn^{2+}である。

(4) 亜鉛板と銅板を入れ替えると電流の向きが逆になり，モーターの回転も逆向きになる。うすい塩酸をエタノールに変えると水素イオンが存在しないので，反応が進まず電流が流れない。そのためモーターは回転しない。亜鉛板を銅板に変えても，銅が溶け出さないので電子が発生せず電流が流れない。

(5) 水に溶けてイオンに分かれる物質を電解質という。水溶液中では，発生したイオンが電流を流す役割をする。

★ワンポイントアドバイス★

大半の問題が基本レベルである。教科書レベルの基礎的な知識をしっかりと理解し，計算問題の演習なども練習しておこう。

＜社会解答＞

1 (1) 多民族 (2) イ (3) ア (4) オ (5) カ

2 (1) （記号） G （府県名） 和歌山(県) (2) エ，ク (3) 4
(4) 町家[京町家，町屋]

3 (1) イ (2) 能楽[能] (3) オ (4) オ

4 (1) カ (2) A イ B エ (3) ウ (4) 学童疎開

5 (1) エ (2) A イ B ウ (3) ア

6 (1) ウ (2) キ

○配点○

各1点×22 計22点

＜社会解説＞

1 （地理―世界の地形・気候・人口，諸地域の特色，産業）

基本 (1) 多民族国家とは，複数の民族から構成される国家のことである。その反対は，単一民族国家である。

(2) ①はオーストラリアである。オーストラリアはかつて，イギリスの植民地であった。

(3) ②はマレーシアでその首都はクアラルンプールである。そこは，1年を通して気温が高く雨がたくさん降る熱帯雨林気候であるから，雨温図はアが該当する。

(4) ③は地図中Eのインドネシア，④は地図中Bのベトナムである。

やや難 (5) えびは主にベトナム，インド，インドネシアなどから輸入している。ダイヤモンドはインドが最大の輸入国である。天然ゴムは，その大部分をインドネシアから輸入している。

2 （日本の地理―諸地域の特色，産業，その他）

(1) この農産物は，みかんである。みかんの生産は，第1位和歌山県，第2位愛媛県，第3位静岡県である。

やや難 (2) Aは福井県であるが，めがねフレーム生産の中心は鯖江市(さばえし)であるので，アは誤り。Bは滋賀県であるが，最澄が開いたのは比叡山延暦寺であるので，イは誤り。Cは三重県であるが，この文中の熊野の筆は，広島県安芸郡熊野町の筆であり，三重県の熊野市ではないので，ウは誤り。Eは京都府であるが，信楽焼は滋賀県のものなので，オは誤り。Fは大阪府であるが，淀川河口の地は，江戸時代に京都と水運で結ばれたので，カは誤り。Gは和歌山県であるが，沖に流れているのは黒潮なので，キは誤りである。Dの奈良県，Hの兵庫県の説明はいずれも正しい。

(3) 2.0km＝2000m＝200000cmである。25000分の1の地図では200000÷25000＝8cm。50000分の1の地図上では200000÷50000＝4cm。したがって，2万5千分の1の地図の方が4cm長く表記される。

(4) 町家(町屋)とは，民家の一種で，町人の住む店舗併設の都市型住宅をいう。通りに面して比較的均等に建ち並ぶ点に特徴がある。京都には昔の町屋が多くあり，その保存や活用が議論されている。

3 （日本の歴史―各時代の特色，政治・外交史，文化史，日本史と世界史の関連）

基本 (1) Ⅰの唐招提寺金堂が建立されたのは『万葉集』がまとめられた奈良時代である。

(2) 金閣を立てた足利義満は，観阿弥・世阿弥親子を保護した。貴族や武士が愛好していた猿楽や田楽などの芸能は観阿弥・世阿弥親子が能楽として大成した。

重要 (3) 秀吉の朝鮮出兵の後，国交がとだえていた朝鮮と国交を回復したのが家康であり，1607年頃，朝鮮使節が来日した。そして，1615年，大坂夏の陣で豊臣氏が滅亡した。その後，江戸幕府は鎖国政策を進め，1641年にオランダ人を長崎の出島に移し，鎖国を完成させた。

(4) 富嶽三十六景の神奈川沖浪裏を描いた葛飾北斎は，化政文化の担い手であり，19世紀はじめの文化・文政期に生きた。この時期には，選択肢の中では，大塩の乱(1837年)が起き，水野忠邦の天保の改革(1841年～43年)が行われた。

4 （日本と世界の歴史―政治・社会・経済史，日本史と世界史の関連）

(1) ヨーロッパ連合発足(1993年)，アメリカ独立宣言(1776年)，アヘン戦争始まる(1840年)，イタリア王国成立(1861年)，イギリスで蒸気鉄道開通(1825年)，スエズ運河開通(1865年)である。

重要 (2) 日清戦争直前の1894年，外相陸奥宗光は，領事裁判権(治外法権)撤廃に成功した。また，1911年，外相小村寿太郎は，関税自主権完全回復に成功した。

(3) トルコは同盟国側に参戦したので，ウは誤りである。

(4) 学童疎開では，子どもたちは寺や旅館などで集団生活を送ったが，家族と会えないばかりか，食糧事情や衛生状態が悪く，つらい日々を過ごした。

5　(公民―政治のしくみ，憲法，その他)

(1)　法令や政令に天皇が署名することはないため，エが誤りとなる。

(2)　憲法改正案の国会発議に必要なのは，衆参両議院の総議員の3分の2以上の賛成である。その後行われる国民投票で有効投票の過半数の賛成で，はじめて成立する。

(3)　文中の生存権は自由権の誤りである。

6　(公民―経済生活，国際経済)

(1)　地方交付税交付金は地方公共団体間の財政格差をならすために配分され，地方公共団体が自由に使える交付金である。アは間接税が直接税の間違い，イは担税者と納税者が逆，エは地方債が国債の間違い，オは相続税と法人税は国税である，カは好景気の時は増税で景気をおさえる，以上，それぞれの理由により誤りとなる。

(2)　1ドル＝105円から115円になるとうことは，ドルの価値が高くなっているのでドル高円安である。円安になると，外国において，日本からの輸出品の価格が下がるので，輸出に有利に働くのである。

★ワンポイントアドバイス★

3(2)　金閣を立てた義満の時期の文化を北山文化，銀閣を立てた義政の時期の文化を東山文化といっている。5(3)　日本国憲法が定める自由権には，精神の自由，身体の自由，経済活動の自由がある。

＜国語解答＞

一　問一　Ⅰ　機能　Ⅱ　けんちょ　Ⅲ　イ　問二　もし　問三　どうしたら記憶力を高められるかといった類(の本)　問四　C　問五　エ　問六　ア　問七　ア
問八　客観的　問九　(最初)ある部屋で　(終わり)もらった。　問十　イ
問十一　気分一致効果　問十二　ウ

二　問一　ウ　問二　ア　問三　ウ　問四　イ　問五　ウ　問六　イ　問七　ウ
問八　そしる

○配点○

各1点×22(一問九完答)　計22点

＜国語解説＞

一　(論説文―漢字，脱語補充，指示語，品詞・用法，接続語，文脈把握，語句，対義語，要旨)

問一　Ⅰ　「機」を使った熟語はほかに「機軸」「機運」など。訓読みは「はた」。　Ⅱ　「顕著(けんちょ)」は，はっきり目立った様子，という意味。「顕」を使った熟語はほかに「顕在」「顕微鏡」など。　Ⅲ　「介」を使った熟語はほかに「介護」「介入」など。

問二　後の「～たら」に呼応する語としては，仮定を意味する「もし」が適切。

問三　直前に示されている「本」を指す。「世に出回っている記憶関係の本」のことで，「どうしたら記憶力が高められるかといった類のもの」と説明されているので，「どうしたら記憶力が高められるかといった類(の本)」とする。

問四　Aは，前に「記憶というと，記憶力の悪さやその衰えを気にする人が多く，私たちの生活の

局面で記憶が重要な役割を担っているということは，あまり意識されていない」とあるのに対し，直後には「記憶は……重要な役割を担っている」とあるので，逆接を表す接続詞が入る。Bは，直前に「良いことなど何もなかった」とあるのに対し，直後には「そんなに悪いことずくめの人生ではない」とあるので，逆接を表す接続語が入る。Cは，直前に「幸せな気分に誘導する」とあり，直後で「それぞれの部屋の人たちに……」と誘導する方法を示しているので，順接の接続詞が入る。Dは，直前に「わざわざ嫌なエピソードばかりを選んで記憶しているのである。そして嘆く」とあり，直後で「本人にそんな自覚はない」と打ち消し表現になっているので，逆接の接続詞が入る。

問五　直後に「過去を懐かしんだり，未来を夢みたり」「本や映画を見て，懐かしい思いに浸ったり，感動し，ときになみだを流したりする」と具体に説明されており，さらに「過去の記憶は，誇りと自信の源泉になっているのだろう」とあるので，ア・イ・ウはあてはまる。「過去を忘れさせてくれる」とするエはあてはまらない。

問六　「自嘲」は，自分で自分を軽蔑し，あざけること。「自嘲気味に」は，自分で自分をあざ笑うような態度で，という意味。

問七　「ずくめ」は，名詞の下について，「～ばかりである」という意味になる。ここでは，「悪いことばかり(の人生ではない)」という意味。

問八　「主観的」は，自分だけの考えや感じ方にかたよる様子のことで，対義語は，ひとりよがりの考えではなく，誰が考えても納得できる様子，という意味の「客観的」。

問九　直後に「ある部屋では……」と具体的に説明されており，「その結果」の直前までが「実験」の内容にあてはまるので，「最初」は「ある部屋で」，「最後」は「もらった。」となる。

やや難　問十　直後に「会えば必ず嘆きが始まる。こんな嫌なことがあった，こんな目に遭ってほんとうに嫌になるなどと，ネガティブはことばかりを口にする」とあり，続いて「でも，そういう人はほんとうにそんな目にばかり遭っているのだろうか……」「どうもそうではないようだ。……愚痴っぽい人は，経験するさまざまなエピソードの中から，わざわざ嫌なエピソードばかりを選んで記憶しているのである」「愚痴っぽくてネガティブな気分で過ごしているから，ネガティブな出来事ばかり記憶に刻む。……自分の気分に馴染む出来事が記憶に刻まれやすいからだ」「つまり記憶に刻まれるだけでなく，そのときの気分に馴染む出来事が想起される，つまり，記憶が引き出されるのである」と説明されているので，ア・ウ・エはあてはまる。イの「自分を奮い立たせるため」という説明はないのであてはまらない。

やや難　問十一　直後に「愚痴っぽくてネガティブな気分で過ごしているから，ネガティブな出来事ばかり記憶に刻む。……自分の気分に馴染む出来事が記憶に刻まれやすいからだ」とあり，「このような気分一致効果」と表現されているので，「気分一致効果」が適切。直前に「先ほど紹カイした」とあるが，「そこには……」で始まる段落に「気分一致効果」とある。

やや難　問十二　ウは，「記憶の中の過去は，非常に主観的に色づけられている。考えてみれば，そもそも幸福感も不幸感も，まさに主観的世界のことである」「かつて一緒に旅行をした友だちと，旅行の思い出を語り合っていると，記憶していることがあまりにも違うのに驚くことがある」「記憶する人の気分と一致する感情価をもつ事柄が記憶に定着しやすい」と述べられていることと合致する。アは「記憶を維持することをまず考えるのが大事」，イは「なり得ない」，エは「どちらか一方に強く働く傾向がある」という部分が合致しない。

二　**(古文一現代語訳，指示語，表現技法，ことわざ，主題，文学史，語句の意味)**

問一　「なきにしもあらず」は，ないことはない＝ある，という意味。「偽り」は，嘘，虚構，という意味。嘘がないことはない，という意味なので，ウの「嘘をつく」が適切。

問二　「現代語訳」には「不正直なのに」とあり，主語が省略されているが，主語は「己(自分)」なので，主語を表す助詞の「は」が入る。

問三　直前に「至りて愚かなる人は，たまたま賢なる人を見て，これを憎む。……」とあるので，「この人」が指すのは「愚かなる人」。「(愚かなる人は)死んでも直らない。たとえ嘘でも，小さな利益を断れないし，賢人のまねさえできない」とつながる。

問四　「驥を学ぶは驥のたぐひ」と「舜を学ぶは舜の徒」は，「～を学ぶは～」と文の形が同じで，「驥」と「舜」，「たぐひ」と「徒」が対をなしているので「対句法」。「倒置法」は，語句の順序を入れ替えて或る語を強調する技法。「比喩法」は，ある物を何かにたとえて表現する技法。「擬人法」は，人間でないのものを人間にたとえて表現する技法。

やや難　問五　「賢といふべし」は，「賢人と言ってよいだろう」という意味，「賢を学ばむ」は，「賢人から学ぼうとする(者)」という意味なので，ウが適切。

やや難　問六　本文の主題は，「狂人のまねだといって大通りを走れば，本物の狂人になる。悪人のまねだといって人を殺せば，本物の悪人になる。駿馬をまねる馬は駿馬の仲間，中国の聖人舜をまねる人は聖人の仲間に入る」というものなので，人間は付き合う人しだいでよくも悪くもなる，という意味の「朱に交われば赤くなる」が適切。「悪事千里を走る」は，「魚心あれば水心」は，「うそも方便」は，

問七　三大随筆と言われているのは，平安時代中期に成立した清少納言による『枕草子』，鎌倉時代初期に成立した鴨長明による『方丈記』，鎌倉時代末期に成立した吉田兼好による『徒然草』。アの『源氏物語』は平安時代中期に成立した紫式部による長編物語。イの『古事記』は奈良時代に成立した歴史書。エの『伊勢物語』は平安時代前期に成立した歌物物語。

問八　「誹謗中傷」は，悪口を言う，という意味。本文中の悪口の例は「大きなる利を得むがために少しきの利を受けず，偽り飾りて名を立てむとそしる」とあり，「そしる」は「悪口を言う」という意味なので，「そしる」を抜き出す。

★ワンポイントアドバイス★

知識事項は読解に組み込まれる形で幅広く出題されるので，確実に得点できる力をつけよう！　古文は，現代語訳を照らし合わせて文脈・大意を把握する練習をしよう！

2020年度

★★★★★★★★★★★★★★★★★★★★★★★★

入　試　問　題

2020年度

星城高等学校入試問題

【数　学】（45分）　　＜満点：22点＞

1　次の問いに答えなさい。

(1)　$\sqrt{15}\times\sqrt{5}-\sqrt{27}$　を計算しなさい。

(2)　$(2ab^2)^2\div(-ab)^3\times\left(\frac{1}{2}a\right)^2$ を計算しなさい。

(3)　方程式 $\frac{2x+1}{3}=\frac{4x}{5}$ を解きなさい。

(4)　$(2x-1)^2-(2x-1)-2$　を因数分解しなさい。

(5)　二次方程式 $(x-1)^2=2x+7$　を解きなさい。

(6)　$a=\sqrt{3}-2$　のとき，a^2+4a+4　の値を求めなさい。

(7)　和が56で，最大公約数が７となる２けたの２つの自然数を求めなさい。

2　次の問いに答えなさい。

(1)　２けたの正の整数がある。この整数の十の位の数字と一の位の数字とを入れかえてできる２けたの整数は，もとの数より36大きく，もとの数との和が110である。もとの整数を求めなさい。

(2)　正五角形ABCDEの頂点Aに硬貨がある。さいころを振って出た目の数だけ，矢印の方向に各頂点を硬貨が動くとき，次の問いに答えなさい。

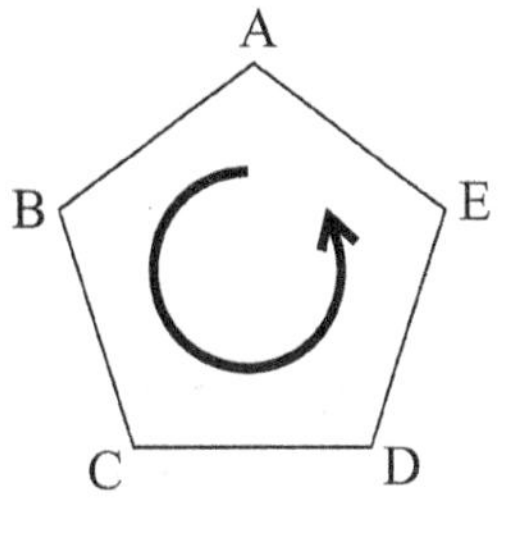

①　さいころを１回振ったとき，A～Eのどの頂点に硬貨がくる確率が最も高いですか。その頂点を答えなさい。また，そのときの確率を求めなさい。

②　さいころを２回振ったとき，硬貨が頂点Dにくる確率を求めなさい。

(3)　関数 $y=\frac{a}{x}$ で，x の変域が $-4\leqq x\leqq -1$ のとき，y の最大値が $-\frac{1}{2}$ であった。a の値を求めなさい。

(4)　３点A$(-3,\ 7)$，B$(6,\ 1)$，C$(4,\ a)$ が同一直線上にあるとき，a の値を求めなさい。

(5)　地点Aから地点Bまで，分速60mで歩いて行くのと，分速180mで自転車で行くのとでは，かかる時間が50分違う。このとき，２地点A，B間の道のりは何mか。

3　関数 $y=\frac{1}{2}x^2$ のグラフ上に２点A，Bがあり，それぞれの x 座標は６，－２であるとき，次の問いに答えなさい。ただし，座標の１目盛りを１cmとする。

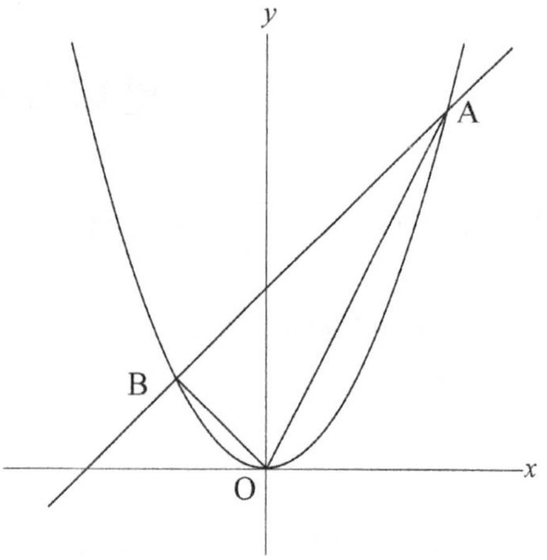

⑴　△OABの面積を求めなさい。

⑵　点Bを通る直線が△OABの面積を二等分するとき，この直線の式を求めなさい。

4　次の問いに答えなさい。

⑴　図のように，AB＝AC の二等辺三角形ABCがある。線分BDは∠ABCの二等分線で，点Eは辺BCの延長線上にあり，DC＝CE を満たしている。∠BAC＝48° のとき，∠ x の大きさを求めなさい。

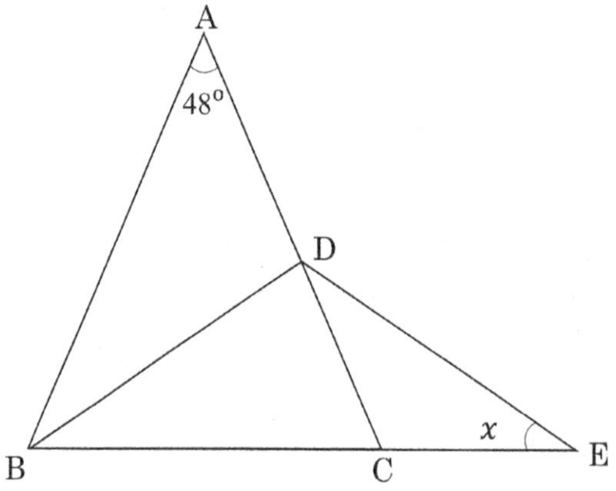

⑵　図のように，円Oの周上に３点A，B，Cがあり，線分AB，ACの中点をそれぞれM，Nとする。
AC＝CB，∠NOA＝42° のとき，∠ x の大きさを求めなさい。

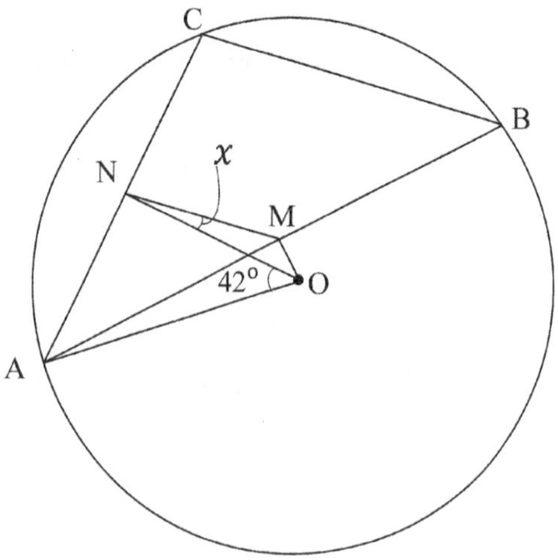

5 図のような，おうぎ形ABCがある。その内側に半径4cmの半円Oが，2点P，Bでおうぎ形に接している。
また，おうぎ形の辺ABと半円Oの交点をQとしたとき，AQ＝QO であった。このとき，次の問いに答えなさい。

(1) ∠CABの大きさを求めなさい。

(2) 斜線部分の面積を求めなさい。

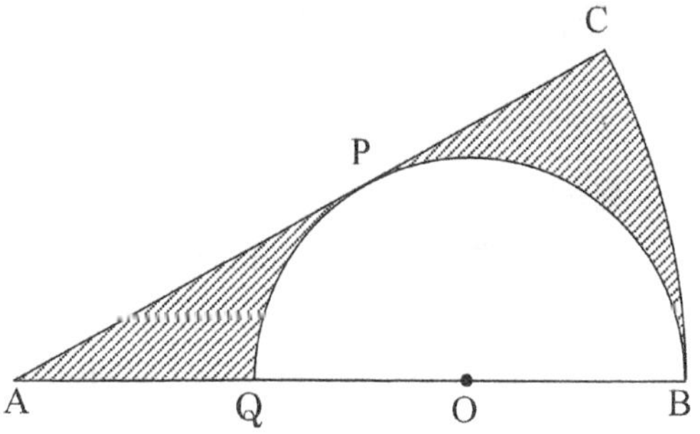

6 図のように，AC＝4cm，BC＝3cm，∠ACB＝90° の直角三角形ABCがある。直線ABを軸として，この図形を1回転してできる立体について，次の問いに答えなさい。

(1) 立体の体積を求めなさい。

(2) 立体の表面積を求めなさい。

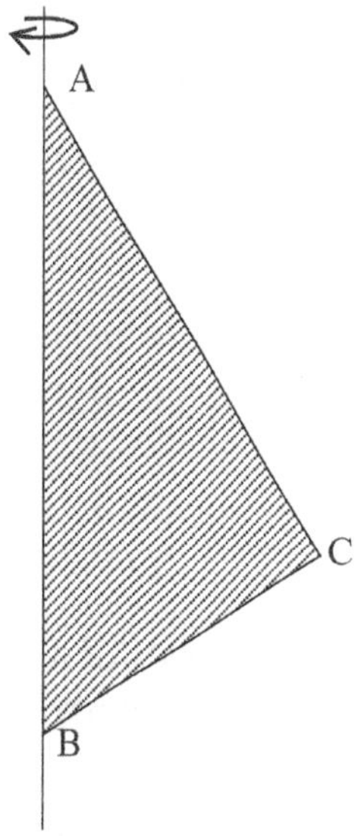

7 図のように，1辺の長さ3cmの正方形ABCDの辺BC上に点M，辺CD上に点NがありBM＝CN＝1cm である。線分AMとBNの交点をPとするとき，四角形PMCNの面積を求めなさい。

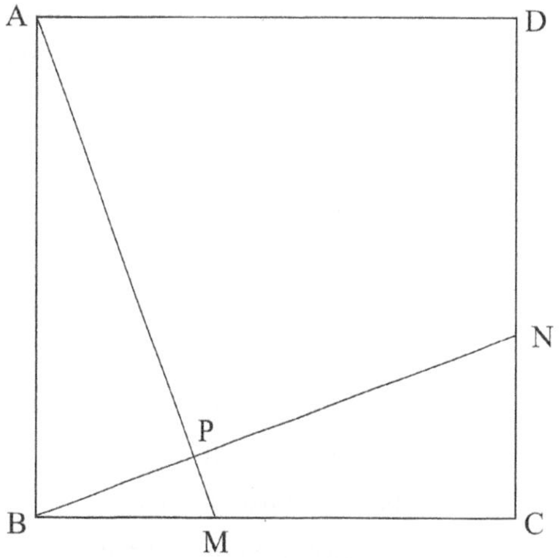

【英　語】（45分）　＜満点：22点＞

※リスニングテストの音声は弊社HPにアクセスの上，音声データをダウンロードしてご利用ください。

1　聞き取りテスト

これから聞き取りテストを行います。

それでは，聞き取りテストの説明をします。問題は第１問と第２問の２つに分かれています。

第１問は，１番から３番までの３つあります。それぞれについて，最初に会話文を読み，続いて，会話についての問いと，問いに対する答え，ａ，ｂ，ｃ，ｄを読みます。そのあと，もう一度，その会話文，問い，問いに対する答えを読みます。必要があればメモをとってもよろしい。

問いの答えとして正しいものは解答欄の「正」の文字を，誤っているものは解答欄の「誤」の文字を，それぞれ○で囲みなさい。正しいものは，各問いについて１つしかありません。

それでは，読みます。

＜メモ欄＞

2　次の問いに答えなさい。

⑴　次の英語の質問の答えとして最も適当なものを，次のア～エから１つずつ選び，記号で答えなさい。

①　Do you have any plans for next Sunday?

ア　I went shopping with my friend.
イ　Yes, I'm going to visit my uncle living in Kyoto.
ウ　Yes, I am happy to hear that.
エ　Great.　That'll be nice.

②　When and where did the accident happen?

ア　It will happen in this city tomorrow.
イ　It happened before we did.
ウ　My father and I enjoyed the tour.
エ　I have no idea.

③　How do you stop the machine?

ア　We will stop it later.
イ　Just try hard, please.
ウ　I cannot imagine what.
エ　By switching it off.

⑵　次の２つの文の内容がおおよそ同じになるように，（　）にあてはまる最も適当な語を，それぞれ１語ずつ書きなさい。

① Takashi and I were born in the same month of the same year.
　＝I am (　　　) old (　　　) Takashi.

② Let's go outside.
　＝(　　　)(　　　) go outside?

3　次の文章を読んで，あとの(1)～(6)までの問いに答えなさい。

Today we travel the world easily. Cars, trains, and planes (A) us quickly from city to city. Thousands of years ago, ①it was different. There was only one way to travel from Europe to Asia. It was called the Silk Road.

In fact, the Silk Road was made up of many roads. ②They (through, like, passed, places, different, many) deserts, rivers, mountains, and forests. The Silk Road dates from about 100 BC.

Traveling along the Silk Road was very hard. The best way to travel along the Silk Road was by camel. Many people used horses, too. Others, the less fortunate travelers, had to walk.

Most people traveling on the Silk Road were bringing things to sell. They carried many different things, but the most famous was silk. Silk is a material that is soft and used for making clothes.

The Silk Road was also important for carrying ideas. Philosophies like Buddhism and mathematics were carried from country to country. This was the easiest part because ideas are easy to carry! ③Anyone can do it!

Many people started their journey along the Silk Road in China. At the eastern end of the Silk Road was Xian. This was the capital of China at the time. [　　④　　] Xian had all the comforts of a big city. There was food to eat and water to drink. It was a good place for travelers to prepare for the next part of their journey.

＜注＞ philosophies　哲学　　Buddhism　仏教　　mathematics　数学　　Xian　西安
comforts　快適さ

(1) (A) にあてはまる最も適当な語を，次のア～エから１つ選び，記号で答えなさい。
　ア put　　イ drive　　ウ fly　　エ take

(2) 下線部①の内容として最も適当なものを，次のア～エから１つ選び，記号で答えなさい。
　ア 人々の生活　　イ 人々の移動方法　　ウ 国際情勢　　エ 国の治安

(3) 下線部②が本文の内容に合うように，(　) 内の語を正しい順序に並べかえなさい。

(4) 次の質問の答えとして最も適当なものを，次のア～エから１つ選び，記号で答えなさい。
　Question : What was the hardest way of traveling along the Silk Road?
　ア Going by camel.　　イ Going by horse.
　ウ Going on foot.　　エ Going by car.

(5) 下線部③の内容として正しいものを，次のア～エから１つ選び，記号で答えなさい。
　ア 絹を運ぶのはだれでもできる。

イ　考え，思想を伝えるのはだれでもできる。

ウ　ラクダに乗るのはだれでもできる。

エ　歩くのはだれでもできる。

(6) ［④］にあてはまる最も適当な文を，次のア～エから１つ選び，記号で答えなさい。

ア　So many people visited there for sightseeing.

イ　It was full of mysteries.

ウ　There were so many things to learn in the city.

エ　It was also the starting point for most travelers.

4　**次の会話文を読んで，あとの(1)～(6)までの問いに答えなさい。**

Kazuko: Nick, I hear you went to Inuyama Castle with your homestay family. (　A　) your impression?

Nick: Oh, it was fantastic. I heard it was the oldest castle in Japan. It has kept its original form since its construction in 1537. It is a national treasure. We walked up the wooden stairs and went to the top. The view was wonderful. After the castle, we walked about ten minutes and went to a beautiful garden. We visited the tearoom ①<u>(call)</u> 'Joan' there. The guide said it was a national treasure, too. I wanted to have tea there, but I was told that ②<u>it</u> was impossible. We had to go to a modern building nearby to have tea.

Kazuko: Are you interested in tea ceremony?

Nick: Yes, very much. In fact, I was interested in tea ceremony before I came to Japan.

Kazuko: Were you? Then, (　B　) not experience tea ceremony?

Nick: Kazuko, do you mean it? I've wanted to experience it for a long time. Where can I? Do you know of any good place?

Kazuko: My mother teaches tea ceremony. There's a tearoom in our garden, though it's not a national treasure.
Are you free tomorrow afternoon? Her students are coming. You can come, too, if you like.

Nick: Great thanks. I'm coming.

Kazuko: ③<u>I'll (　　　) my mother (　　　) pick you up</u> in front of the city hall at 14:00.

Nick: You're very kind. Anything to bring?

Kazuko: You don't need anything, but if you like, you can bring your camera with you. I think some students will come in kimono. You can (　C　) pictures of them. They will be happy.

<注>　construction　建設

⑴　（A）にあてはまる最も適当な語句を，次のア～エから１つ選び，記号で答えなさい。

ア　What was　　イ　How was　　ウ　Which was　　エ　Why was

⑵　下線部①の語を正しい形に変えて書きなさい。

⑶　下線部②の内容として正しいものを，次のア～エから１つ選び，記号で答えなさい。

ア　犬山城の天守閣まで登ること。

イ　城を建築当時のまま，保存すること。

ウ　近代的な建物でお茶を飲むこと。

エ　国宝の茶室でお茶を飲むこと。

⑷　（B）にあてはまる最も適当な語を，次のア～エから選び，記号で答えなさい。

ア　when　　イ　why　　ウ　who　　エ　do

⑸　下線部③が，「私がお母さんに，あなたを車で迎えに行くよう，たのんでみましょう。」という意味になるように，（　）にあてはまる最も適当な語を，１語ずつ書きなさい。

⑹　（C）にあてはまる最も適当な１語を書きなさい。

【理　科】（45分）　＜満点：22点＞

1　人の消化について，だ液を使って次の実験を行った。あとの問いに答えなさい。

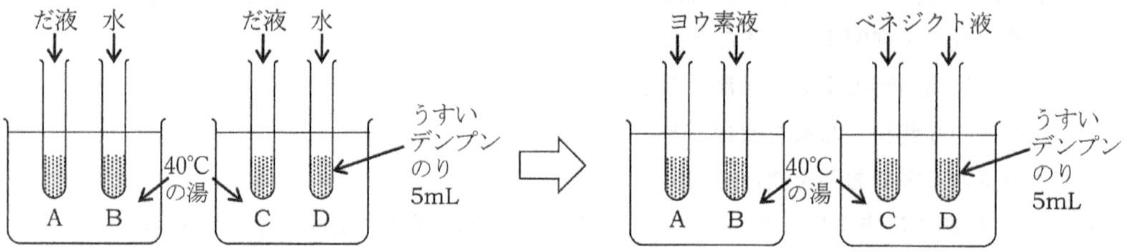

＜実験＞

①　４本の試験管A～Dにうすいデンプンのりを５mLずつとり，試験管AとCには，だ液２mL，試験管BとDには，水２mLを入れ，試験管の液をよく振って混ぜ合わせた。

②　図のように，40℃の湯で10分間あたため，湯から取り出した。

③　試験管AとBにヨウ素液を２～３滴ずつ加えてよく混ぜ，それぞれの色の変化を観察した。次に，試験管CとDに，ベネジクト液を少量加え，沸騰石を入れて加熱し，それぞれの色の変化を観察した。

⑴　実験結果をまとめ，以下の表を作成した。A～Dの各試験管の変化について，正しい実験結果を記録しているものの組み合わせとして，最も適切なものを，下のア～オから１つ選び，その記号を答えなさい。

試験管	A	B	C	D
実験結果				

ア　A　青紫色　B　変化なし　C　赤かっ色の沈殿が生じる　D　変化なし
イ　A　変化なし　B　青紫色　C　変化なし　D　赤かっ色の沈殿が生じる
ウ　A　青紫色　B　変化なし　C　変化なし　D　赤かっ色の沈殿が生じる
エ　A　変化なし　B　青紫色　C　赤かっ色の沈殿が生じる　D　変化なし
オ　A　変化なし　B　赤かっ色の沈殿が生じる　C　青紫色　D　変化なし

⑵　実験結果から分かることは何か。以下の文中の（①），（②）に入る適切な文をア～エからそれぞれ１つ選び，その記号を答えなさい。

・試験管AとBを比較すると（　①　）ということが分かり，試験管CとDを比較すると（　②　）ということが分かる。

ア　だ液によって，デンプンが分解され，他のものに変わる
イ　デンプンには，ベネジクト液から赤かっ色の沈殿を生じさせるはたらきがある
ウ　だ液には，デンプンがふくまれているが，水にはふくまれていない
エ　デンプンは，だ液により，ブドウ糖がいくつか結びついたものになった

⑶　次のページの文は，消化酵素について説明したものである。文中の（①）～（⑤）にあてはまる語句として最も適切なものを，あとのA～Lからそれぞれ１つ選び，その記号を答えなさい。

・だ液にふくまれている消化酵素は（　①　）という。消化酵素は，胃液や（　②　）などの消化液にもふくまれるほか，（　③　）にも存在する。

デンプンは，だ液の中の消化酵素のほか，（　④　）から出される（　②　）のなかの消化酵素や，（　③　）にある消化酵素によって，（　⑤　）にまで分解される。

A　アミラーゼ　　B　ペプシン　　C　リパーゼ　　D　たんじゅう
E　すい液　　F　かん臓　　G　小腸の壁　　H　たんのう
I　すい臓　　J　ブドウ糖　　K　モノグリセリド　　L　しぼう酸

(4)　吸収について，以下の文中の（①）～（③）に入る言葉をA～Jからそれぞれ1つ選び，その記号を答えなさい。

・消化された栄養分は（　①　）の内壁のひだをうめる細かい突起の（　②　）という部分から吸収される。その中には，（　③　）とリンパ管が通っている。

A　大腸　　B　小腸　　C　柔毛　　D　消化管　　E　小突起
F　大動脈　　G　動脈　　H　静脈　　I　毛細血管　　J　血しょう

2　**物質の水へのとけ方を調べるために，次の①～④の実験を順に行った。実験で使ったミョウバンの100gの水にとける質量は，表1のようになった。**

<実験>

①　ビーカーに，水200gとミョウバン120gを入れて，よくかき混ぜるとミョウバンがとけ残った。
②　このビーカー内の水溶液をかき混ぜながらガスバーナーで加熱して80℃にした。このとき，ミョウバンはすべてとけていた。
③　このビーカーの水溶液が，20℃まで冷えたとき，ビーカー内にミョウバンの結晶が出ていた。
④　20℃に保ったまま，この水溶液をろ過して，結晶と水溶液とに分けた。

《表1》　水の温度と100gの水にとけるミョウバンの質量

温度（℃）	20	40	60	80
ミョウバン（g）	5.9	11.7	24.8	71.0

(1)　100gの水にとかすことのできる物質の最大の質量のことを，何というか。下のア～オから1つ選び，その記号を答えなさい。

ア　飽和最大量　　イ　溶質量　　ウ　密度　　エ　飽和質量　　オ　溶解度

(2)　ミョウバンは，20℃の水200gに，最大何gとけますか。小数第一位までの値を答えなさい。

(3)　実験③で20℃まで冷えたときに出ていた結晶の質量は全部でおよそ何gか。下のア～オから1つ選び，その記号を答えなさい。

ア　約65g　　イ　約100g　　ウ　約108g　　エ　約114g　　オ　約130g

(4)　実験④でろ過して得られた水溶液の質量パーセント濃度はおよそ何%か。下のア～オから1つ選び，その記号を答えなさい。

ア　約59%　　イ　約56%　　ウ　約25%　　エ　約5.9%　　オ　約5.6%

(5)　表1の実験と同様に，40℃の水500gに塩化ナトリウムをとかして，飽和食塩水を作った。この食塩水を冷やして20℃にしたとき，何gの食塩の結晶ができるか。次のページの表2の値を用いて，小数第一位までの値を求めなさい。

《表2》　水の温度と100gの水にとける塩化ナトリウムの質量

温度（℃）	20	40
塩化ナトリウム（g）	35.7	36.4

3　**天体の動きについて，次の文の（①）～（③）に当てはまる語句や数字を，下のア～スからそれぞれ1つ選び，その記号を答えなさい。**

・地球は地軸を回転の軸として（　①　）へ回転している。地球の自転による天体の見かけの動きを，（　②　）という。

・地球の公転によって，同じ時刻に見える星の位置は，1か月に約（　③　）度ずつ，西へ動く。

ア　西から東　　イ　東から西　　ウ　北から南　　エ　南から北

オ　公転運動　　カ　自転運動　　キ　天体運動　　ク　日周運動

ケ　10　　コ　15　　サ　20　　シ　23.4　　ス　30

4　**図1は北半球で，ある日の夕方に見えた月の写真，図2は地球のまわりを回る月の位置と太陽の光の方向を表したものである。あとの問いに答えなさい。**

図 1

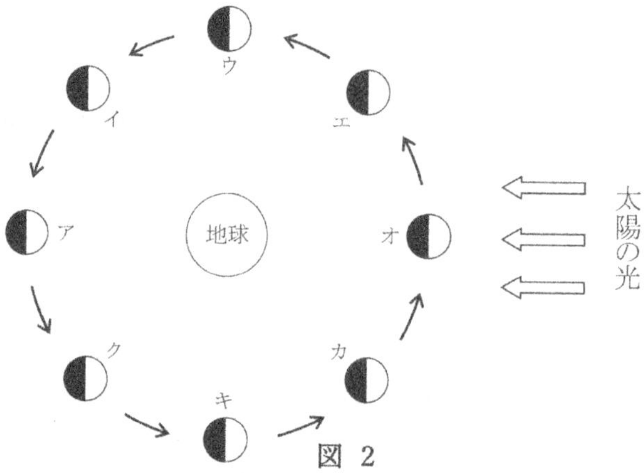

図 2

⑴　図1の月を何と呼ぶか，下のア～オから1つ選び，その記号を答えなさい。

ア　満月　　イ　上弦の月　　ウ　下弦の月　　エ　三日月　　オ　新月

⑵　図1の月が見えたときの月の位置を，図2のア～クから1つ選び，その記号を答えなさい。

⑶　日食を起こす時の月の位置として，最も適当なものを図2のア～クから1つ選び，その記号を答えなさい。また，このときの月の呼び方を答えなさい。

5　**次のページの図のように，電圧を変えられる電源装置，電気抵抗が不明の電熱線aと電気抵抗が30Ωの電熱線bを用いて回路をつくり，電圧と電流を調べる実験を行った。この実験に関して，あとの問いに答えなさい。**

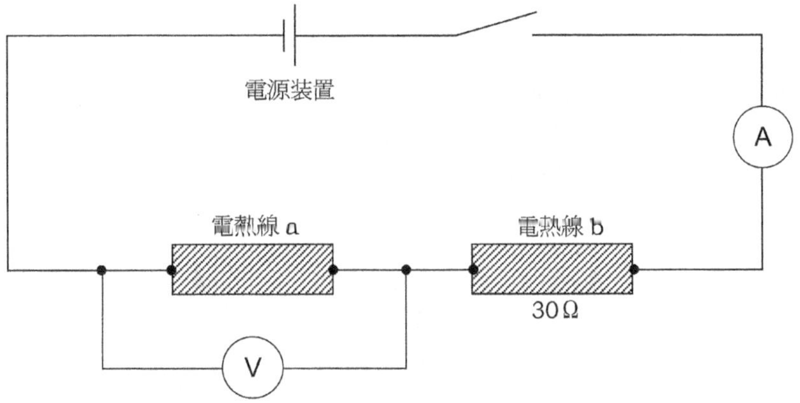

(1)　電熱線ａに加えられた電圧と，上の図の回路中の位置での電流を調べると，次の表の結果が得られた。調べられた電圧が2.0Ｖのとき，電熱線ｂには，何Ａの電流が流れているか。下のア～オから１つ選び，その記号を答えなさい。

＜実験結果＞

電圧(V)	0	2.0	3.0	4.0	6.0
電流(mA)	0	80	120	160	240

ア　80Ａ　　イ　８Ａ　　ウ　0.8Ａ　　エ　0.08Ａ　　オ　0.008Ａ

(2)　電熱線ａの抵抗は何Ωか。下のア～カより１つ選び，その記号を答えなさい。

ア　1.6Ω　　イ　2.5Q　　ウ　４Ω　　エ　16Ω　　オ　25Ω　　カ　40Ω

(3)　調べられた電圧が8.0Ｖであるとき，電熱線ａには，何mAの電流が流れているか答えなさい。

(4)　(3)のとき，電熱線ｂに加えられた電圧は何Ｖか。小数第一位までの値を答えなさい。

6　**図のような装置で，コイルに電流を流すとＡ，Ｂ２つの方位磁針のＮ極のさす方向が変わった。あとの問いに答えなさい。**

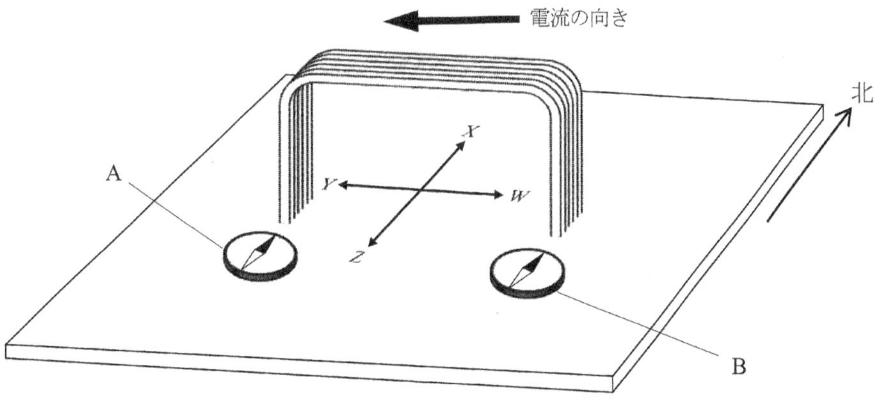

(1)　矢印の向きに電流を流すと，コイルの中心付近の磁界の向きは，Ｗ，Ｘ，Ｙ，Ｚのどの向きになるか。正しいものを，下のア～オから１つ選び，その記号を答えなさい。

ア　磁界の向きは決まっていない。　　イ　図の→Ｗの向きにできる。

ウ　図の→Xの向きにできる。　　　　エ　図の→Yの向きにできる。

オ　図の→Zの向きにできる。

(2)　矢印の向きに電流を流すと，A，Bの方位磁針はどのように振れるかを，下の①～④からそれぞれ1つ選び，その組み合わせとして最も適切なものを，下のア～キから1つ選び，その記号を答えなさい。なお，①～④は方位磁針A，Bを上方からながめた図である。

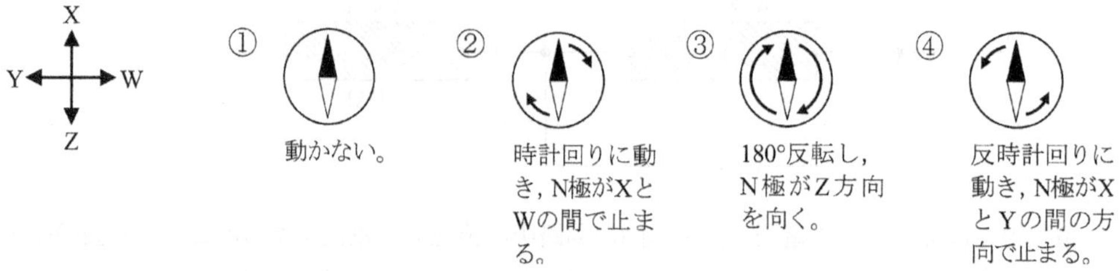

動かない。

時計回りに動き，N極がXとWの間で止まる。

180°反転し，N極がZ方向を向く。

反時計回りに動き，N極がXとYの間の方向で止まる。

ア　A－①　B－②　　イ　A－①　B－③　　ウ　A－②　B－③

エ　A－②　B－④　　オ　A－③　B－①　　カ　A－④　B－②

キ　A－④　B－①

【社　会】（45分）　＜満点：22点＞

1　世界の地理に関するあとの問いに答えなさい。

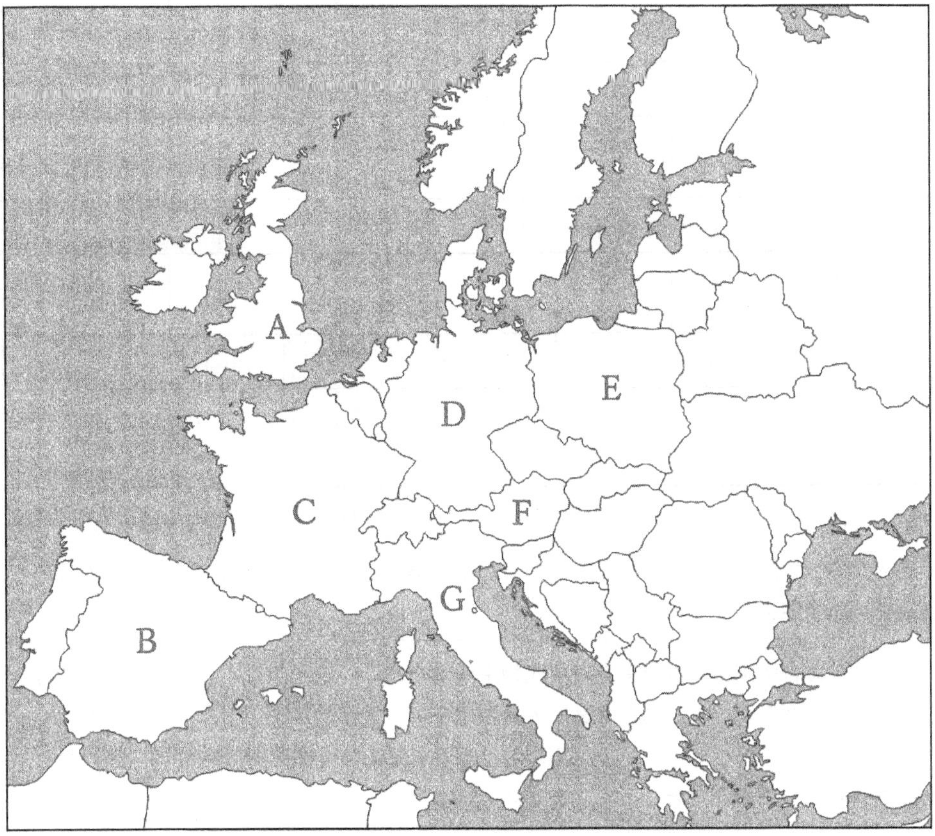

＜ヨーロッパ地図＞

⑴　国際河川であるドナウ川とライン川の両方が国内に流れる国を，地図中のA～Gから２つ選び，記号で答えなさい。

⑵　ヨーロッパ北部の海岸線には，氷河によって削られた「フィヨルド」と呼ばれる湾や入り江が多く見られます。この「フィヨルド」のほかにも，夏季には１日中太陽が沈まない「白夜」で知られる代表的な国を，次のア～オから１つ選びなさい。

ア　デンマーク　　イ　スロバキア　　ウ　ウクライナ

エ　ノルウェー　　オ　アイルランド

⑶　次のページの図は，アメリカ合衆国（「アメリカ」と表記）が，輸出量１位の農産物について，国別の輸出量比率を表しています。以下の問いに答えなさい。

①，②に当てはまる農産物として，次のア～オより最も適当なものの組み合わせを選びなさい。

ア　①コメ　②キャベツ　　イ　①ジャガイモ　②トウモロコシ

ウ　①トウモロコシ　②綿花　　エ　①牛肉　②コーヒー

オ　①キャベツ　②リンゴ

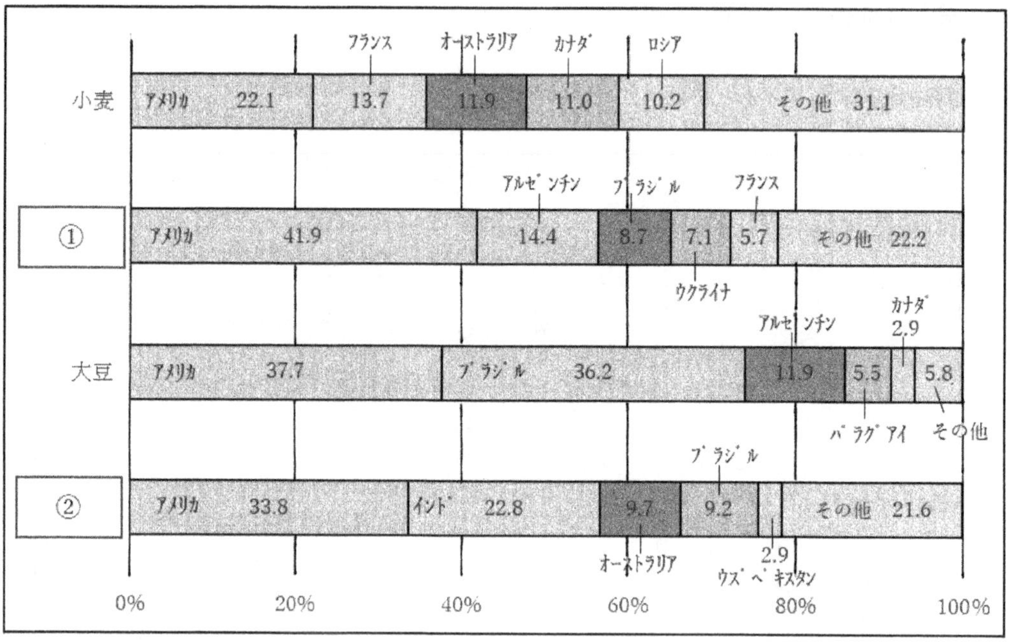

（2011年ＦＡＯ統計より，表内数値は％）

⑷　アメリカ合衆国の農業の特徴をいいあらわす言葉として，以下の文中（　）に入る最も適当な言葉を，漢字四文字で書きなさい。

> アメリカ合衆国は，世界有数の農産物生産国であり，輸出国です。市場の動きに合わせて農産物の生産を管理し，効率の良い大量生産を行う企業的農業が特徴です。また地形や気候条件に合わせて（　　　　）の農業がおこなわれており，果物や野菜，米，酪農など，世界の食料庫として影響力をもっています。

2　日本の地理に関するあとの問いに答えなさい。

⑴　次の文中の（①）・（②）・（③）に入る県を次のページの地図中から選び，正しい組み合わせを記号で答えなさい。

（①）では，a日本標準時子午線が南北に通過している。南部は，日本有数の重化学工業の集積地であるほか，中部から北部にかけては過疎地や豪雪地帯も抱えている。戦国時代から近代にいたるまで，日本有数の銀山である生野銀山があった。

（②）には，旧石器時代の（　Ａ　）遺跡がある。富岡市では富岡製糸工場など４件が「富岡製糸場と絹産業遺産群」として世界遺産に登録された。大泉町は自動車・電気機器製造がさかんで，ブラジルやペルー出身の日系人労働者が多い。

（③）には，自動車関連企業が多く存在するほか，航空宇宙産業，セラミックス産業，鉄鋼，特殊鋼産業が盛んである。また，花の生産も盛んで，きく，ばら，シクラメン，洋ランは作付面積，生産量，産出額ともに全国１位である。

ア　①A　②B　③C　　イ　①B　②C　③D　　ウ　①C　②D　③E

エ　①E　②A　③B　　オ　①B　②D　③A　　カ　①D　②E　③C

キ　①C　②D　③B　　ク　①A　②E　③D　　ケ　①D　②C　③A

コ　①C　②A　③B

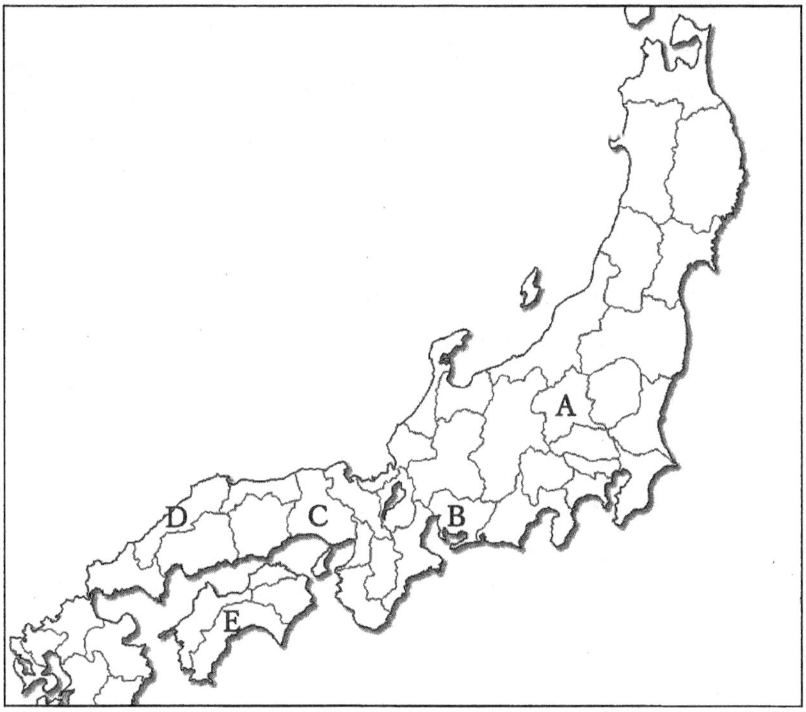

＜日本地図＞

⑵　文中の（A）に入る遺跡名を，漢字で答えなさい。

⑶　下線ａの経線は何度であるか，東経または西経を付けて答えなさい。

⑷　次の表は，食料品工業製品の府県別の生産を表している。(あ)，(い)，(う) について，地図中の県の記号の組み合わせとして正しいものを，次のア～オから１つ選び，記号で答えなさい。

《 おもな食料品工業製品の都道府県別生産（2017 年)》

みそ			しょうゆ			飲用牛乳			清酒		
府県名	千 t	%	府県名	千 kL	%	府県名	千 kL	%	府県名	千 kL	%
長野	202.6	43.9	千葉	258.2	25.8	北海道	547.7	15.5	(う)	111.3	27.1
(あ)	40.2	8.7	(う)	143.2	14.3	神奈川	274.8	7.8	京都	70.9	17.2
(い)	27.7	6.0	(あ)	66.9	6.7	(あ)	188.3	5.3	新潟	34.6	8.4
北海道	25.2	5.5	三重	57.9	5.8	(う)	180.1	5.1	秋田	16.2	3.9
大分	17.1	3.7	(い)	52.1	5.2	茨城	179.8	5.1	埼玉	14.0	3.4
全国	461.5	100.0	全国	1002.8	100.0	全国	3539.0	100.0	全国	411.3	100.0

「日本のすがた 2019」より

ア　あA・いB・うC　　イ　あB・いA・うC　　ウ　あE・いC・うD

エ　あB・いE・うA　　オ　あD・いC・うB

3　次の(1)～(2)の問いに答えなさい。

(1)　写真は広隆寺の弥勒菩薩像である。

これに関連する設問Ⅰ，Ⅱに答えなさい。

設問Ⅰ　この寺が創建された時代のできごととして，最もふさわしいものを，次のア～オから１つ選び，記号で答えなさい。

ア　元は対馬・壱岐をおそった後に，九州北部へ上陸したが，内紛や暴風雨のために引き上げた。

イ　明から正式な貿易船の証明としてあたえられた勘合によって，朝貢形式の日明貿易が始まった。

ウ　唐の法律にならった大宝律令によって，全国を支配する仕組みができたり，唐の都長安にならった平城京がつくられたりした。

エ　社会が乱れ，人々の心に不安な気持ちが高まったため，死後に極楽浄土に生まれ変わることを願う浄土信仰がおこった。

オ　家柄にとらわれず，才能や功績のある人物を役人に取り立てようと，冠位十二階の制度が設けられた。

設問Ⅱ　この寺が創建された時代に海外におこったできごととして，最もふさわしいものを，次のア～オから１つ選び，記号で答えなさい。

ア　ムハンマド（マホメット）がイスラム教を開く。

イ　ゲルマン民族の大移動が始まる。

ウ　ローマ帝国が東西に分かれる。

エ　第１回十字軍の遠征が始まる。

オ　コロンブスが西インド諸島に到達する。

(2)　次の文を読んで，設問Ⅰ，Ⅱに答えなさい。

徳川幕府第５代将軍の徳川綱吉は儒学を奨励した。なかでも身分秩序を重視する朱子学が広く学ばれた。このほか，日本の歴史や古典の研究，農学，数学なども発展した。この時代に，京都や大阪などの上方では，経済力をもった町人を担い手とするa元禄文化が生まれた。

その後，徳川吉宗が第８代将軍になったときには，幕府は財政難に苦しんでいた。そのためおこなったb享保の改革によって，財政は一時的に立ち直った。

設問Ⅰ　下線aの代表的人物で，『曾根崎心中』，『冥途の飛脚』，『国性爺合戦』等の作品で知られる作者は誰か，漢字で書きなさい。

設問Ⅱ　下線bの内容として，ふさわしくないものを次のア～カから１つ選び，記号で答えなさい。

ア　武士に質素・倹約を命じ，上げ米の制度を定めた。

イ　キリスト教に関係しない科学技術などのヨーロッパの書物の輸入を認めた。

ウ　旗本の大岡忠相を町奉行に取り立てるなど，有能な人材を登用した。

エ　公事方御定書という法律を整え，裁判の基準とした。

オ　江戸に目安箱を設けて，民衆の意見を政治の参考にした。

カ　株仲間を解散させて，商人の自由な取引を認めた。

4　次の年表を見て，あとの問いに答えなさい。

1858 年　日米修好通商条約が結ばれる　…A

（a）

1889 年　大日本帝国憲法が発布される

（b）

1923 年　関東大震災がおこる

（c）

1941 年　太平洋戦争が始まる　…B

（d）

1972 年　中国との国交が正常化される

（e）

⑴　Aについて，不平等であった関税自主権の完全な回復を，その後，アメリカとの条約で調印した外相は誰か，次のア～キから１つ選び，記号で答えなさい。

ア　桂太郎　　イ　岩倉具視　　ウ　陸奥宗光　　エ　寺内正毅

オ　大隈重信　　カ　加藤高明　　キ　小村寿太郎

⑵　Bについて，昭和天皇がラジオ放送によって日本の降伏を国民に伝えたのは，西暦何年何月何日か答えなさい。

⑶　次の文は，年表中の（a）～（e）のどの時期にあたるか，記号で答えなさい。

長江上流域でおきた民衆の反政府運動に応じて，武昌で軍隊が反乱をおこすと，革命運動は全国に広がり，翌年，臨時大総統となった孫文は南京を首都とする中華民国を建国した。

⑷　（c）の時代に関係するできごと①～③を，古い順に並べた組み合わせとして正しいしいものを，ア～カから１つ選び，記号で答えなさい。

①満州事変　　②治安維持法の制定　　③二・二六事件

ア　①・②・③　　イ　①・③・②　　ウ　②・①・③

エ　②・③・①　　オ　③・①・②　　カ　③・②・①

5　次の文を読んで，設問に答えなさい。

日本国憲法は，侵すことのできない永久の権利として，国民の基本的人権を保障している。その基礎にあるのは，一人一人を等しく尊重するという個人の尊重の原理である。

私たちは，他人の権利や自由を侵さない限り，国家から干渉されることなく，自由に行動することができることを保障されている。これが自由権である。日本国憲法が保障する自由権は，精神的自由・人身の自由・$_b$経済活動の自由に大別される。

平等権は，自由権と並んで近代市民社会では欠かすことのできないものであり，個人の尊重の原理から導かれる。日本国憲法第14条の法の下の平等は，人種・信条・性別・社会的身分などによる差別を否定し，男女の平等，選挙における平等，教育の機会均等を保障している。

20世紀に入ると，これらに加えて，すべての人に人間らしい生活を求める権利を保障することが必要だと考えられるようになった。これが社会権であり，c すべての人に人間らしい暮らしを保障するために，国家が積極的に活動することを求める権利である。日本国憲法は，健康で文化的な最低限度の生活を営む権利としての（　a　）権や d 労働基本権などを定めている。

⑴　文中の（a）に入る適語を答えなさい。

⑵　下線ｂが制限される場合があるが，日本国憲法ではどのような言葉で制限しているか答えなさい。

⑶　下線ｃを最初に保障した憲法は何か，次のうちから１つ選び，記号で答えなさい。

ア　日本国憲法　　イ　マグナ＝カルタ　　ウ　アメリカ合衆国憲法

エ　ナポレオン法典　　オ　ワイマール憲法　　カ　大日本帝国憲法

⑷　下線部ｄの内容として，ふさわしくないものを２つ選び，記号で答えなさい。

ア　労働組合が賃金その他の労働条件の改善を求めて使用者と交渉する権利

イ　労働組合が要求を実現するためにストライキなどの団体行動をする権利

ウ　労働者が働くことができなくなったときに，生活保護を要求する権利

エ　労働者が技能を向上させるために研修を受けられる権利

オ　労働者が団結して行動できるように労働組合をつくる権利

6　次の文を読んで，設問に答えなさい。

政府が収入を得て，それを支出する経済活動のことを財政という。社会保障や国民の福祉が政府の仕事になるにつれて，財政規模は拡大してきた。政府の収入は主として税金によってまかなわれるが，税金だけでは必要な収入を得ることができないときには，国の場合は国債，地方公共団体の場合は地方債を発行して，借り入れを行っている。

⑴　次の中で，企業が納める直接税として，ふさわしくないものを１つ選び，記号で答えなさい。

ア　法人税　　イ　事業税　　ウ　固定資産税　　エ　関税

⑵　下線の国債や地方債を総称して何というか，漢字２文字で書きなさい。

人々が参上して漢詩を作ったり笛を吹いたり歌を唱ったりしていると、その場に走り出ていらっしゃって、誰が教えたわけでもないのに一緒に琴や笛を上手に吹いたり引き鳴らしたりなさる。詩を吟じたり、楽器の譜を唱ったりなさるのを、参上なさった殿上人や上達部たちは、誉めそやしてかわいがり申し上げては、一方ではお教え申し上げて、「こちらの北の方のお子を姫君だとお聞きしたのに、若君の間違いであった」などと、皆で納得し合っていた。殿が居合わせていらっしゃる時は、この姫君を取り押さえてでもお隠しになったが、人々が参上する時に、殿が衣装を調えている間に真っ先に走り出ていらっしゃって、このように人見知りせずにお遊びになるので、なかなかおとめすることもお出来になれない。そのため、人々はすっかり若君と思い込み、おもしろがりかわいがり申し上げているのを、殿も敢えてそう思わせたままに過ごしていらっしゃる。そのご心中では、まことに情けなく、ただひたすら、「若君と姫君を取り替えたい」とお思いになるのであった。

（鈴木裕子編　ビギナーズ・クラシックス日本の古典　とりかへばや物語
角川ソフィア文庫より）

問一　傍線部①「やうやう」を現代かなづかいに直して、ひらがなで書きなさい。

問二　傍線部 a「思して」、傍線部 b「嘆くに」のそれぞれの主語を、次のア～エの中から一つずつ選び、記号で答えなさい。

ア　女房　　イ　若君　　ウ　父の殿　　エ　母上

問三　傍線部②「ただいと恥づかしとのみ思して」を単語に分け、単語数を数字で答えなさい。

問四　傍線部③「遊び」の終止形を答えなさい。

問五　傍線部④「え制し聞こえ給はね」で、「え……給はね」は□の表現である。この□にふさわしい語を次のア～エの中から一つ選び、記号で答えなさい。

ア　不可能　　イ　打ち消し　　ウ　禁止　　エ　強調

問六　この物語の若君と姫君の性格を表す言葉を原文から、それぞれ四文字以内で抜き出して書きなさい。

【国　語】（四五分）〈満点：二二点〉

一　※問題に使用された作品の著作権者が二次使用の許可を出していないため、問題を掲載しておりません。

二　**次の文章を読んで、あとの問いに答えなさい。**

【原文】　いづれも①やうやう大人《おとな》び給《たま》ふままに、若君《わかぎみ》はあさましう物恥《ものは》ぢをのみし給《たま》ひて、女房《にようばう》などにだに、すこし御前遠《おまへとほ》きには見《み》え給《たま》ふこともなく、父《ちち》の殿《との》をも疎《うと》く恥《は》づかしくのみａ思《おぼ》して、やうやう御書習《おんふみなら》はし、さるべき事《こと》どもなど教《をし》へ聞《き》こえ給《たま》へど、思《おぼ》しもかけず、②ただいと恥《は》づかしとのみ思《おぼ》して、御帳《みちやう》の内《うち》にのみ埋《うづ》もれ入《い》りつつ、絵描《えか》き、雛遊《ひいなあそ》び・貝覆《かひおほ》ひなどし給《たま》ふを、殿《との》はいとあさましきことに思《おぼ》しのたまはせて常《つね》に苛《さひな》み給《たま》へば、はてはては涙《なみだ》をさへこぼして、あさましうつつましとのみ思《おぼ》しつつ、ただ母上《ははうへ》・御乳母《おんめのと》、さらぬはむげに小《ちひ》さき童《わらは》などにぞ見《み》え給《たま》ふ。さらぬ女房《にようばう》などの御前《おまへ》へも参《まゐ》れば、御几帳《みきちやう》にまつはれて、恥《は》づかしいみじとのみ思《おぼ》したるを、いとめづらかなることに思《おぼ》しｂ嘆《なげ》くに、また、姫君《ひめぎみ》は、今よりいとさがなくて、をさをさ内《うち》にもものし給《たま》はず、外《と》にのみつとおはして、若《わか》き男《をのこ》ども・童《わらは》べなどと、鞠《まり》・小弓《こゆみ》などをのみもて③遊《あそ》び給《たま》ふ。御出居《おんいでゐ》にも、人々参《ひとびとまゐ》りて文作《ふみつく》り、笛吹《ふえふ》き、歌謡《うたうた》ひなどするにも、走《はし》り出《い》で給《たま》ひて、もろともに、人《ひと》も教《をし》へ聞《き》こえぬ琴笛《ことふえ》の音《ね》もいみじう吹《ふ》き立《た》て弾《ひ》き鳴《な》らし給《たま》ふ。ものうち誦《ずん》じ、歌謡《うたうた》ひなどし給《たま》ふを、参《まゐ》り給《たま》ふ殿上人《てんじやうびと》・上達部《かんだちめ》などは、めでうつくしみ聞《き》こえつつ、かたへは教《をし》へ奉《たてまつ》りて、この御腹《おんはら》のをば姫君《ひめぎみ》と聞《き》こえしは僻事《ひがこと》なりけりなどぞ、皆思《みなおも》ひあへる。殿《との》の見合《みあ》ひ給《たま》へる折《をり》こそ、取《と》りとどめても隠《かく》し給《たま》へ、人々の参《まゐ》るには、殿《との》の御装束《おんさうぞく》などし給《たま》ふほど、まづ走《はし》り出《い》で給《たま》ひて、かく馴《な》れ遊《あそ》び給《たま》へば、なかなか④え制《せい》し聞《き》こえ給《たま》はねば、ただ若君《わかぎみ》とのみ思《おも》ひてもて興《けう》じうつくしみ聞《き》こえ合《あ》へるを、さ思《おも》はせてのみものし給《たま》ふ。御心《おんこころ》のうちにぞ、いとあさましく、返《かへ》す返《がへ》す、とりかへばやと思《おぼ》されける。

【現代語訳】

お二人ともしだいに成長なさるにつれて、若君の方は、あきれるほど人見知りをなさるばかりで、侍女などにさえ、お側にあまりお仕えしていない者には、お顔をお見せになることもない。それどころか父の殿に対しても、親しめないで恥ずかしいとお思いになるばかりで、殿が、おいおい漢籍を学ばせ、男子としての教養などもお教えになるのに、ご本人はまるでその気がなく、ただひどく恥ずかしいとばかりお思いになって、御帳台の中に籠もりきっては、絵を描き、雛遊びや貝覆いといった遊びをなさる。それを殿はたいそう情けないことにお思いにもなり、口にも出して常にお叱りになるので、しまいには、若君は涙までこぼして、ただ「ひどくきまりが悪い」とお思いになりながら、もっぱら母上や乳母、そうでなければごく幼い女の童にだけお顔をお見せになる。それ以外の侍女などが御前に参上しようものなら、几帳に絡まるように身を隠して、「恥ずかしい、困った」とお思いになるばかり。そんなご様子を、殿は「全く聞いたこともない、妙なことだ」とお思いになり、嘆いていらっしゃった。

それに対して、姫君の方は、今からとてもいたずら好きで、めったに部屋の中にいることもなく、もっぱら外にいらっしゃって、若い男や童などと一緒に鞠や小弓などでばかり遊んでいらっしゃる。客間にも、

2020年度

解　答　と　解　説

《2020年度の配点は解答欄に掲載してあります。》

<数学解答>

1　(1)　$2\sqrt{3}$　　(2)　$-ab$　　(3)　$x=\frac{5}{2}$　　(4)　$2x(2x-3)$　　(5)　$x=2\pm\sqrt{10}$

(6)　3　　(7)　21，35

2　(1)　37　　(2)　①　頂点　B，確率　$\frac{1}{3}$　　②　$\frac{7}{36}$　　(3)　$a=2$　　(4)　$a=\frac{7}{3}$

(5)　4500m

3　(1)　24cm²　　(2)　$y=\frac{7}{5}x+\frac{24}{5}$　　**4**　(1)　$\angle x=33$度　　(2)　$\angle x=6$度

5　(1)　30度　　(2)　4π cm²　　**6**　(1)　$\frac{48}{5}\pi$ cm³　　(2)　$\frac{84}{5}\pi$ cm²　　**7**　$\frac{27}{20}$cm²

○配点○

各1点×22　　計22点

<数学解説>

1　(小問群―平方根，数・式の計算，方程式，因数分解，二次方程式，式の値，数の性質)

基本　(1)　$\sqrt{15}\times\sqrt{5}-\sqrt{27}=\sqrt{3\times5\times5}-\sqrt{3\times3\times3}=5\sqrt{3}-3\sqrt{3}=2\sqrt{3}$

(2)　$(2ab^2)^2\div(-ab)^3\times\left(\frac{1}{2}a\right)^2=4a^2b^4\div(-a^3b^3)\times\frac{1}{4}a^2=-4\times\frac{1}{4}\times\frac{a^2b^4\times a^2}{a^3b^3}=-ab$

基本　(3)　$\frac{2x+1}{3}=\frac{4x}{5}$　　両辺を15倍すると，$5(2x+1)=3\times4x$　　$10x+5=12x$　　$-2x=-5$　　$x=\frac{5}{2}$

(4)　$2x-1=A$とすると，$(2x-1)^2-(2x-1)-2=A^2-A-2=(A+1)(A-2)$　　Aを元に戻すと，$(2x-1+1)(2x-1-2)=2x(2x-3)$

(5)　$(x-1)^2=2x+7$　　$x^2-2x+1=2x+7$　　$x^2-4x=6$　　$x^2-4x+4=10$　　$(x-2)^2=10$　両辺の平方根を求めて，$x-2=\pm\sqrt{10}$　　$x=2\pm\sqrt{10}$

(6)　a^2+4a+4を因数分解すると，$a^2+4a+4=(a+2)^2$　　$a=\sqrt{3}-2$のとき，$a+2=\sqrt{3}-2+2=\sqrt{3}$　　よって，$a^2+4a+4=(a+2)^2=(\sqrt{3})^2=3$

重要　(7)　2けたの2つの自然数をA，B(A<B)とすると，最大公約数が7だから，$A=7a$，$B=7b$と表すことができる。ただし，aとbは互いに共通な素因数をもたない自然数である。$A+B=7a+7b=56$から，$7(a+b)=56$　　$a+b=8$　　和が8となるa，bの組で，互いに共通な素因数をもたない2つの数は，1と8，3と5　　A，Bが「2けたの自然数であることから，$a=3$，$b=5$　　よって，2数は21と35である。

2　(小問群―方程式の応用，確率，関数の変域，直線の式，)

基本　(1)　もとの整数の十の位の数字をx，一の位の数字をyとすると，この整数は$10x+y$と表され，位を入れかえてできる整数は$10y+x$と表される。入れかえた整数の方が36大きいことから，$10y+$

$x=10x+y+36$　式を整理すると，$-9x+9y=36$　$-x+y=4$…①　2つの整数の和が110であることから，$(10x+y)+(10y+x)=110$　整理すると，$11x+11y=110$　$x+y=10$…②
①−②から，$-2x=-6$　$x=3$　①+②から，$2y=14$　$y=7$　よって，37

(2)　①　さいころの目の出方によって，1→B，2→C，3→D，4→E，5→A，6→Bに動く。よって，硬貨がくる確率が最も高い頂点はBであり，その確率は，$\frac{2}{6}=\frac{1}{3}$

②　さいころを2回振ったとき，1回目の目の出方が6通りあり，そのそれぞれに対して2回目に6通りずつの出方があるので，目の出方の総数は$6\times6=36$(通り)　硬貨が頂点Dにくる目の出方は，3と8であり，(1回目，2回目)=(1，2)，(2，1)，(2，6)，(3，5)，(4，4)，(5，3)，(6，2)の7通りあるので，その確率は，$\frac{7}{36}$

(3)　関数$y=\frac{a}{x}$は反比例の関係を表していて，変域が$-4\leqq x\leqq -1$のときのyの最大値が$-\frac{1}{2}$であることから，グラフの概形は右図のようになる。xの値の増加によってyの値は減少するので，$x=-4$のときに$y=-\frac{1}{2}$となる。よって，$a=xy=-4\times\left(-\frac{1}{2}\right)=2$

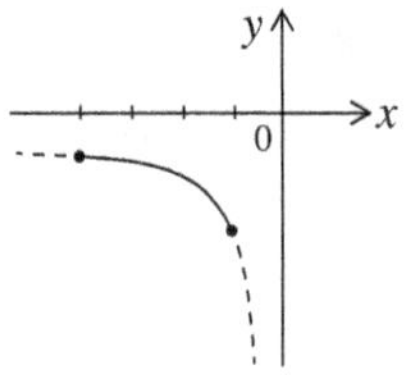

(4)　3点が同一直線上にあるとき，そのうちの2点間の変化の割合(傾き)は等しくなる。A$(-3,\ 7)$，B$(6,\ 1)$から，$\frac{1-7}{6-(-3)}=-\frac{6}{9}=-\frac{2}{3}$　B$(6,\ 1)$，$(4,\ a)$から，$\frac{a-1}{4-6}=-\frac{a-1}{2}$　$-\frac{2}{3}=-\frac{a-1}{2}$となるから，両辺を6倍して，$-4=-3a+3$　$3a=7$，$a=\frac{7}{3}$

基本　(5)　2地点A，B間の道のりをxmとすると，分速60mで歩いて行くときにかかる時間は，$\frac{x}{60}$分，分速180mの自転車で行くときにかかる時間は，$\frac{x}{180}$分，その違いが50分なので，$\frac{x}{60}-\frac{x}{180}=50$
両辺を180倍すると，$3x-x=9000$　$2x=9000$　$x=4500$　よって，2地点A，B間の道のりは4500m

3　(関数・グラフと図形―三角形の面積と，面積を二等分する直線の式)

基本　(1)　点A，Bのx座標がそれぞれ6，-2だから，点A，Bのy座標はそれぞれ，$\frac{1}{2}\times6^2=18$，　$\frac{1}{2}\times(-2)^2=2$　点A，Bからそれぞれx軸に垂線AH，BIを引き，台形BIHAの面積から△BIO，△OHAの面積を引いて△OABの面積を求めると，$\frac{1}{2}\times\{2+18\}\times8-\frac{1}{2}\times2\times2-\frac{1}{2}\times6\times18=80-2-54=24(\mathrm{cm}^2)$

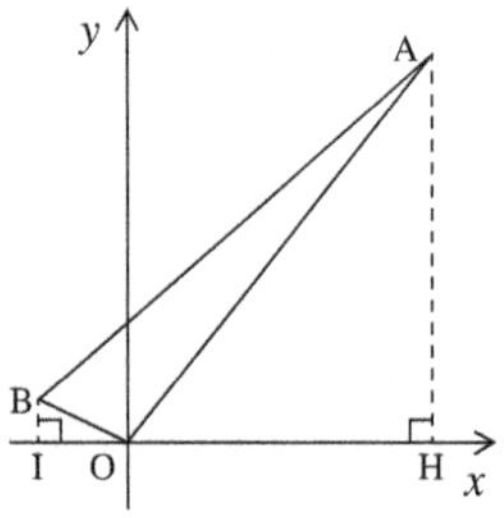

(2)　AOの中点をDとすると，△BADと△BODはそれぞれの底辺をAD，ODとみたときの高さが共通だから面積が等しくなる。点Dからx軸に垂線DJを引くと，OJ：OH=OD：OA=1：2　よって，点Dのx座標は点Aのx座標の$\frac{1}{2}$の3である。また，DJ：AH=OD：OA=1：2なので，点Dのy座標は$\frac{1}{2}\times18=9$　直線BDの傾きは$\frac{9-2}{3-(-2)}=\frac{7}{5}$　$y=\frac{7}{5}x+b$とおいて$(-2,\ 2)$を代入すると，$2=\frac{7}{5}\times(-2)+b$　$b=2+\frac{14}{5}=\frac{24}{5}$　したがって，△OABの面積を二等分する直線の

式は，$y=\frac{7}{5}x+\frac{24}{5}$

4 （平面図形・小問群―角度，二等辺三角形，三角形の外角，円の性質，平行線）

(1)　二等辺三角形の底角は等しいから，$\angle CDE=\angle CED=x$　$\angle DCB$は$\triangle DCE$の外角なので，$\angle DCB=\angle CDE+\angle CED=2x$　また，$\angle ABC=\angle ACB=2x$　$\triangle ABC$の内角の和が180°だから，$2x+2x+48°=180°$　$4x=132°$　$x=33°$

やや難　(2)　半径は一定だから，△OACは二等辺三角形である。二等辺三角形の頂点と底辺の中点を結ぶ線分は底辺に垂直だから，$\angle ONA=90°$…①　また，頂角$\angle AOC=42°\times2=84°$なので，底角の大きさは，$(180°-84°)\div2=48°$　弧ACに対する円周角と中心角の関係から，$\angle ABC=\frac{1}{2}\angle AOC=42°$　M，NはそれぞれAB，ACの中点だから，MN//BCなので，$\angle AMN=\angle ABC=42°$　AC=CBだから，$\angle BAC=\angle ABC=42°$　したがって，△ANMの内角の大きさの関係から，$\angle ANM=180°-(42°+42°)=96°$…②　①，②から，$\angle x=96°-90°=6°$

5 （平面図形―おうぎ形，半円，三平方の定理，角度，面積）

重要　(1)　円の接線は接点を通る半径に垂直である。よって，△AOPは直角三角形であり，三平方の定理を用いることができる。AQ=QO=OP=4だから，$AP=\sqrt{AO^2-OP^2}=\sqrt{8^2-4^2}=4\sqrt{3}$　したがって，△AOPは3辺の比が$8:4:4\sqrt{3}=2:1:\sqrt{3}$の直角三角形であり，内角の大きさが30°，60°，90°となる。したがって，$\angle CAB=30°$

(2)　おうぎ形ABCの面積は，$\pi\times12^2\times\frac{30}{360}=12\pi$　半円OQBの面積は，$\pi\times4^2\times\frac{180}{360}=8\pi$ (cm²)　したがって，斜線部分の面積は，$12\pi-8\pi=4\pi$ (cm²)

やや難　6 （空間図形―回転体の体積と表面積，三平方の定理）

(1)　△ABCで三平方の定理を用いると，$AB=\sqrt{BC^2+AC^2}=\sqrt{25}=5$　点CからABに垂線CHを引き，△ABCの面積2通りに表すと，$\frac{1}{2}\times AB\times CH=\frac{1}{2}\times BC\times AC$　$\frac{1}{2}\times5\times CH=\frac{1}{2}\times3\times4$　$CH=\frac{12}{5}$　この立体は，底面の半径が$\frac{12}{5}$，高さがAHの円すいと底面の半径が$\frac{12}{5}$，高さがBHの円すいを合わせたものだから，その体積は，$\frac{1}{3}\times\pi\times\left(\frac{12}{5}\right)^2\times AH+\frac{1}{3}\times\pi\times\left(\frac{12}{5}\right)^2\times BH=\frac{1}{3}\times\pi\times\left(\frac{12}{5}\right)^2\times(AH+BH)=\frac{1}{3}\times\pi\times\frac{144}{25}\times5=\frac{48}{5}\pi$ (cm³)

(2)　右図は，底面の半径が$\frac{12}{5}$cm，母線の長さが4cmの円すいの側面を表したものである。おうぎ形の弧CC′は底面の円Hの円周に等しく，$2\times\pi\times\frac{12}{5}=\frac{24}{5}\pi$　円Aの円周は$2\times\pi\times4=8\pi$　よって，おうぎ形の弧は円周の，$\frac{24}{5}\pi\div8\pi=\frac{3}{5}$　したがって，この円すいの側面積は，$\pi\times4^2\times\frac{3}{5}=\frac{48}{5}\pi$　底面の半径が$\frac{12}{5}$cm，母線の長さが4cmの円すいの側面積は，同様にして，おうぎ形は円の$\frac{24}{5}\pi\div6\pi=\frac{4}{5}$　$\pi\times3^2\times\frac{4}{5}=\frac{36}{5}\pi$　したがって，この立体の表面積は，$\frac{48}{5}\pi+\frac{36}{5}\pi=\frac{84}{5}\pi$ (cm²)

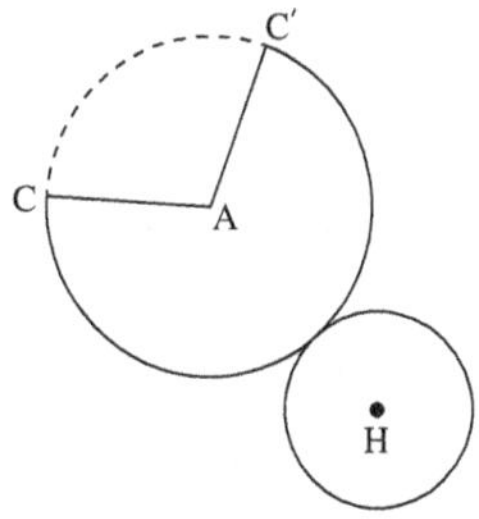

やや難 **7**（平面図形－合同，三平方の定理，相似，面積の比，面積）

$\triangle$ABMと$\triangle$BCNにおいて，AB＝BC，BM＝CN，$\angle$ABM＝$\angle$BCN　2辺とその間の角がしそれぞれ等しいので，$\triangle$ABM$\equiv\triangle$BCN　よって，$\angle$BAM＝$\angle$CBM　ところで，$\angle$ABP＋$\angle$PBM＝90°であり，$\angle$PBM＝$\angle$PABだから，$\angle$ABP＋$\angle$PAB＝90°　したがって，$\angle$APB＝$\angle$BPM＝90°　$\triangle$BMPと$\triangle$BNCにおいて，$\angle$BPM＝$\angle$BCN，$\angle$PBM＝$\angle$CBN　2組の角がそれぞれ等しいので，$\triangle$BMP$\backsim\triangle$BNC　ところで，$\triangle$BCNで三平方の定理を用いると，$BN=\sqrt{BC^2+CN^2}=\sqrt{10}$　よって，$\triangle$BMPと$\triangle$BNCの相似比は，BM：BN＝1：$\sqrt{10}$　相似な図形では面積の比は相似比の2乗に等しいから，$\triangle$BMP：$\triangle$BNC＝$1^2:(\sqrt{10})^2=1:10$　よって，（四角形PMCN）：$\triangle$BNC＝9：10　四角形PMCNの面積は，$\frac{9}{10}\triangle BNC=\frac{9}{10}\times\left(\frac{1}{2}\times3\times1\right)=\frac{27}{20}(\mathrm{cm}^2)$

★ワンポイントアドバイス★

3の(2)は対辺の中点を考える。4は(1)，(2)とも二等辺三角形の底角が等しいことを利用する。(2)は中点連結定理も役立つ。5は，3辺の比が2：1：$\sqrt{3}$の直角三角形の角度を使う。

＜英語解答＞

1　第1問　1番　a 正　b 誤　c 誤　d 誤

2番　a 誤　b 誤　c 誤　d 正

3番　a 誤　b 誤　c 正　d 誤

第2問　問1　a 誤　b 誤　c 正　d 誤

問2　a 誤　b 誤　c 正　d 誤

2　(1)　① イ　② エ　③ エ　(2)　① as, as　② Shall we

3　(1)　エ　(2)　イ　(3)　(They) passed through many different places like

(4)　ウ　(5)　イ　(6)　エ

4　(1)　ア　(2)　called　(3)　エ　(4)　イ　(5)　ask to　(6)　take

○配点○

各1点×22　計22点

＜英語解説＞

1（リスニング）

（第1問）

1番　Miss. Clark (Teacher)：Tomoki, you are late, aren't you?

Tomoki (Student)　：Yes. I'm very sorry.

Miss. Clark (Teacher)：Tell me why you're late.

Question：What is Tomoki going to say next?

a　On my way I found I had left my report and had to go home.

b　My father bought me a nice jacket.

c　I am planning to pay him a visit.

d　I am interested in music.

2番　Man　　: Excuse me, but can you tell me how to get to the post office?

Woman : Certainly. Just go down this street. Soon, you'll find a bank on your right. The post office is next to the bank.

Man　　: Thank you very much.

Question : What is the woman going to say?

a　It's very cold, isn't it?

b　I arrived two minutes ago.

c　I'm so busy now.

d　No problem.

3番　George : Hiroko, you went shopping yesterday.

Hiroko : Yes, I bought two things. A nice T-shirt for 1,500 yen and a beautiful hat for 1,000 yen.

Question : How much did Hiroko pay?

a　1,500 yen.

b　1,000 yen.

c　2,500 yen.

d　3,000 yen.

〔第2問〕

Yoshio is now 15 years old. His best friend is Tatsuya. They like sports. Yoshio likes baseball and Tatsuya likes soccer. Yoshio is in the baseball club and plays it after school. Tatsuya does not belong to any club at school. He goes to *juku* after school.

On Saturday, they often go to the park and enjoy jogging together. They talk on the grass after they jog. They often talk about their future. They both want to be school teachers, though their parents want them to be doctors.

問1　What sport does Tatsuya like?

a　He likes basketball.

b　He likes baseball.

c　He likes soccer.

d　He doesn't like any sports.

問2　What do they want to be in the future?

a　They want to be baseball players.

b　They want to be doctors.

c　They want to be teachers.

d　They don't know what they want to be.

〔第1問〕

1番　クラーク先生：トモキ，君は遅刻したね。

トモキ：はい。本当にすみませんでした。

クラーク先生：なぜ遅れたか教えてください。

質問：トモキは次に何と言うだろうか。

a　途中で，レポートを忘れたことに気づいて，家まで戻らなければならなかった。

b　父が私に素晴らしい上着を買ってくれた。

c 彼を訪問しようとしている。

d 音楽に興味がある。

2番 男性：すみませんが，郵便局までどうやって行けばよいか教えてくれませんか？

女性：もちろんです。この通りを進むだけです。すぐに，右側に銀行が見えます。郵便局は銀行の隣です。

男性：どうもありがとうございました。

質問：女性は何と言うか。

a 非常に寒いですね。

b 2分前に着きました。

c 今，とても忙しいです。

d どういたしまして。

3番 ジョージ：ヒロコ，君は昨日買い物に行ったんだよね。

ヒロコ ：ええ，私は2つのものを買ったわ。すてきなTシャツを1,500円で，美しい帽子を1,000円でね。

質問：ヒロコはいくら払ったか。

a 1,500円。

b 1,000円。

c 2,500円。

d 3,000円。

(第2問)

ヨシオは現在15歳である。彼の最も仲良い友人はタツヤだ。彼らはスポーツが好きだ。ヨシオは野球が好きで，タツヤはサッカーが好きだ。ヨシオは野球部に所属しており，放課後に，(彼は)野球をする。タツオは学校ではいかなる部にも所属していない。彼は放課後に，塾に通う。

土曜日に，彼らはしばしば公園へ行き，一緒にジョギングをして楽しむ。彼らはジョギングを終えると，芝生で話をする。彼らは頻繁に自分たちの将来について話をする。彼らの親は彼らが医者になることを望んでいるが，彼らは二人とも学校の先生を志望している。

問1 タツヤは何のスポーツが好きか。

a 彼はバスケットボールが好きだ。

b 彼は野球が好きだ。

c 彼はサッカーが好きだ。

d 彼はいかなるスポーツも好きではない。

問2 彼らは将来何になりたいか。

a 彼らは野球選手になりたい。

b 彼らは医者になりたい。

c 彼らは学校の先生になりたい。

d 彼らは何になりたいかわからない。

2 (文法・作文：英問英答・選択，言い換え・書き換え，語句補充・記述，分詞，不定詞，助動詞，動名詞，前置詞，受動態，比較，)

基本 (1) ① 質問「次の日曜日に何か計画はあるか」 正解は，イ「はい，京都に住んでいるおじを訪問する予定だ」。予定を尋ねる質問に対して，正しく応じている。my uncle <u>living</u> in ～「～に住んでいるおじ」← 〈名詞＋現在分詞[原形＋ -ing]＋他の語句〉「～している名詞」現在分詞の形容詞的用法。他の選択肢は次の通り。 ア「友達と買い物へ行った」(×) Yes／No を問う質問に答えておらず，未来の内容を問う質問に過去形で応じているので，不可。go shopping「買い物へ行く」 ウ「はい，私はそれを聞いてうれしい」(×) 〈感情を表す語＋不定詞[to ＋原形]〉「～をしてある感情がわきあがる」 エ「素晴らしい。それは楽しいだろうね」(×) ウ・エはともに予定を答えていないので，不適。

② 質問「いつ，どこでその事件[事故]は起きたか」 正解は，エ「わからない」。I have no idea「わからない」は質問に対して情報を持ち合わせていない場合の応答。他の選択肢は次の通り。 ア「明日，この市で起きるだろう」(×) 過去形の質問に対して，未来形で答えているので，不可。 イ「それは私たちがする前に起きた」(×) when and where という質問に対して，後者の場所について答えていないので，不適。 ウ「私の父と私はその旅行[見学]を楽しんだ」(×) 質問に応じた応答になっていない。

③ 質問「この機械はどのようにして止めるのか」 正解は，エ「そのスイッチを切ることで」。機械の止め方に正しく答えている。by「～によって／までに／～を使って／のそばに」，switch off「～を止める／消す」 他の選択肢は以下の通り。すべて機械の止め方を答えていないので，不適。 ア「私たちがのちにそれを止めるだろう」(×) later「後に」 イ「お願いだから，ただ頑張ってください」(×) 命令文は動詞の原形で始める。「～しなさい」 ウ「何であるか想像できない」(×)

重要 (2) ①「タカシと私は同じ年の同じ月に生まれた」＝「私はタカシと同じ年だ」〈A＋ as ＋原級＋ as ＋B〉「AはBと同じくらい～」，〈be動詞＋ born〉「生まれる」 ②「外に出かけよう」〈Let's ＋原形〉＝〈Shall we ＋原形～？〉「～しましょう」

3 (長文読解・エッセイ：語句補充・選択，指示語，語句解釈，内容吟味，語句整序，英問英答・選択，前置詞，比較，動名詞，助動詞，不定詞)

(全訳) 現在，我々はいとも簡単に世界中を移動している。車，電車，そして，飛行機が，私たちを町から町へと素早くA連れて行ってくれる。何千年も前は，①人々の移動方法は異なっていた。ヨーロッパからアジアまでの移動手段は，わずかに一つの方法しか存在していなかった。それはシルクロードと呼ばれた。

実際に，シルクロードは多くの道から構成されていた。②それらの道は，砂漠，河川，山々，そして，森林のような多くの違った場所を通っていたのである。シルクロードはおよそ紀元前100年に起源を持つ。

シルクロードに沿って旅をするというのは，非常に過酷だった。シルクロードを移動する最良の方法は，ラクダによるものだった。多くの人々は馬も利用した。他の人々，つまり，より恵まれない旅行者は，歩かざるをえなかった。

シルクロードを旅するほとんどの人々は，売るものを持っていた。彼らは多くの異なったものを運んだが，最も有名なのは絹だった。絹は柔らかい素材で，服を作るのに使われている。

シルクロードは，知識・思想を伝達するためにも重要だった。仏教や数学のような思想が国から国へと伝えられた。思想は伝えやすいから，これは最も容易なことであった。③それは誰にでもできることなのだ！

多くの人々が，中国側にあるシルクロードに沿って各々の旅を始めた。シルクロードの最東端は西安だった。当時，ここは中国の首都だった。④エその地は，ほとんどの旅行者にとっての出発点でもあった。西安には大都市のすべての快適さが備わっていた。食べ物や飲み水があった。旅行者にとって，彼らの旅の次の区間に備えて準備するには絶好の地だった。

基本 (1) 空所Aを含む文は「車，電車，そして，飛行機が，私たちを町から町へと素早く(A)」の意。〈乗り物＋ take ＋人＋ to ＋場所〉「乗り物により，人が～へ連れて行かれる／人が乗り物に乗って～へ行く」なので，正解は takeである。他の選択肢は次の通り。　ア「置く」 イ「(車を)運転する／(人が人を)車に乗せて，～へ行く」 ウ「飛ぶ／飛ばす」

やや難 (2)　下線部①を含む文の前後の要旨は次の通り。「現在，車，電車，飛行機により素早く移動できる。昔は，①それは違った。ヨーロッパからアジアまでの移動手段はシルクロードだけだった」以上の文脈より，下線部① it が指すのは，「人々の移動方法」。

やや難 (3)　(They) passed through many different places like (deserts, rivers, mountains, and forests.)　直前の文が「シルクロードは多くの道から成り立っていた」という文意であること，並べ換えの選択肢に「多くの異なった場所」(places／different／many)という語句が含まれていて，後続箇所に「砂漠・川・山・森林」という語が列記されていることから，完成文を推測すること。以上より，「それらの道は砂漠などのような多くの異なった場所を通っていた」という意味の英文を完成させれば良いことになる。共に形容詞である different／many の語順に迷うと思うが，many different が正しい。through「～を通り抜けて／の間じゅう」，pass through「～を通る」，前置詞 like「～のように／な」

やや難 (4)　質問「シルクロードに沿って旅をするのに，最も過酷な手段は何だったか」 hardest ← hard 「かたい／難しい／熱心な[に]／つらい・きびしい」の最上級。最上級(規則変化)は〈原形＋ -est〉の形。第3段落最終文に「(ラクダや馬を利用できない)他の人々，つまり，より恵まれない旅行者は，歩かざるをえなかった」とあるので，正解はウ「徒歩で移動すること」。less 「もっと少ない／もっと少なく」，fortunate「運のよい／幸運な」，〈had ＋不定詞[to ＋原形]〉「～しなければならなかった」，on foot「徒歩で」，〈by ＋(無冠詞)乗り物〉「乗り物に乗って」，best「最もよい／最もよく」　他の選択肢は次の通り。

ア「ラクダにより移動すること」 イ「馬で移動すること」 エ「車で移動すること」

やや難 (5)　下線部③は「誰でもそれ[it]をすることができる」の意。it の具体的内容は，先行箇所で，思想や学問がシルクロードを通じて伝達される様が記されていることから，思想・学問を伝えることを指すと判断できる。以上より，正解はイ。肯定文の any は「どれでも／だれでも」の意。

やや難 (6)　まず，第1段落第4・5文より，シルクロードはヨーロッパとアジアを結ぶ道であることがわかる。次に，空所④の前後の文脈は以下の通り。「多くの人々が中国側にあるシルクロードに沿って，旅を開始した。シルクロードの最東端は西安だった。［④］旅行者にとって次の区間に備えて準備するには絶好地だった」以上より，正解は，エ「ほとんどの旅行者にとって出発点でもあった」。　他の選択肢は次の通りだが，いずれも西安が移動の拠点という文脈にそぐわないので，不適。　ア「非常に多くの人々が観光のためにそこに訪れた」(×)　so many「とても／非常に」＝ very　イ「そこは神秘に満ちていた」(×)　〈be動詞＋ full of〉「～で一杯である」

ウ「その都市には学ぶべきとても多くのことがあった」(×)　many things to learn ← 不定詞の形容詞的用法〈名詞＋不定詞[to ＋原形]〉「～するための／するべき名詞」

4　**(会話文問題：語句補充・選択・記述，語句解釈，指示語，分詞，受動態)**

(全訳)　カズコ：ニック，あなたはホストファミリーと一緒に犬山城へ行ったそうね。あなたの印象Aはどうだった？

ニック：ああ，素晴らしかったよ。日本で最古の城だそうだね。1537年の建築以来，元の形を維持してきたのだね。国宝だって。僕らは木造の階段をのぼり，一番上まであがったよ。そこの景色はとても良かったなあ。城の(見学)後，10分ほど歩いて，美しい庭園に行ったよ。そこの如庵《じょあん》と呼ばれる茶室を訪れた。ガイドはそこも国宝だと言っていたね。僕はそこでお茶を飲みたかったけど，②それはできないと言われたよ。お茶を飲むのに，近くの近代的建物へ行かなければならなかった。

カズコ：あなたは茶道に興味はあるのかしら？
ニック：うん，とても。実は，日本に来る前に，僕は茶道に興味を抱いていたんだ。
カズコ：そうなの？　それじゃあ，B茶道を体験してみない？
ニック：カズコ，それって，どういうこと？　僕は長い間，茶道を経験したいと思っていた。どこで経験できるの？　君はどこか良い場所を知っているかな？
カズコ：私の母が茶道を教えているの。私たちの庭には茶室がある。国宝ではないけどね。明日の午後，都合がつくかしら？　彼女の教え子が来るの。もし良ければ，あなたも来ても良いわ。
ニック：どうもありがとう。行くよ。
カズコ：14時に市役所の前で，③あなたを車で迎えに行くように，私がお母さんに頼んでみる。
ニック：君はとても親切だね。何か持参しなければならないものはあるかな？
カズコ：何も必要はないわ。でも，もしお望みなら，カメラを持参しても良いわね。着物で来る生徒もいると思う。彼女たちの写真Cを撮ることができるわね。彼女たちは喜ぶでしょう。

基本 (1)　your impression「あなたの印象」の前にくる語句を考える問題。与えられた語句と文脈から,「あなたの印象はどうでしたか」という意味の英文を完成させればよいことになる。完成文は What was your impression?

重要 (2)　the tearoom called ʻJoanʼ「如庵と呼ばれる茶室」← 過去分詞の形容詞的用法〈名詞＋過去分詞＋他の語句〉「～される名詞」 They call the tearoom ʻJoanʼ.「彼らは茶室を如庵と呼ぶ」⇔ The tearoom is called ʻJoanʼ.「茶室は如庵と呼ばれる」から考える。

基本 (3)　it は，直前の to have tea there「そこ[国宝の如庵と呼ばれる茶室]でお茶を飲むこと」を指す。I was told that ～「私は～と告げられた」⇔ They told me that ～

重要 (4)　「茶道を経験してみたらどうですか」〈Why not ＋原形～？＝ Why don' t you ＋原形～？〉「～してはどうですか／しませんか」(提案・申し出)

基本 (5)　〈ask ＋人＋不定詞[to ＋原形]〉「～することを人に依頼する」，pick up「拾い上げる／(車などで)迎えに行く」

基本 (6)　take a picture「写真を撮影する」

★ワンポイントアドバイス★

2(1)質問に応じた応答を選択する問題である。まず，Yes／No で答える疑問文か否かを確認する。次に，何を答えとして求めているかを確かめて，質問にふさわしい応答を選択する。4(1)は応答に適した質問を選択する問題。

＜理科解答＞

1　(1)　エ　(2)　①　ア　②　エ　(3)　①　A　②　E　③　G　④　I
⑤　J　(4)　①　B　②　C　③　I
2　(1)　オ　(2)　11.8g　(3)　ウ　(4)　オ　(5)　3.5g
3　①　ア　②　ク　③　ス
4　(1)　イ　(2)　ウ　(3)　(位置)　オ　(月の呼び方)　新月
5　(1)　エ　(2)　オ　(3)　320mA　(4)　9.6V

6 (1) オ　(2) カ

○配点○

各1点×22(1(3)・(4)，4(3)各完答)　計22点

＜理科解説＞

1 (ヒトの体のしくみ－消化)

重要 (1) だ液中の酵素はデンプンを分解する。デンプンにヨウ素液を加えると青紫色になるが，デンプンが分解するとこの色の変化は生じない。ベネジクト液は糖の検出に用いられ，デンプンが分解した溶液では赤かっ色の沈殿を生じるが，デンプンでは沈殿は生じない。試験管のうちデンプンが分解されたのは，だ液を入れたAとCであり，Aでは変化がなく，Bではデンプンが残るのでヨウ素液は青紫色になる。またCではデンプンが分解され赤かっ色の沈殿を生じるが，Dでは変化がない。

(2) 試験管AとBの比較で，だ液によってデンプンが分解されることがわかる。CとDの比較では，デンプンがだ液で分解されると，ブドウ糖がいくつか結びついたものになることがわかる。これがベネジクト液と反応した。

重要 (3) だ液には，アミラーゼというデンプンの分解酵素が含まれる。胃液にはペプシン，すい液にはアミラーゼやトリプシン，リパーゼが，小腸にも消化酵素が含まれる。すい液はすい臓から分泌される。デンプンは分解されてグルコースになる。

(4) 消化された栄養分は小腸の柔毛から吸収され，ブドウ糖とアミノ酸は毛細血管に入り，脂肪酸とグリセリンはリンパ管に入る。

2 (溶液とその性質－溶解度)

基本 (1) 水100gに溶かすことのできる溶質の最大質量を溶解度という。溶解度は温度によって変化する。

(2) 20℃で100gの水に5.9gのミョウバンが溶けるので，200gの水には5.9×2＝11.8(g)溶ける。

重要 (3) 初めに水200gにミョウバン120gを加え，温度を上げてすべて溶かした。これを20℃まで下げると，20℃で水200gに11.8gまでしか溶けないので，120－11.8＝108.2(g)が溶けずに出てくる。約108gとなる。

(4) このとき水溶液は20℃の飽和溶液になっているので，その濃度は水100gに5.9gのミョウバンが溶けているので，$\left(\frac{5.9}{105.9}\right)\times 100 = 5.57\cdots$より，5.6%である。

(5) 40℃の水500gに溶ける塩化ナトリウムは36.4×5＝182(g)，20℃で500gの水に溶ける量は35.7×5＝178.5(g)　生じる食塩の結晶は182－178.5＝3.5(g)である。

基本 3 (地球と太陽系－地球の運動)

(1) 地球は地軸を回転の軸として，北極の上空から見て反時計回りに回転している。これは西から東への回転である。地球の自転による天体のみかけの運動を日周運動という。地球は1年で太陽のまわりを1週するので，1ヶ月では360÷12＝30(度)西へ動く

基本 4 (地球と太陽系－月の動き)

(1) 月の右側が照らされているので，この月は真夜中に西の空に沈む。このとき弦の側が上に向くので，上弦の月と呼ばれる。

(2) このとき月の位置は，図2のウに位置になる。

(3) 日食が生じるときは太陽が月の影に入る時なので，太陽，月，地球の順に一直線上に並ぶ。

図2のオの位置に月がくるときで，新月と呼ばれる。

5 （電流と電圧－オームの法則）

基本 (1) 電熱線a，bは直列につながれておりそれを流れる電流の大きさは同じなので，電熱線bにも80 mAつまり0.08Aの電流が流れる。

基本 (2) オームの法則より，抵抗＝電圧÷電流なので，2.0÷0.08＝25(Ω)となる。

基本 (3) 電流＝電圧÷抵抗なので，8.0÷25＝0.32(A)　つまり320mAである。

(4) 電熱線bにも0.32Aの電流が流れるので，0.32×30＝9.6(V)である。

6 （磁界とその変化－電磁石）

(1) 電流の向きに対して，右ねじの回転する方向に磁界が生じる。コイルの下側ではZの方向に磁界が生じる。

(2) Aでは磁界が右から左向きに生じる。そのため方位磁石の針は④のように動く。Bでは逆に磁界が左から右向きに生じる。そのため②のように針が動く。

★ワンポイントアドバイス★

大半の問題が基本レベルである。教科書レベルの基礎的な知識をしっかりと理解し，計算問題の演習なども練習しておこう。

＜社会解答＞

1 (1) D，F　(2) エ　(3) ウ　(4) 適地適作

2 (1) コ　(2) 岩宿　(3) 東経135(度)　(4) イ

3 (1) ① オ　② ア　(2) ① 近松門左衛門　② カ

4 (1) キ　(2) 1945年8月15日　(3) b　(4) ウ

5 (1) 生存　(2) 公共の福祉　(3) オ　(4) ウ，エ

6 (1) エ　(2) 公債

○配点○

各1点×22　計22点

＜社会解説＞

1 （地理－世界の地理に関する問題）

重要 (1) ドナウ川の流域の国は，ドイツ・オーストリア・スロバキア・ハンガリー・クロアチア・セルビア・ブルガリア・ルーマニア・モルドバ・ウクライナである。ライン川の流域の国は，スイス・リヒテンシュタイン・オーストリア・ドイツ・フランス・オランダである。また，Aはイギリス，Bはスペイン，Cはフランス，Dはドイツ，Eはポーランド，Fはオーストリア，Gはイタリアである。

基本 (2) フィヨルドとは，氷河による浸食作用によって掲載された複雑な地形の湾・入り江を指すノルウェー語である。

やや難 (3) コメの最大の輸出国はインド，ジャガイモの最大の輸出国はオランダ，牛肉の最大の輸出国はブラジル，キャベツの最大の輸出国は中国である。

(4) その場所の自然環境に適した作物を，広大な土地で，大型農業機械・施設を用いて栽培する

方法である。

2 (地理―日本の地理に関する問題)

重要 (1) 日本標準時子午線とあることから，①は兵庫県であることがわかる。1972年に建てられた最初の官営工場である富岡製糸場があることから，②は群馬県であることがわかる。自動車関連企業が多くあるのは豊田市であり，きくの栽培は渥美半島の電照菊が有名であることから，③は愛知県であることがわかる。また，Aは群馬県，Bは愛知県，Cは兵庫県，Dは島根県，Eは高知県である。

(2) 1946年に相沢忠洋が関東ローム層から発見したものである。

基本 (3) 兵庫県明石市を通る東経135度線のことである。

やや難 (4) みそは，長野県の信州みそに次いで，愛知県の八丁みその生産が多い。清酒の生産量1位は灘などの産地を抱える兵庫県である。

3 (歴史―飛鳥時代の日本と世界，江戸時代の日本に関する問題)

(1) 設問Ⅰ 広隆寺は7世紀初めに聖徳太子の所にあった仏像を祀るために創建されたと伝えられており，また，冠位十二階は聖徳太子による制度であることと併せて判断する。アは鎌倉時代，イは室町時代，ウは奈良時代，エは平安時代のことである。 設問Ⅱ ムハンマドが啓示を受けたのは610年であることから判断する。イは4世紀から6世紀にかけて，ウは395年，エは1096年から1099年，オは1492年のことである。

重要 (2) 設問Ⅰ 17世紀半ばから18世紀前半にかけての，浄瑠璃・歌舞伎作者である。 設問Ⅱ 享保の改革は，江戸幕府第8代将軍徳川吉宗が1716年から始めたものである。株仲間の解散は，老中水野忠邦が19世紀前半に行った天保の改革の内容である。

4 (歴史―幕末から現在に至る外交に関する問題)

重要 (1) 関税自主権の回復は，小村寿太郎によるアメリカとの交渉で1911年に実現した。

基本 (2) 1945年8月15日正午からNHKラジオで放送された，玉音放送のことである。

(3) 中華民国の建国は1912年である。

(4) ①は1931年，②は1925年，③は1936年であることから判断する。

5 (公民―基本的人権に関する問題)

基本 (1) 日本国憲法第25条の規定である。

重要 (2) 文章中の「他人の権利や自由を侵さない限り」という部分は，日本国憲法第13条で「公共の福祉に反しない限り」と記されている。

(3) 1919年にドイツ共和国の国民会議で制定された憲法である。国民主権・男女平等の普通選挙の承認に加え，生存権の保障，所有権の義務性などを規定していることから，20世紀の民主主義憲法の典型とされている。

やや難 (4) 日本国憲法で保障される労働基本権とは，勤労権の他，団結権・団体交渉権・団体行動権(争議権)の労働三権であることから判断する。アは団体交渉権，イは団体行動権，オは団結権の内容である。

6 (公民―基本的人権に関する問題)

重要 (1) 関税は，貿易の際に輸入品に課税され，国内産業を保護するために商品の価格を上昇させる目的で掛けられる税金のことである。

(2) 国・地方公共団体が，歳出の財源を得るため，あるいは一時的な資金不足を補うために，国民などから借り入れる金銭の債務のことである。

★ワンポイントアドバイス★

各分野の基本知識を習得することは大切であるが，記号選択の問題が多数であることから，選択肢を絞り込むための消去法の活用もマスターすることが重要である。

＜国語解答＞

一 問一 a いちじる(しく) b ウ c 克服 問二 3 問三 A エ B ア
問四 いままでは 問五 リズム感や 問六 エ 問七 無口な子，おとなしい子
問八 イ 問九 後天的 問十 ア 問十一 エ

二 問一 ようよう 問二 a イ b ウ 問三 7 問四 遊ぶ 問五 ア
問六 (若君) 物恥ぢ (姫君) さがなく

○推定配点○

各1点×22 計22点

＜国語解説＞

一 (論説文一漢字，品詞，脱語補充，接続語，文脈把握，内容吟味，類義語・対義語，語句の意味，要旨)

問一 a 「著」の訓読みは「いちじる(しい)」「あらわ(す)」。音読みは「チョ」。熟語は「著者」「著述」など。

b 保証 ア 賠償 イ 障害 ウ 証拠 エ 観賞

c 「克服」は，苦しいことや難しいことにうちかつこと。「克」を使った熟語はほかに「克明」「克己」など。訓読みは「か(つ)」。

問二 「センセーショナルな(形容動詞)・文言(名詞)・を(助詞)・並べ(動詞)・たがる(助動詞)」と分けられる。「形容動詞」「名詞」「動詞」は自立語なので，自立語は3つ。

問三 A 直前に「センセーショナルな文言を並べたがる」とあるのに対し，後には「そういった学問的な統計は出してこない」とあるので，逆接を表す「しかし」が入る。 B 直後の「何が問題になっているのだろうか」を修飾する語としては，強い疑問を表わす「いったい」が適切。

やや難 問四 「いままでは……」で始まる段落に「これが『コミュニケーション問題の顕在化』だ」と端的に述べられていることに着目する。「これ」が指すのは，直前の「いままでは問題にならなかったレベルの生徒が問題になる。」という一文なので，「いままでは(5字)」を抜き出す。

やや難 問五 「(コミュニケーション能力が)向上している」といえる根拠については，直後の段落で「リズム感や音感は，いまの子どもたちの方が明らかに発達しているし，ファッションのセンスもいい。異文化コミュニケーションの経験値も高い」と説明されている。

問六 「したり顔」は，得意そうな顔つき，という意味なので，ア・イ・ウは類義語にあてはまる。エの「しかめ顔」は，「しかめっ面」ともいい，顔や額にしわを寄せて不快な感情を表すことなのであてはまらない。

やや難 問七 「これ」が指すのは，前の「必ず，クラスに一人か二人，無口な子，おとなしい子がいます。こういった子は，学力が極端に劣るわけではないし，問題行動があるわけでもない。……コミュニケーション教育を行った方がいいでしょうか？」という内容なので，「対象となっているもの」としては，「無口な子，おとなしい子」が適切。

問八　直後に「だとすればそれは，教育可能な事柄となる」とあり，続いて「そう考えていけば，『理科の苦手な子』『音楽の苦手な子』と同じレベルで，『コミュニケーションの苦手な子』という捉え方もできるはずだ。そして『苦手科目のコクフク』ということなら，どんな子どもでも，あるいはどんな教師でも，普通に取り組んでいる課題であって，それほど深刻に考える必要はない」と述べられているので，イが適切。

問九　「先天的」は，生まれつき備わっているもの，という意味。対義語は，生まれつきでなく，後になって身に備わったもの，という意味の「後天的」。

問十　「コンセンサス」は，合意，意見の一致，総意，という意味なので，アが適切。

問十一　アは，本文に「若者全体のコミュニケーション能力は，どちらかと言えば向上している」「けっしていまの若者たちは，表現力もコミュニケーション能力も低下していない」とあることと合致しない。イは，「私は……」で始まる段落に「先に掲げた『意欲の低下』という問題以外に，大きく二つのポイントから見ていくべきだと考えている」とあることと合致しない。ウは，本文に「口べたな子どもが，人格に問題があるわけでもない。だから……あと少しだけ，はっきりとものが言えるようにしてあげればいい」とあることと合致しない。エは，「そう考えていけば……」で始まる段落に「日本では，コミュニケーション能力を先天的で決定的な個人の資質，あるいは本人の努力など人格にかかわる深刻なものと捉える傾向があり，それが問題を無用に複雑化していると私は感じている」と述べられていることと合致する。

二　**（古文―仮名遣い，主語，品詞・用法，大意）**

問一　「やう」は「よー」と発音し，現代仮名遣いでは「よう」となるので，「やうやう」は「ようよう」となる。

問二　a　冒頭に「若君は」とあるので，主語は「若君」。(若君は)人見知りが激しく，「父の殿をも疎ましく」お思いになる，という文脈である。　b　前に「殿は」とあるので，主語は「父の殿」。若君の「父の殿」は，人見知りがすぎる若君の様子を，恥ずかしいことだと思い嘆いていらっしゃった，という文脈である。

問三　「ただ(副詞)・いと(副詞)・恥づかし(形容詞)・と(助詞)・のみ(助詞)・思し(動詞)・て(助詞)」と7単語に分けられる。

問四　「遊び」の終止形は，現代語と同様に「遊ぶ」。「ば／び／ぶ／ぶ／べ／べ」と活用する。

問五　「え」は，下に打消しの語を伴って，可能でない，～できない，という意味になるので，アが適切。ここでは，「え制し聞こえ給はね」の形で，制しなさることがお出来にならない(お止めすることがお出来にならない)，という意味になる。

やや難　問六　「若君」の性格については，本文に「若君はあさましう物恥ぢをのみし給ひて……御帳の内にのみ埋もれ入りつつ，絵描き，雛遊び・貝覆ひなどし給ふ」とあり，「姫君」の性格については，「姫君は，今よりいとさがなくて，……若き男ども・童べなどと，鞠・小弓などをのみもて遊び給ふ」と表現されているので，性格を端的に表す四文字以内の語として，若君は「物恥ぢ」，姫君は「さがなく」を抜き出す。若君は人見知りで屋内での遊びを好み，姫君はいたずら好きで，屋外で若い男や童などと一緒に鞠や小弓などで遊ぶのを好む活発な性格だと説明されている。

★ワンポイントアドバイス★

現代文の読解に含まれる漢字や語句など，幅広い出題内容に備えて，万全な対策を講じておこう！　古文は，現代語訳を参照して大意をとらえる練習のほかに，文語文法も含んだ学習をしておこう！

解答用紙集

○月×日　△曜日　天気（合格日和）

◆ご利用のみなさまへ

＊解答用紙の公表を行っていない学校につきましては、弊社の責任において、解答用紙を制作いたしました。

＊編集上の理由により一部縮小掲載した解答用紙がございます。

＊編集上の理由により一部実物と異なる形式の解答用紙がございます。

人間の最も偉大な力とは、その一番の弱点を克服したところから生まれてくるものである。 ——カール・ヒルティ——

東京学参株式会社

星城高等学校　2024年度

◇数学◇

※　128％に拡大していただくと，解答欄は実物大になります。

記入例

良い例	悪い例
⬮	＼ ✕

1	(1)	①	㋐ ㋑ ㋒ ㋓
	(2)	②	㋐ ㋑ ㋒ ㋓
	(3)	③	㋐ ㋑ ㋒ ㋓
	(4)	④	㋐ ㋑ ㋒ ㋓
	(5)	⑤	㋐ ㋑ ㋒ ㋓
	(6)	⑥	㋐ ㋑ ㋒ ㋓ ㋔ ㋕

2	[1]	(1)	① ②	㋐ ㋑ ㋒ ㋓
		(2)	③ ④	㋐ ㋑ ㋒ ㋓
	[2]	(1)	⑤	㋐ ㋑ ㋒ ㋓
		(2)	⑥	㋐ ㋑ ㋒ ㋓

3	[1]	(1)	ア	⓪ ① ② ③ ④ ⑤ ⑥ ⑦ ⑧ ⑨
			イ	⓪ ① ② ③ ④ ⑤ ⑥ ⑦ ⑧ ⑨
		(2)	ウ	⓪ ① ② ③ ④ ⑤ ⑥ ⑦ ⑧ ⑨
			エ	⓪ ① ② ③ ④ ⑤ ⑥ ⑦ ⑧ ⑨
			オ	⓪ ① ② ③ ④ ⑤ ⑥ ⑦ ⑧ ⑨
	[2]	(1)	カ	⓪ ① ② ③ ④ ⑤ ⑥ ⑦ ⑧ ⑨
			キ	⓪ ① ② ③ ④ ⑤ ⑥ ⑦ ⑧ ⑨
		(2)	ク	⓪ ① ② ③ ④ ⑤ ⑥ ⑦ ⑧ ⑨
			ケ	⓪ ① ② ③ ④ ⑤ ⑥ ⑦ ⑧ ⑨

4	[1]	ア	⓪ ① ② ③ ④ ⑤ ⑥ ⑦ ⑧ ⑨
		イ	⓪ ① ② ③ ④ ⑤ ⑥ ⑦ ⑧ ⑨
	[2]	ウ	① ② ③ ④ ⑤ ⑥ ⑦ ⑧ ⑨
		エ	① ② ③ ④ ⑤ ⑥ ⑦ ⑧ ⑨
		オ	① ② ③ ④ ⑤ ⑥ ⑦ ⑧ ⑨

4	[3]	(1)	カ	⓪ ① ② ③ ④ ⑤ ⑥ ⑦ ⑧ ⑨
			キ	⓪ ① ② ③ ④ ⑤ ⑥ ⑦ ⑧ ⑨
		(2)	ク	⓪ ① ② ③ ④ ⑤ ⑥ ⑦ ⑧ ⑨
			ケ	⓪ ① ② ③ ④ ⑤ ⑥ ⑦ ⑧ ⑨
	[4]	(1)	コ	⓪ ① ② ③ ④ ⑤ ⑥ ⑦ ⑧ ⑨
			サ	⓪ ① ② ③ ④ ⑤ ⑥ ⑦ ⑧ ⑨
			シ	⓪ ① ② ③ ④ ⑤ ⑥ ⑦ ⑧ ⑨
			ス	⓪ ① ② ③ ④ ⑤ ⑥ ⑦ ⑧ ⑨
		(2)	セ	⓪ ① ② ③ ④ ⑤ ⑥ ⑦ ⑧ ⑨
			ソ	⓪ ① ② ③ ④ ⑤ ⑥ ⑦ ⑧ ⑨
			タ	⓪ ① ② ③ ④ ⑤ ⑥ ⑦ ⑧ ⑨

星城高等学校　2024年度

◇英語◇

※解答欄は実物大になります。

記入例

良い例	悪い例

1			a		b		c		d	
	第一問	1番	正	誤	正	誤	正	誤	正	誤
		2番	正	誤	正	誤	正	誤	正	誤
		3番	正	誤	正	誤	正	誤	正	誤
	第二問	問1	正	誤	正	誤	正	誤	正	誤
		問2	正	誤	正	誤	正	誤	正	誤

2					
	(1)	ア	イ	ウ	エ
	(2)	ア	イ	ウ	エ
	(3)	ア	イ	ウ	エ

3					
	(1)	ア	イ	ウ	エ
	(2)	ア	イ	ウ	エ

4					
	(1)	ア	イ	ウ	エ
	(2)	ア	イ	ウ	
	(3)	ア	イ	ウ	エ
	(4)	ア	イ	ウ	エ
	(5)	ア	イ	ウ	エ

5						
	(1)		ア	イ	ウ	エ
	(2)	①	ア	イ	ウ	エ
		②	ア	イ	ウ	エ
		③	ア	イ	ウ	エ
	(3)		ア	イ	ウ	エ

星城高等学校　2024年度

※　118%に拡大していただくと，解答欄は実物大になります。

◇理科◇

記入例

良い例	⬮	悪い例	＼ X ⬮ ⬮

1	(1)		㋐ ㋑ ㋒ ㋓ ㋔ ㋕
	(2)		㋐ ㋑ ㋒ ㋓
	(3)		㋐ ㋑ ㋒ ㋓
	(4)		㋐ ㋑ ㋒ ㋓

2	(1)		㋐ ㋑ ㋒ ㋓ ㋔ ㋕
	(2)	①	㋐ ㋑ ㋒ ㋓ ㋔ ㋕
		②	㋐ ㋑ ㋒ ㋓ ㋔ ㋕
	(3)		㋐ ㋑ ㋒ ㋓

3	(1)		㋐ ㋑ ㋒ ㋓
	(2)	①	㋐ ㋑ ㋒ ㋓
		②	㋐ ㋑ ㋒ ㋓
	(3)	Ⅰ	㋐ ㋑ ㋒ ㋓
		Ⅱ	㋐ ㋑ ㋒ ㋓
	(4)		㋐ ㋑ ㋒ ㋓ ㋔ ㋕

4	(1)		㋐ ㋑ ㋒ ㋓
	(2)		㋐ ㋑ ㋒ ㋓
	(3)		㋐ ㋑ ㋒ ㋓
	(4)	①	㋐ ㋑ ㋒
		②	㋐ ㋑ ㋒
		③	㋐ ㋑ ㋒

5	(1)	㋐ ㋑ ㋒ ㋓
	(2)	㋐ ㋑ ㋒ ㋓
	(3)	㋐ ㋑ ㋒ ㋓ ㋔ ㋕
	(4)	㋐ ㋑ ㋒ ㋓ ㋔ ㋕
	(5)	㋐ ㋑ ㋒ ㋓

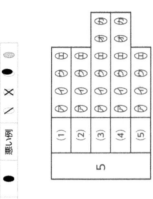

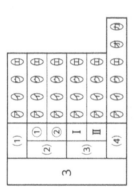

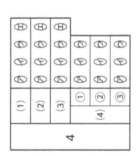

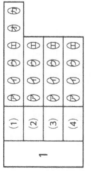

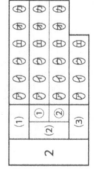

星城高等学校　2024年度

◇社会◇

※　112%に拡大していただくと，解答欄は実物大になります。

記入例

良い例	●	悪い例	＼ ✕

1	(1)	㋐ ㋑ ㋒ ㋓ ㋔ ㋕
	(2)	㋐ ㋑ ㋒ ㋓
	(3)	㋐ ㋑ ㋒ ㋓

2	(1)	㋐ ㋑ ㋒ ㋓ ㋔ ㋕
	(2)	㋐ ㋑ ㋒ ㋓
	(3)	㋐ ㋑ ㋒ ㋓
	(4)	㋐ ㋑ ㋒ ㋓

3	(1)	㋐ ㋑ ㋒ ㋓ ㋔ ㋕
	(2)	㋐ ㋑ ㋒ ㋓
	(3)	㋐ ㋑ ㋒ ㋓
	(4)	㋐ ㋑ ㋒ ㋓

4	(1)	㋐ ㋑ ㋒ ㋓
	(2)	㋐ ㋑ ㋒ ㋓
	(3)	㋐ ㋑ ㋒ ㋓
	(4)	㋐ ㋑ ㋒ ㋓

5	(1)	①	㋐ ㋑ ㋒ ㋓
		②	㋐ ㋑ ㋒ ㋓
		③	㋐ ㋑ ㋒ ㋓
	(2)	①	㋐ ㋑ ㋒ ㋓
		②	㋐ ㋑ ㋒ ㋓

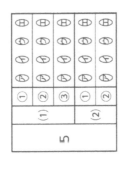

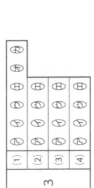

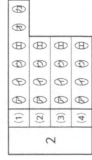

星城高等学校　2024年度

◇国語◇

※解答欄は実物大になります。

記入例

良い例	●	悪い例	＼ X ◐ ○

大問一					
1	a	㋐	㋑	㋒	㋓
	b	㋐	㋑	㋒	㋓
	c	㋐	㋑	㋒	㋓
2		㋐	㋑	㋒	㋓
3		㋐	㋑	㋒	㋓
4		㋐	㋑	㋒	㋓
5		㋐	㋑	㋒	㋓
6		㋐	㋑	㋒	㋓
7		㋐	㋑	㋒	㋓
8		㋐	㋑	㋒	㋓

大問二					
1		㋐	㋑	㋒	㋓
2	a	㋐	㋑	㋒	㋓
	b	㋐	㋑	㋒	㋓
3		㋐	㋑	㋒	㋓
4	②	㋐	㋑	㋒	㋓
	③	㋐	㋑	㋒	㋓
5		㋐	㋑	㋒	㋓
6		㋐	㋑	㋒	㋓
7		㋐	㋑	㋒	㋓
8		㋐	㋑	㋒	㋓

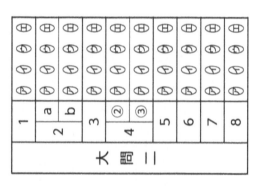

星城高等学校　2023年度

◇数学◇

※　133％に拡大していただくと，解答欄は実物大になります。

記入例

良い例	●	悪い例	＼	X	●	●

1		(1)	①		㋐	㋑	㋒	㋓
		(2)	②		㋐	㋑	㋒	㋓
		(3)	③	④	㋐	㋑	㋒	㋓
		(4)	⑤	⑥	㋐	㋑	㋒	㋓
		(5)	⑦	⑧	㋐	㋑	㋒	㋓
		(6)	⑨	⑩	㋐	㋑	㋒	㋓
2	[1]	(1)	①		㋐	㋑	㋒	㋓
		(2)	②		㋐	㋑	㋒	㋓
	[2]	(1)	③		㋐	㋑	㋒	㋓
		(2)	④		㋐	㋑	㋒	㋓

3	[1]	(1)	ア	0	1	2	3	4	5	6	7	8	9
		(2)	イ	0	1	2	3	4	5	6	7	8	9
			ウ	0	1	2	3	4	5	6	7	8	9
			エ	0	1	2	3	4	5	6	7	8	9
	[2]	(1)	オ	0	1	2	3	4	5	6	7	8	9
		(2)	カ	0	1	2	3	4	5	6	7	8	9
			キ	0	1	2	3	4	5	6	7	8	9
			ク	0	1	2	3	4	5	6	7	8	9

4	[1]		ア	0	1	2	3	4	5	6	7	8	9
			イ	0	1	2	3	4	5	6	7	8	9
	[2]		ウ	0	1	2	3	4	5	6	7	8	9
			エ	0	1	2	3	4	5	6	7	8	9
	[3]	(1)	オ	0	1	2	3	4	5	6	7	8	9
			カ	0	1	2	3	4	5	6	7	8	9
		(2)	キ	0	1	2	3	4	5	6	7	8	9
			ク	0	1	2	3	4	5	6	7	8	9
	[4]	(1)	ケ	0	1	2	3	4	5	6	7	8	9
		(2)	コ	0	1	2	3	4	5	6	7	8	9
			サ	0	1	2	3	4	5	6	7	8	9

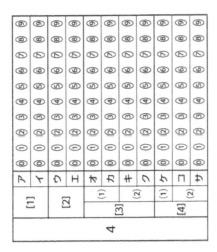

星城高等学校　2023年度

◇英語◇

※　133％に拡大していただくと，解答欄は実物大になります。

記入例

良い例	●	悪い例	⧵	X	●	●

1	第一問	1番	a	b	c	d
			正 誤	正 誤	正 誤	正 誤
		2番	a	b	c	d
			正 誤	正 誤	正 誤	正 誤
		3番	a	b	c	d
			正 誤	正 誤	正 誤	正 誤
	第二問	問1	a	b	c	d
			正 誤	正 誤	正 誤	正 誤
		問2	a	b	c	d
			正 誤	正 誤	正 誤	正 誤

2	(1)	①	ア	イ	ウ	エ
		②	ア	イ	ウ	エ
		③	ア	イ	ウ	エ
	(2)	①	ア	イ	ウ	エ
		②	ア	イ	ウ	エ
3	(1)	①	ア	イ	ウ	エ
		②	ア	イ	ウ	エ
		③	ア	イ	ウ	エ
	(2)		ア	イ	ウ	エ
	(3)		ア	イ	ウ	エ

4	(1)	①	ア	イ	ウ	エ
		②	ア	イ	ウ	エ
		③	ア	イ	ウ	エ
		④	ア	イ	ウ	エ
	(2)		ア	イ	ウ	エ

星城高等学校　2023年度

◇理科◇

※解答欄は実物大になります。

記入例

1	(1)	㋐	㋑	㋒	㋓	
	(2)	㋐	㋑	㋒	㋓	㋔
	(3)	㋐	㋑	㋒	㋓	㋔
	(4)	㋐	㋑	㋒	㋓	㋔
	(5)	㋐	㋑	㋒	㋓	㋔
2	(1)	㋐	㋑	㋒	㋓	
	(2)	㋐	㋑	㋒	㋓	
	(3)	㋐	㋑	㋒	㋓	
	(4)	㋐	㋑	㋒	㋓	
	(5)	㋐	㋑	㋒	㋓	

3	(1)	㋐	㋑	㋒	㋓
	(2)	㋐	㋑	㋒	㋓
	(3)	㋐	㋑	㋒	㋓
	(4)	㋐	㋑	㋒	㋓
	(5)	㋐	㋑	㋒	㋓
4	(1)	㋐	㋑	㋒	㋓
	(2)	㋐	㋑	㋒	㋓
	(3)	㋐	㋑	㋒	㋓
	(4)	㋐	㋑	㋒	㋓
	(5)	㋐	㋑	㋒	㋓

星城高等学校　2023年度

◇社会◇

※　133％に拡大していただくと，解答欄は実物大になります。

記入例

良い例	●	悪い例	＼　X　（塗り不足）（薄い）

1	(1)	① ② ③ ④
	(2)	① ② ③ ④
	(3)	① ② ③ ④
2	(1)	① ② ③ ④
	(2)	① ② ③ ④
	(3)	① ② ③ ④
	(4)	① ② ③ ④

3	(1)	① ② ③ ④
	(2)	① ② ③ ④
	(3)	① ② ③ ④ ⑤ ⑥
	(4)	① ② ③ ④
4	(1)	① ② ③ ④
	(2)	① ② ③ ④
	(3)	① ② ③ ④
	(4)	① ② ③ ④

5	(1)	① ② ③ ④
	(2)	① ② ③ ④
6	(1)	① ② ③ ④
	(2)	① ② ③ ④
	(3)	① ② ③ ④

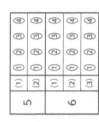

◇国語◇

※解答欄は実物大になります。

記入例

良い例	悪い例
●	＼ ✕ ◐ ○

大問一					
1	a	㋐	㋑	㋒	㋓
	b	㋐	㋑	㋒	㋓
2		㋐	㋑	㋒	㋓
3		㋐	㋑	㋒	㋓
4		㋐	㋑	㋒	㋓
5		㋐	㋑	㋒	㋓
6		㋐	㋑	㋒	㋓
7		㋐	㋑	㋒	㋓
8		㋐	㋑	㋒	㋓
9		㋐	㋑	㋒	㋓

大問二					
1	①	㋐	㋑	㋒	㋓
	②	㋐	㋑	㋒	㋓
2	a	㋐	㋑	㋒	㋓
	b	㋐	㋑	㋒	㋓
3		㋐	㋑	㋒	㋓
4		㋐	㋑	㋒	㋓
5		㋐	㋑	㋒	㋓
6		㋐	㋑	㋒	㋓
7		㋐	㋑	㋒	㋓
8		㋐	㋑	㋒	㋓

※1.は解答順不同

星城高等学校　2022年度　　◇数学◇

※解答欄は実物大になります。

1	(1)		(2)	
	(3)		(4)	$x=$
	(5)		(6)	$a=$
2	(1) ①		②	人
	(2) ①		②	
3	(1)		(2)	
4	(1)	$a=$	(2)	cm^3
5		度		
6	(1)	度	(2)	cm
7	(1)	cm	(2)	cm
8		cm		

星城高等学校　2022年度 ◇英語◇

※解答欄は実物大になります。

1	第1問	1番	a	正　誤	b	正　誤	c	正　誤	d	正　誤
		2番	a	正　誤	b	正　誤	c	正　誤	d	正　誤
		3番	a	正　誤	b	正　誤	c	正　誤	d	正　誤
	第2問	問1	a	正　誤	b	正　誤	c	正　誤	d	正　誤
		問2	a	正　誤	b	正　誤	c	正　誤	d	正　誤

2	(1)	①		②		③	
	(2)	①				②	

3	a		b		c		d	

4	(1)	A		B		C		(2)	
	(3)		(4)						

※解答欄は実物大になります。

1	(1)		(2)					
	(3)	—	—					
	(4)	①		②				
2	(1)	—	(2)		(3)			
	(4)							
3	(1)	X		Y		(2)		
	(3)			(4)				
	(5)	km						
4	(1)		(2)	W	(3)			
	(4)	秒	(5)	m/秒				

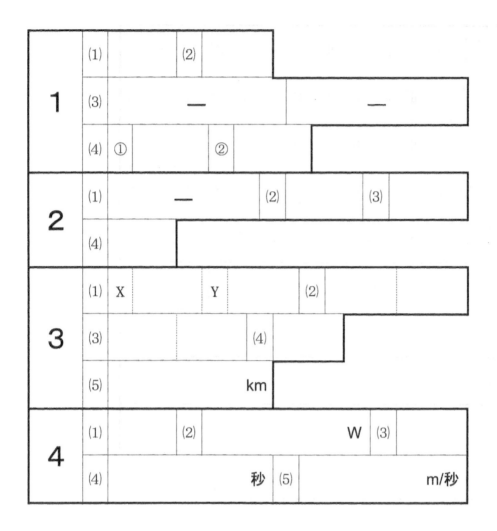

星城高等学校　2022年度

◇社会◇

※解答欄は実物大になります。

1	(1)		(2)		(3)	
	(4)					
2	(1)		(2)			
	(3)	記号		語句		
	(4)					
3	(1)		(2)			
	(3)				(4)	
4	(1)		(2)			
	(3)		(4)			
5	(1)	—	(2)	—		
	(3)	—	(4)	—		

◇国語◇

※ 115％に拡大していただくと，解答欄は実物大になります。

一

問一 a

b

c

問二

問三

問四

こと

問五

問六

問七

問八 はじめ

終わり

問九

問十

二

問一

問二

問三

問四 a

b

問五

問六 はじめ

終わり

問七

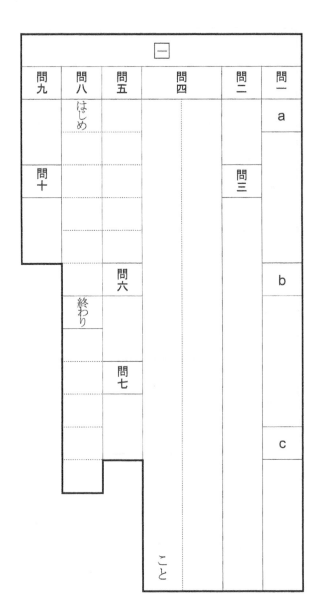

※解答欄は実物大になります。

1	(1)		(2)	
	(3)		(4)	
	(5)		(6)	
	(7)	倍		
2	(1)	①		②
	(2)	$a=$	(3)	$m=$　　, $n=$
	(4)	①		②
3	(1)		(2)	cm^2
4		：		
5	(1)	$\angle x=$　　度	(2)	$\angle x=$　　度
6	(1)	cm	(2)	倍
7	(1)	cm	(2)	cm^3

※解答欄は実物大になります。

1	第1問	1番	a	正　誤	b	正　誤	c	正　誤	d	正　誤		
		2番	a	正　誤	b	正　誤	c	正　誤	d	正　誤		
		3番	a	正　誤	b	正　誤	c	正　誤	d	正　誤		
	第2問	問1	a	正　誤	b	正　誤	c	正　誤	d	正　誤		
		問2	a	正　誤	b	正　誤	c	正　誤	d	正　誤		
2	(1)	①		②		③						
	(2)	①				②						
3	(1)		(2)		(3)		(4)					
	(5)											
	(6)		(7)									
4	(1)											
	(2)	a		b		c		d				

星城高等学校　2021年度

◇理科◇

※解答欄は実物大になります。

1	(1)		(2)		(3)		(4)	
	(5)		(6)					
2	(1)		(2)	mA				
	(3)	Ω	(4)	J				
	(5)							
3	(1)		(2)		(3)	,		
	(4)		(5)		(6)			
4	(1)		(2)		(3)		(4)	
	(5)							

星城高等学校　2021年度

◇社会◇

※解答欄は実物大になります。

1	(1)		(2)	
	(3)		(4)	
	(5)			
2	(1)	記号　　　　府県名		
	(2)	,	(3)	cm
	(4)			
3	(1)		(2)	
	(3)		(4)	
4	(1)		(2)	A　　B
	(3)		(4)	
5	(1)		(2)	A　　B
	(3)			
6	(1)		(2)	

星城高等学校　2021年度

◇国語◇

※解答欄は実物大になります。

一

- 問一
  - Ⅰ
  - Ⅱ
  - Ⅲ
- 問二
- 問三　の本
- 問四
- 問五
- 問六
- 問七
- 問八
- 問九　最初　終わり
- 問十
- 問十一
- 問十二

二

- 問一
- 問二
- 問三
- 問四
- 問五
- 問六
- 問七
- 問八

星城高等学校　2020年度　◇数学◇

※111％に拡大していただくと，解答欄は実物大になります。

1	(1)		(2)	
	(3)	$x=$	(4)	
	(5)	$x=$	(6)	
	(7)			
2	(1)			
	(2)	①　頂点　　，確率	②	
	(3)	$a=$	(4)	$a=$
	(5)	m		
3	(1)	cm^2	(2)	
4	(1)	$\angle x=$　　度	(2)	$\angle x=$　　度
5	(1)	度	(2)	cm^2
6	(1)	cm^3	(2)	cm^2
7		cm^2		

星城高等学校　2020年度

◇英語◇

※104%に拡大していただくと，解答欄は実物大になります。

1	第1問	1番	a	正	誤	b	正	誤	c	正	誤	d	正	誤
		2番	a	正	誤	b	正	誤	c	正	誤	d	正	誤
		3番	a	正	誤	b	正	誤	c	正	誤	d	正	誤
	第2問	問1	a	正	誤	b	正	誤	c	正	誤	d	正	誤
		問2	a	正	誤	B	正	誤	c	正	誤	d	正	誤

2	(1)	①		②		③	
	(2)	①		②			

3	(1)		(2)				
	(3)						
	(4)		(5)		(6)		

4	(1)		(2)		(3)		(4)	
	(5)				(6)			

※103％に拡大していただくと，解答欄は実物大になります。

1	(1)		(2)	①		②					
	(3)	①		②		③		④		⑤	
	(4)	①		②		③					
2	(1)		(2)	g	(3)						
	(4)		(5)	g							
3	(1)	①		②		③					
4	(1)		(2)								
	(3)	（　位置＿＿＿＿＿＿　、月の呼び方＿＿＿＿＿＿＿＿　）									
5	(1)		(2)								
	(3)	mA	(4)	V							
6	(1)		(2)								

星城高等学校　2020年度

◇社会◇

※103％に拡大していただくと，解答欄は実物大になります。

1	(1)		(2)	
	(3)		(4)	
2	(1)		(2)	
	(3)	度	(4)	
3	(1) ①		②	
	(2) ①		②	
4	(1)		(2)	
	(3)		(4)	
5	(1)		(2)	
	(3)		(4)	
6	(1)		(2)	

星城高等学校　2020年度

◇国語◇

※解答欄は実物大になります。

一

問一 a しく

問一 c

問二 b

問二 自立語

問三 A

問三 B

問四

問五

問六

問七

問八

問九

問十

問十一

二

問一

問二 a

問二 b

問三

問四

問五

問六 若君

問六 姫君

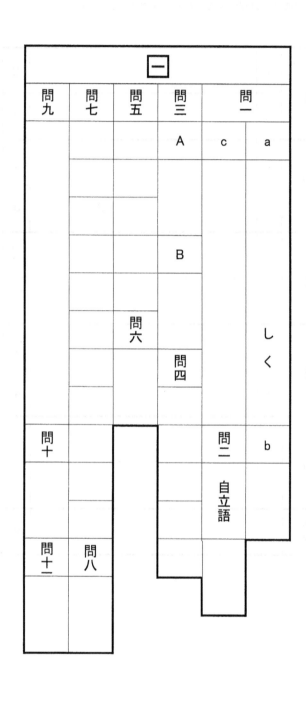

MEMO

大切なことはメモしておこうネ！

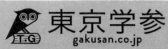

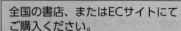

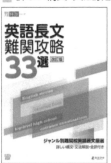

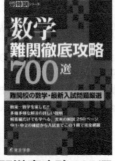

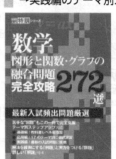

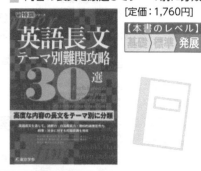

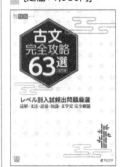

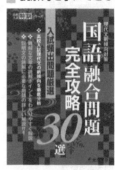

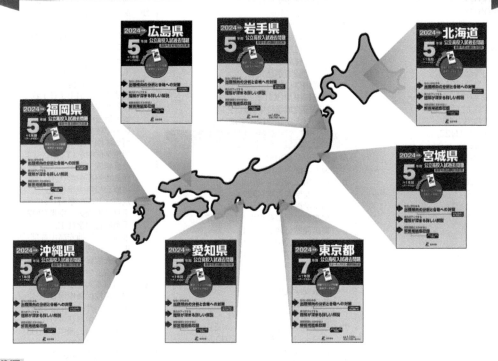

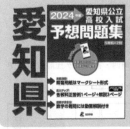

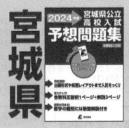

東京学参の
中学校別入試過去問題シリーズ

＊出版校は一部変更することがあります。一覧にない学校はお問い合わせください。

東京ラインナップ

あ　青山学院中等部(L04)
麻布中学(K01)
桜蔭中学(K02)
お茶の水女子大附属中学(K07)
か　海城中学(K09)
開成中学(M01)
学習院中等科(M03)
慶應義塾中等部(K04)
啓明学園中学(N29)
晃華学園中学(N13)
攻玉社中学(L11)
国学院大久我山中学
（一般・CC）(N22)
（ＳＴ）(N23)
駒場東邦中学(L01)
さ　芝中学(K16)
芝浦工業大附属中学(M06)
城北中学(M05)
女子学院中学(K03)
巣鴨中学(M02)
成蹊中学(N06)
成城中学(K28)
成城学園中学(L05)
青稜中学(K23)
創価中学(N14)★
た　玉川学園中学部(N17)
中央大附属中学(N08)
筑波大附属中学(K06)
筑波大附属駒場中学(L02)
帝京大中学(N16)
東海大菅生高中等部(N27)
東京学芸大附属竹早中学(K08)
東京都市大付属中学(L13)
桐朋中学(N03)
東洋英和女学院中学部(K15)
豊島岡女子学園中学(M12)
な　日本大第一中学(M14)
日本大第三中学(N19)
日本大第二中学(N10)
は　雙葉中学(K05)
法政大学中学(N11)
本郷中学(M08)
ま　武蔵中学(N01)
明治大付属中野中学(N05)
明治大付属八王子中学(N07)
明治大付属明治中学(K13)
ら　立教池袋中学(M04)
わ　和光中学(N21)
早稲田中学(K10)
早稲田実業学校中等部(K11)
早稲田大高等学院中学部(N12)

神奈川ラインナップ

あ　浅野中学(O04)
栄光学園中学(O06)
か　神奈川大附属中学(O08)
鎌倉女学院中学(O27)
関東学院六浦中学(O31)
慶應義塾湘南藤沢中等部(O07)
慶應義塾普通部(O01)
さ　相模女子大中学部(O32)
サレジオ学院中学(O17)
逗子開成中学(O22)
聖光学院中学(O11)
清泉女学院中学(O20)
洗足学園中学(O18)
捜真女学校中学部(O29)
た　桐蔭学園中等教育学校(O02)
東海大付属相模高中等部(O24)
桐光学園中学(O16)
な　日本大中学(O09)
は　フェリス女学院中学(O03)
法政大第二中学(O19)
や　山手学院中学(O15)
横浜隼人中学(O26)

千・埼・茨・他ラインナップ

あ　市川中学(P01)
浦和明の星女子中学(Q06)
か　海陽中等教育学校
（入試Ⅰ・Ⅱ）(T01)
（特別給費生選抜）(T02)
久留米大附設中学(Y04)
さ　栄東中学（東大・難関大）(Q09)
栄東中学（東大特待）(Q10)
狭山ヶ丘高校付属中学(Q01)
芝浦工業大柏中学(P14)
渋谷教育学園幕張中学(P09)
城北埼玉中学(Q07)
昭和学院秀英中学(P05)
清真学園中学(S01)
西南学院中学(Y02)
西武学園文理中学(Q03)
西武台新座中学(Q02)
専修大松戸中学(P13)
た　筑紫女学園中学(Y03)
千葉日本大第一中学(P07)
千葉明徳中学(P12)
東海大付属浦安高中等部(P06)
東邦大付属東邦中学(P08)
東洋大附属牛久中学(S02)
獨協埼玉中学(Q08)
な　長崎日本大中学(Y01)
成田高校付属中学(P15)
は　函館ラ・サール中学(X01)
日出学園中学(P03)
福岡大附属大濠中学(Y05)
北嶺中学(X03)
細田学園中学(Q04)
や　八千代松陰中学(P10)
ら　ラ・サール中学(Y07)
立命館慶祥中学(X02)
立教新座中学(Q05)
わ　早稲田佐賀中学(Y06)

公立中高一貫校ラインナップ

北海道　市立札幌開成中等教育学校(J22)
宮　城　宮城県仙台二華・古川黎明中学校(J17)
市立仙台青陵中等教育学校(J33)
山　形　県立東桜学館・致道館中学校(J27)
茨　城　茨城県立中学・中等教育学校(J09)
栃　木　県立宇都宮東・佐野・矢板東高校附属中学校(J11)
群　馬　県立中央・市立四ツ葉学園中等教育学校・
市立太田中学校(J10)
埼　玉　市立浦和中学校(J06)
県立伊奈学園中学校(J31)
さいたま市立大宮国際中等教育学校(J32)
川口市立高等学校附属中学校(J35)
千　葉　県立千葉・東葛飾中学校(J07)
市立稲毛国際中等教育学校(J25)
東　京　区立九段中等教育学校(J21)
都立大泉高等学校附属中学校(J28)
都立両国高等学校附属中学校(J01)
都立白鷗高等学校附属中学校(J02)
都立富士高等学校附属中学校(J03)
都立三鷹中等教育学校(J29)
都立南多摩中等教育学校(J30)
都立武蔵高等学校附属中学校(J04)
都立立川国際中等教育学校(J05)
都立小石川中等教育学校(J23)
都立桜修館中等教育学校(J24)
神奈川　川崎市立川崎高等学校附属中学校(J26)
県立平塚・相模原中等教育学校(J08)
横浜市立南高等学校附属中学校(J20)
横浜サイエンスフロンティア高校附属中学校(J34)
広　島　県立広島中学校(J16)
県立三次中学校(J37)
徳　島　県立城ノ内中等教育学校・富岡東・川島中学校(J18)
愛　媛　県立今治東・松山西中等教育学校(J19)
福　岡　福岡県立中学校・中等教育学校(J12)
佐　賀　県立香楠・致遠館・唐津東・武雄青陵中学校(J13)
宮　崎　県立五ヶ瀬中等教育学校・宮崎西・都城泉ヶ丘高校附属中学校(J15)
長　崎　県立長崎東・佐世保北・諫早高校附属中学校(J14)

公立中高一貫校「適性検査対策」問題集シリーズ

総合編　作文問題編　資料問題編　数と図形編　生活と科学編　実力確認テスト編

私立中・高スクールガイド
THE《ザ》 私立
私立中学＆高校の学校生活がわかる！

〈ダウンロードコンテンツについて〉

本問題集のダウンロードコンテンツ、弊社ホームページで配信しております。現在ご利用いただけるのは「2025年度受験用」に対応したもので、**2025年3月末日**までダウンロード可能です。弊社ホームページにアクセスの上、ご利用ください。

※配信期間が終了いたしますと、ご利用いただけませんのでご了承ください。

高校別入試過去問題シリーズ

星城高等学校　2025年度

ISBN978-4-8141-3060-3

[発行所] 東京学参株式会社
〒153-0043　東京都目黒区東山2-6-4

書籍の内容についてのお問い合わせは右のQRコードから　⇒

※書籍の内容についてのお電話でのお問い合わせ、本書の内容を超えたご質問には対応できませんのでご了承ください。

2024年7月26日　初版